新编21世纪人口学系列教材

社会调查问卷设计与应用

Questionnaire Design and Application for Social Survey

翟振武 等 编著

中国人民大学出版社
·北京·

图书在版编目（CIP）数据

社会调查问卷设计与应用/翟振武等编著．—北京：中国人民大学出版社，2019.7
新编21世纪人口学系列教材
ISBN 978-7-300-27119-4

Ⅰ.①社…　Ⅱ.①翟…　Ⅲ.①社会调查-问卷调查-设计-高等学校-教材　Ⅳ.①C915

中国版本图书馆CIP数据核字（2019）第132347号

新编21世纪人口学系列教材
社会调查问卷设计与应用
翟振武　等　编著
Shehui Diaocha Wenjuan Sheji yu Yingyong

出版发行	中国人民大学出版社		
社　　址	北京中关村大街31号	**邮政编码**	100080
电　　话	010－62511242（总编室）		010－62511770（质管部）
	010－82501766（邮购部）		010－62514148（门市部）
	010－62515195（发行公司）		010－62515275（盗版举报）
网　　址	http://www.crup.com.cn		
经　　销	新华书店		
印　　刷	固安县铭成印刷有限公司		
开　　本	787 mm×1092 mm　1/16	**版　　次**	2019年7月第1版
印　　张	15	**印　　次**	2024年6月第3次印刷
字　　数	280 000	**定　　价**	39.00元

编 者 简 介

翟振武，男，中国人民大学教授，博士生导师。现任中国人民大学人口与发展研究中心（教育部人文社科百所重点研究基地）主任，北京社会建设研究院副院长。兼任中国人口学会会长，中国计划生育协会副会长，国务院学科评议组（社会学组）成员，中华人民共和国国家卫生和计划生育委员会专家委员会委员，全国社会工作硕士专业学位教育指导委员会副主任。长期从事人口经济、人口社会方面的研究与教学，主持多项国家社会科学基金、国家自然科学基金、教育部哲学社会科学研究重大课题攻关项目等研究项目，著有《现代人口分析技术》《从人口变迁看民生发展》《城镇化发展中的经济与人口》等著作 20 余部，发表论文 100 多篇。多次获得中国人口科学优秀成果一等奖、中华人口奖、中国出版政府奖、北京市哲学社会科学优秀成果一等奖等省部级科研奖项。

内 容 简 介

调查问卷是社会调查中最常用的方法和工具之一。本书是对社会调查问卷设计知识全面和系统的介绍，内容涵盖社会调查问卷设计的基本原则、步骤和方法，各类问卷问题设计、答案设计和语言表述的规则与要求，调查问卷中各种题型的类别、表述方式、操作化方法和适用情景，调查问卷整体结构与版面布局设计，一般性客观问题的提问策略，敏感性问题的提问技巧，主观性问题的测量技术、提问策略和量表的使用，调查问卷综合性评估和问卷修改，问卷效度与信度的评估方法，等等。全书列举了大量案例，附录提供了 3 份实际调查问卷作为示例。本书适用于大专院校、本科院校社会调查类课程，也可供社会学、经济学、管理学、新闻学、统计学等相关学科需要开展社会调查的组织和研究者参考使用。

总序

中国是世界第一人口大国。无论是在宏观上，还是在微观上，中国社会经济的发展都与人口的状况和问题紧密相关。在中国追求现代化的历史过程中，人口问题始终是我们长期面临的重大问题。人口问题的复杂性世所公认，但中国人口问题可能更复杂。一个多世纪以来，人口问题几乎成了所有经济学家、社会学家和政治学家最为关注的热门话题之一。尽管如此之多的人士研究人口问题，但近百年来，对中国人口问题的认识还是经历了反复的曲折，积累了无数的经验和教训。

对一个事物的正确认识，需要有科学的理论和科学的方法做指导。中国人口问题如此重大，如此复杂，任何人要想深入了解、分析和研究人口问题，都必须掌握基本的人口学理论与方法。20 世纪 70 年代中期，中国开始了具有历史意义的现代人口学科的创建过程。人口学教材建设在一开始就被列为学科创建的最重要工作之一。到 20 世纪 80 年代中期，中国的大学里已经系统地建立起完整的人口学学士、硕士和博士的培训课程，出版了一系列与国际前沿接轨的人口学教材，如《人口统计学》《人口经济学》《世界人口》《人口理论教程》《人口思想史》《人口社会学》《人口规划与预测》《人口地理学》《现代人口分析技术》《人口普查的分析方法》等，并培养了一大批人口学的专门人才。从那时到现在，国际上人口科学的发展日新月异，新方法、新理论、新流派层出不穷。与此同时，对中国人口问题的研究也迅速向更深处和更广范围推进。收集到的人口数据堆积如山，人口数量、结构和质量，人口与经济，人口与社会，人口与环境资源等各种问题几乎全部被纳入了研究视野。但自 20 世纪 90 年代初期以来，人口学教材的编写高潮逐渐回落。反映国际最新进展并与中国人口实践紧密结合的新教材，无论是在种类上还是在水平上，都远远不能满足现实的需要。

中国人民大学人口学系（所）是国内最早开设人口学学位教育的机构，曾经培养过上千名人口学专业的本科生、硕士生和博士生，20世纪80年代初编写的《人口统计学》《世界人口》《人口理论教程》等教材曾在人口学界产生了重大而深远的影响。进入21世纪后，为了满足人口学教育的需要，在教育部和中国人民大学出版社的大力支持下，中国人民大学人口学系（所）决定牵头组织编写一套能够反映国际国内人口学最新进展的“新编21世纪人口学系列教材”。系列教材将涵盖人口学主要分支学科的内容，为各个大学和培训机构开设人口学公共课和专业课提供科学、准确的教学资料。

尽管本套教材是在长期教学实践基础上编写的，编写过程中我们也力争逻辑严谨、内容充实、形式活泼，但疏漏在所难免，望广大读者指正，以便再版时修改。

翟振武

目　录

第一章 导 论

第一节 什么是调查问卷

一、社会调查的方法

人们对客观世界及其发展规律的认识，有赖于对客观事物的考察、调查和研究。由于社会科学的研究对象具有持续性、复杂性和难以复制等特点，它很少像自然科学那样，可以通过各种各样的实验进行研究。社会科学通常需要使用社会调查的方法来分析和研究特定主题、掌握信息和寻找规律。“没有调查就没有发言权”，反映的正是这个道理。调查问卷是社会调查的常用工具之一。因此，在介绍调查问卷之前，有必要对社会调查及其常用方法做一简单介绍。

社会调查是由个人或组织实施的，主动、系统地收集和分析相关社会信息以考察、了解和预测特定社会现象的认识活动。社会调查通常会运用一种或者多种科学的方法或经验的研究手段来收集相关信息，其主要目的是通过对所收集的信息进行定性或者定量的分析，掌握某些特定社会现象的现状，并探索其发生、发展和变化的规律。

社会调查的具体方法有多种。根据调查方式，社会调查可被划分为直接调查和间接调查。直接调查是调查者通过直接接触调查对象所进行的调查，比如实地观察、访谈等；间接调查是利用某种中介手段或方法，间接地对研究对象所进行的调查，比如文献研究、问卷调查等。这些调查方法具有各自的优点和缺点，所以适用的范围有所不同。一般来说，社会调查所采取的方法通常是几种调查方法的组合。

实地观察法，要求调查者置身于所调查的地域或者群体中，通过对调查对象的近距离直接观察，达到社会调查的目的。由于调查者可以直接观察调查对象及其行为方式，所以实地观察法通常被认为是最可靠的社会调查方法。实地观察法被大量运用于人类学领域，在社会调查领域也越来越多地被使用。费孝通先生的博士论文《江村经济》就是在社会调查工作中应用实地观察法的典范。1936 年，费孝通先生在江苏吴江县（今苏州市吴江区）一个叫开弦弓村（又名江村）的村庄进行了为期几个月的调查。在这几个月里，费孝通先生成为村庄的一分子，与村民一起从事生产，一起生活，一起聊天交流，详细、全面地了解了当时江村村民社会活动方方面面的情况。根据这些资料写成的《江村经济》已经成为研究中国农村问题的经典书目之一。实地观察法可以说是对所有科学研究（包括自然科学研究和社会科学研究）都适用的一种方法，它要求人们直接对研究对象进行观察，并对观察到的现象进行归纳、提炼和解释。在社会调查中，实地观察法能帮助研究者直接感受到研究对象的情感、态度及产生这些情绪的原因，特别适用于对某类群体行为或现象进行深层次的研究。但是，实地观察法也存在着明显的局限性，比如缺乏一定的程序、受研究者主观因素影响较大、结果的代表性常常会受到质疑等。

访谈法是指调查者面对面地或者通过现代通信工具与调查对象进行交谈，以获取所需信息、达到社会研究目的的方法。访谈可以分为结构化访谈和无结构访谈。结构化访谈是指调查者按照一定的程序和设计好的提纲，通过与调查对象进行各种形式的交流来收集信息的方法。而在无结构访谈中，调查者并不按照某一固定程序和提纲向调查对象进行提问，而是围绕某个主题与调查对象进行自由的交流，通过这样的方式来收集资料。访谈法的优点是可以深入了解、挖掘调查对象的心理活动，对调查对象的态度、想法及特定社会行为的动机等深层次的内容有详细的了解。它的缺点是工作量大、成本高、不容易量化、研究结论的推广难度较大。而且，访谈法对调查者的要求比较高，实施访谈法需要对调查者进行专业的训练。此外，在访谈中，调查对象由于种种原因做出扭曲和失真陈述的风险也很大，对研究者来说，控制这种风险是比较困难的。

文献研究法是通过对某领域已有文献和研究成果进行检索和归纳，以达到社会调查目的的方法。由于在文献检索中，研究者并不直接接触研究对象，所以有的研究者并不把文献研究法归为一种社会调查方法。但是也有部分研究者，认为文献研究法通过收集一些关于研究对象的资料，并对其进行整理、归纳和分析，来实现研究目的，属于一种间接的社会调查方法。文献研究法所研究的资料既包括以文字、符号、图画等形式保存的文献资料，也包括政府和其他研究者所搜集和发布的统计数据。文献研究法的优点是省时、省力，研究者在研究过程中对研究对象的干扰非常小，而且研究者可以充分利用前人的研究成果，避免重复劳动。但是，文献研究法也存在明显的局限性：由于调查资料的二手性，研究者对特定问题的研究受限于前人所做研究的视角、方法和范围，缺乏针对性，许多资料也许并不符合研究者的研究目的，质量也很难得到保证。所以研究者在使用文献研究法进行研究时，一定要对收集到的资料的适用范围和质量等情况进行评估。

问卷调查法是调查者通过问卷对调查对象的某些社会生活状况及其对于某些社会现象或行为的看法、态度、状况等方面进行询问并记录的调查方法。调查者使用事先设计好的标准化的问卷收集信息，对调查对象进行研究分析。问卷调查法的优点是效率高，可以在短时间内进行大样本调查，收集大量内容丰富、详细的资料，易于量化分析，而且调查者的个人因素对调查质量的影响较小。它的缺点是成本较高，研究时间较长，而且在研究深入性方面明显不足，在解释现象产生原因方面的研究效度及信度都不高。

二、问卷调查的历史

问卷调查有着非常悠久的发展历史，大体可以分为三个发展阶段。

问卷调查的第一个发展阶段是古代的社会调查。自从奴隶社会出现阶级、国家、战争等社会现象以来，统治者对内维持国家运转、对外进行战争都需要征收税赋、征集士兵，所以必须对社会的基本状况进行调查。这些调查主要依靠简单的观察、直接的访问和简单的记载和汇总来实现，可以说是近现代社会问卷调查的雏形。比如古埃及早在公元前3000年就实行了每两年一次的关于全国人口、土地和财产的清查。古罗马、古巴比伦和古印度都有相似的关于人口和财产状况的调查。中国早在公元前2000年左右的夏禹时代就进行过较大规模的人口和土地调查，此后历朝历代都有完整、精确的关于人口和土地情况的调查统计。比如，西周不仅进行了公开的人口调查，还有专门负责人口统计和调查的官吏，称“司民”，他们是在中央司寇管辖下的专门负责人口统计和调查的专职官员。西汉统治者将人口调查与课税联系在一起，不仅调查各州、郡户数和平均户规模，还调查户中人口的性别和年龄，规定按年龄大小课税。隋唐时期，全国曾进行“大索貌阅”和实行“输籍法”，以核实人口。所谓“大索貌阅”，即人口调查。明朝建立以后，在全国推行“户帖”制度，“户帖”制度实质上就是一种全国性的人口情况调查和户籍管理制度。①

问卷调查的第二个发展阶段是近代的社会调查。在这个发展阶段，组织社会调查的主体更加多元化，调查的内容也变得更为丰富。政府或议会仍然是组织调查的主体，调查的主要目的是有效地管理国家和社会。比如，1748 年瑞典进行的人口普查通常被看作现代意义上的问卷调查的起源。英、法等国也从 1801 年开始进行定期的人口普查。除了政府部门实施的一些调查以外，一些社会改良家和学者们也为解决一些社会问题而进行了调查。比如英国慈善家霍华德开展的关于监狱情况的调查研究、英国学者布斯关于伦敦市民生活状况的调查和法国社会学家杜卡特列关于巴黎卖淫现象的调查等。

从 20 世纪开始，问卷调查进入了一个全新的发展阶段——第三个发展阶段，调查范围进一步扩大到了民意调查、市场调查、学术研究等领域。20 世纪上半叶，美国的一些杂志和学者进行了多次以预测美国总统大选结果为目的的民意调查，成功案例和失败案例的对比及其引发的思考，极大地推动了问卷调查技术的发展和完善。《文学摘要》(*Literary Digest*) 杂志通过简单的问卷调查（从电话簿、车牌等名单中选出调查对象，向他们邮寄明信片，询问他们在即将来临的总统大选中会把票投给哪位总统候选人)，准确地预测了从 1920 年起连续五届总统大选的结果。1936 年，《文学摘要》扩大了调查数量，发出 1 000 万张民意调查选票，并回收了其中的 200 多万张。统计结果显示，57%的人倾向于在大选中支持共和党候选人阿尔夫·兰登，只有 43%的人会把票投给另外一个候选人富兰克林·罗斯福。但是两星期之后的大选结果和调查结果大相径庭：罗斯福以 61%的得票率赢得连任。与《文学摘要》失败的预测相比，另外一位学者乔治·盖洛普则通过采用配额抽样设计的民意调查准确地预测到了大选结果。盖洛普的抽样以对抽样总体特征的把握为基础，根据性别、收入、年龄、种族、城乡构成等人口总体的结构特征有针对性地选择调查对象。此后，盖洛普民意调查所又利用同样的方法，准确地预测了三届总统大选的结果，并逐渐发展为一个世界性的民意调查机构。另外，随着商品的丰富化和市场竞争的加剧，企业和厂商们越来越重视对消费者偏好和对产品的评价的研究，所以专门的市场调查开始兴起，主要对消费者的消费偏好、购买习惯等方面进行调查。广大学者在社会研究中对调查问卷的应用越来越普遍，调查所涉及的范围也在不断扩大。统计学家、经济学家和社会学家为了进行学术研究，常常利用问卷调查来收集人们关于某一方面问题的知识、态度、行为等信息和这些人的基本特征信息，为研究提供数据支持。与古代和近代的问卷调查相比，

---

① 董友涛．中国古代人口统计发展史叙略．人口学刊，1989 (5)：30 - 36.

现代的问卷调查有许多不同的特点：一是调查目的不再局限于为国家和政府服务，而更多面向整个社会和居民生活；二是形成了专门的调查机构和人员，社会调查已经成为一种成熟的职业；三是关于调查方法和技术的理论和实践也在不断发展，社会调查逐渐成为一门独立的学科。

三、调查问卷

顾名思义，调查问卷（questionnaire）是社会调查中的问卷调查法所使用的工具，它是根据研究目的，把调查内容设计成一系列依据特定规则和要求组织起来的问题，用于搜集个人、家庭或组织某方面的基本情况及其对于某特定问题或现象的态度、观点或者其行为方式等方面的信息。调查问卷通常是标准化的纸质印刷品，但是随着互联网以及信息化办公技术的逐渐发展，电子界面的调查问卷也越来越普及。

在运用传统纸质问卷进行调查的具体过程中，可由调查者将问卷发放给每一个调查对象，请他们按问卷要求自己填写；也可由调查者或他人通过向调查对象询问来获得答案，并进行填写。研究者对回收的问卷进行编码、录入和统计分析，就可以获得问卷所反映的调查信息。

随着现代科学技术的发展，区别于传统纸质问卷的电子问卷得到了广泛的应用。电子问卷一般通过互联网发布，要求调查对象在网页上进行填答，然后答案将通过网络反馈给研究者并被直接保存在数据库中。电子问卷具备成本较低、操作方便、调查对象易获得、省时省力等优势，但是也存在着许多局限。首先，通过网络的途径寻找到调查对象并不是一种概率抽样，样本很可能存在较大的偏差，因为只有拥有计算机和网络条件的群体才能接触到这类问卷，而且一般愿意参与某个领域调查的群体往往是对这方面内容比较感兴趣的人，其代表性可能存在偏差。其次，通过互联网方式收集的问卷在质量上往往得不到保证。一方面，调查对象在不理解问题及答案的含义时没有调查者可以咨询；另一方面，调查对象在进行互联网电子问卷填答时由于隐匿性，填答态度往往不如在当面访问中填答问卷时认真，随意性比较大。考虑到互联网电子问卷的局限性，一种新的技术——个人数字助理（personal digital assistant，PDA）开始被应用在问卷调查中。这类电子问卷的载体是个人掌上电脑——与数据中心相连的手持终端设备。调查对象直接在终端设备上读取问卷问题并进行选择，调查结果可以通过终端设备被传导回中心数据库并保存。PDA 技术与纸质问卷相比较是一项巨大的进步。它能通过事先的设计，对一些复杂的跳答问题进行设置，给调查对象的填答过程带来了很大的方便，也节省了调查者在引导和纠正调查对象填答行为方面的时间，同时填答的答案能被直接保存为数据文件，省去了编码、录入等环节，避免了由编码和录入带来的误差，提高了调查的质量，还节约了大量的纸张。与互联网电子问卷相比，基于 PDA 技术的电子问卷也具备一定的优势，比如仍然可以按照严格的概率抽样方法来选择调查对象，调查对象也仍然能与调查者进行交流，遇到不理解的地方可以向其询问。可以说，PDA 技术将调查者面访和电子问卷的优势结合在了一起。但是，基于 PDA 技术的电子问卷仍存在着一些问题，比如设备成本高，电子输入不符合大多数人的填写习惯，不能同时进行大规模的调查，也不适用于开放式问题，等等。

不同介质问卷的不同特点也提示人们，在采用不同方式和工具进行调查的过程中，问卷的形式和题目设置非常重要。比如，对于基于 PDA 技术的电子问卷来说，它更适用于封闭式问题，因为：人们利用电子设备进行文字输入，明显比直接手写费时费力；电子问卷的题目和答案选项要比较简单，避免跨屏；问卷结构可以比较复杂，因为内置的程序会引导人们自动回答下一题目。对于传统纸质问卷来说，它适用于结构比较简单的调查，且要尽量避免调查对象在填答过程中来回翻页和跳答；同时，可以在纸质问卷中设置一些开放式问题，以搜集到更丰富的信息。

调查问卷具备了标准化特征，所以可以方便地被用来在大规模人群中获取整体系统的信息。相对于文献研究法的社会调查形式，问卷调查法自主性更强，可在前人研究的基础上对某研究主题进行有针对性的、更深入的资料收集。相对于实地观察法和访谈法，问卷调查法具有标准化、方便快捷、规模大、成本低和受调查者自身因素影响小等优点。而且，它更容易收集到调查对象的行为方式、观点、喜好和人口特征等方面的量化数据，更适用于定量分析。鉴于上述优势，目前问卷调查法已经成为社会科学研究中最为常用的工具之一，被广泛运用于社会科学的实证研究、市场调查与市场预测以及各类民意调查之中。一些世界著名的大型调查，比如世界各国的人口普查、综合社会调查、世界生育率调查和世界营养状况调查都采用了问卷调查的形式。

在具体的问卷调查过程中，问卷设计与其他各个环节互相配合、环环相扣，帮助研究者实现其研究目的。一般来说，研究者要根据研究目的确定研究对象——研究者希望研究的某一社会现象或某一类人。然而，由于受到客观条件的限制，研究者不能调查每一个研究对象，而是要在研究对象总体中抽取一部分个体，通过这部分个体所反映出来的属性或特征来推断总体的属性或特征。从总体中抽取部分个体的行为就是抽样，抽样要解决对象的选取问题，要在庞大的总体和有限的人力、物力之间实现平衡，所以抽样既是一门技术，也是一门艺术。抽样所选取的个体就是需要进行问卷填答的调查对象。问卷本身是将研究目的和研究内容不断细化，通过对一些概念进行测量和操作化而形成的一种调查媒介。当问卷被收集回来以后，研究者需要对其进行编码，把调查对象的答案转化为便于储存的、抽象的数字和符号。通常，问卷的信息还要经过层层审核，包括检查是否有漏答、错答，是否有逻辑性错误，等等。一旦发现有漏答、错答现象，就要重新联系调查对象或者利用逻辑关系、增设假设进行填补或改正。经过这些审核和修改后，问卷才能进入数据录入的环节。一般数据录入会采取双录入核查比对的方法。这是由于在数据录入中发生错误的概率比较高，但在同一处地方两次录入发生同样错误的概率非常低，所以通过双录入筛选出两遍录入不一致的地方，再与原始问卷进行比对并改正，能大大减少录入错误的发生。最后，研究者就能运用各种分析方法和软件对问卷调查的数据进行分析和处理工作。上面提到的各个环节所包含的内容都非常丰富，所需要掌握的理论、方法和技术也很多，本书的主要内容是介绍问卷的设计和评估环节，但是其他环节与问卷设计也有着非常密切的关系，读者如果感兴趣，可以阅读有关抽样、数据处理和分析等内容的专门书籍。

第二节　调查问卷的作用

调查问卷在学术研究、市场调查、民意调查中都有着广泛的应用，学术研究机构、政府机关、企事业单位中使用调查问卷的情况也越来越多。在关于社会生活、社会现象的调查中，以及在社会科学的学术研究中，政府部门或学者们往往利用问卷收集相关群体有关社会生活、社会活动的现状、问题等信息，探索这些现象背后的一般规律，并根据这些规律制定相应的对策或建议，促进社会进步，比如居民社会生活调查、老年社会保障调查等。在市场调查中，企业常常利用问卷来收集消费者的消费习惯、消费偏好和对产品类型、定位、用途、包装和价格的评价等方面的信息，比如市场占有率调查、新产品市场反应调查等。在民意调查中，政府或者专门的民意调查机构运用问卷，针对社会热点问题，对民众的态度、倾向和意见进行调查，比如关于美国总统选举的民意测验、关于改革开放效果的民意调查等。概括来说，调查问卷有以下三个方面的作用。

一、调查问卷的描述作用

调查问卷能够对调查对象的基本情况、行为方式和态度等现实状况进行描述，解决“是什么”和“怎么样”的问题。

（一）对调查对象基本情况的描述

对社会现象的分析和研究、国家或地方政府相关政策的制定和实施、对组织和机构的管理等均有赖于对特定地域、特定群体基本情况的准确把握。这里的基本情况可以包括很多方面。如在一项政策的论证阶段，首先要了解受政策影响的群体的基本情况，包括人口学特征（如人口数量、性别构成、年龄构成、教育构成、婚姻状况和地域分布等）和社会学特征（如社会分层、收入构成、城乡构成等）。调查问卷能很好地解决这一问题（见例1－1）。

例1－1：某问卷里关于个人基本情况的一部分问题

A	B	C	D	E
性别 1 男 2 女	出生年月	出生地 1 本乡镇/街道 2 本县/市/区外乡镇/街道 3 本省的外县/市/区 4 外省 5 境外 6 其他	民族 1 汉 2 少数民族	受教育程度 1 未上学 2 小学 3 初中 4 高中 5 中专 6 大学专科 7 大学本科 8 研究生
|__|	|__|__|__|__|年|__|__|月	|__|	|__|	|__|

（二）对调查对象行为方式的描述

特定群体某方面的行为特征是什么样的？不同特征的群体针对特定事件的行为方式存在什么异同？不同特征的群体针对特定事件的行为方式的特点是什么？这是很多社会研究者和政策制定者必须考虑的问题。调查问卷可以很方便地为研究者提供这方面的答案，帮助研究者了解人们在特定领域的行为方式以及不同群体所表现出的各自的行为特点，很多时候我们会发现不同群体的行为方式差异很大。下面就是某一调查问卷中为了解流动人口在休闲、交往等活动中不同的行为方式而设计的一部分问题（见例1－2）。

例1－2：有关休闲交往状况的调查

Q1. 如果您遇到经济困难，您首先向谁求助？

（1）本市的家庭成员　（2）本市的亲戚　（3）同乡

(4) 本地朋友 (5) 雇主 (6) 社区干部

(7) 警察 (8) 当地政府部门 (9) 家乡政府部门

(10) 谁都不找 (11) 其他，请说明____________

Q2. 您休闲的时候主要干什么？________、________、________

(提示：根据参与的频繁程度由多到少依次选择 3 项)

(1) 看电视/电影/录像 (2) 下棋/打牌/打麻将 (3) 逛街/逛公园

(4) 体育活动/锻炼身体 (5) 读书/看报/学习 (6) 上网/玩电脑游戏

(7) 与家人朋友聊天 (8) 发呆/睡觉 (9) 做家务

(10) 其他，请说明____________

Q3. 您业余时间在本地和谁来往最多？

(1) 户籍人口同乡 (2) 流入人口同乡 (3) 其他本地人

(4) 其他外地人 (5) 很少与人来往

(三) 对关于事物和社会行为的态度等心理活动的描述

态度是人们在自身道德观和价值观基础上形成的对事物的评价和行为倾向。态度表现在对外界事物的内在感受、情感和意向三方面。激发态度中的任何一个方面，都会引发另外两个方面的相应反应。在长期的社会实践中，人们总会对事物形成一定的看法和观念，其影响因素很多、很复杂，对具有不同特征的群体的态度差异研究也是研究者比较感兴趣的课题之一。在进行态度差异研究的时候，对于具有相同特征个体的态度的概括和总结，也是调查问卷的主要应用领域之一。

一般来讲，调查问卷在这方面的应用集中在以下三个方面：

(1) 公众的时事政治态度调查。它通常由政策研究部门、社会管理部门、新闻媒体部门发起，用于调查人们对具有社会影响力和新闻价值的热点政治事件、社会事件的反应。

(2) 特定群体的社会生活基本意向调查。它通常由研究机构、学者或者政策制定者发起，用于调查人们对待社会生活的态度、追求等（比如生活满意程度、幸福指数、就业意向、家庭观念、价值取向、生活方式的偏好等）。

(3) 施政调查。它通常由政策的制定者和实施者及相关研究机构和学者发起，目的在于调查人们对于某项政策的反应，监测和评估政策实施效果。

下面就是某一调查问卷中为了了解人们对生育第二个孩子的态度而设计的一部分问题（见例 1－3）。

例 1-3：关于生育意愿的调查

Q1. 从时间上看，您个人觉得，再养育一个孩子：

(1) 非常轻松 (2) 比较轻松 (3) 一般

(4) 比较困难 (5) 非常困难

Q2. 从经济上看，您个人觉得，再养育一个孩子：

(1) 非常轻松 (2) 比较轻松 (3) 一般

(4) 比较困难 (5) 非常困难

Q3. 如果政策允许生育两个孩子，您想再生一个孩子吗?

(1) 想 (2) 不想

总的来说，对于调查对象基本现状的准确描述，是社会研究和政策制定以及相关管理行为得以深入进行的基础，而调查问卷在这方面所具有的优势是无可替代的。

二、调查问卷的解释作用

调查问卷被比较广泛运用的第二个领域是解释社会现象发生的原因，帮助社会研究者加深对社会现象的认识，从发现和界定“是什么”和“怎么样”的层次过渡到探索“为什么”的层次。比起单纯的描述，其所反映的问题显然更为深入和复杂。在实际的社会调查中，由于“为什么”的理由受复杂因素的影响，通常表现出多样性的特点。采用实地观察和访谈的社会调查方式，会给后续的统计和分析工作带来很大的困难；而问卷调查则可以通过穷举法列举出比较有代表性的原因，在牺牲一定程度的多样性的基础上，得出更集中、更有力量的结论，因而备受各类研究人员的青睐。随着社会统计分析方法的完善和提高，调查问卷在探究现象之间因果关系方面所表现出来的作用也越来越大。

与利用调查问卷进行描述相比，利用调查问卷进行解释有一定优势，也存在局限。利用调查问卷进行解释可以对研究的问题进行比较深入的了解，但是同时存在一定的风险：调查对象回答解释性问题的难度要比回答描述性问题的难度大得多，尤其是回答关于态度等的主观性题目，可能存在调查对象隐藏真实倾向和考虑不全等问题。在研究者对所研究问题的原因有比较充分的了解、能够列举出主要原因的情况下，应用调查问卷进行解释性的研究是比较合适的。相反，在所研究问题比较敏感、研究者对所研究问题的原因不甚了解的情况下，就不适合用调查问卷进行解释性的研究。

在实际的问卷设计中，反映调查对象“为什么”的问题通常和反映“是什么”“怎么样”的问题穿插排列。可参考下面某一调查问卷中为了了解人们生育行为的原因而设计的一部分问题（见例1-4）。

例1-4：关于生育行为原因的调查问题

Q1. 如果政策允许生育两个孩子，您想再生一个孩子吗？

（1）想

（2）不想

Q2. 您想生第二个孩子的原因是：________、________、________（限选三项并按重要性排序）

（1）独生子女风险较大 （2）长辈的意愿

（3）自己很喜欢孩子 （4）一个孩子太孤单，两个孩子有利于其成长

（5）身边的朋友都想生第二个孩子 （6）将来孩子养老负担比较轻

（7）一个家庭两个孩子最美满 （8）孩子想要有个兄弟姐妹

（9）其他，请说明____________

Q3. 您打算什么时候生育第二个孩子？____岁之前

三、调查问卷的预测作用

除对特定社会现象发生的原因进行探索外，调查问卷还可以用来预测社会现象发展的趋势。

（一）市场调查和市场预测

根据市场变化调整自己的经营行为从而获取利润，古已有之。《史记》记载，战国时期，计然曾这样论述商品的供求和价格之间的关系：“论其有余不足，则知贵贱，贵上极则反贱，贱下极则反贵。”显然，对市场规则的理解和对市场预测的运用，成为他辅佐勾践复国之后弃官经商并获取商业成功的重要原因之一。要想做到对市场情况的准确判断，我们需要对商品市场的基本情况及发展趋势有准确的了解和预判，这也是社会调查一个很重要的应用领域，调查问卷在这个领域的应用已经十分普遍。

现代意义上的市场调查和市场预测于19世纪下半叶开端于西方资本主义国家。1887年，在国际统计学会第一次会议上，奥地利经济学家兼统计学家斯帕拉特·尼曼首次提出以统计资料为基础，运用指数分析方法进行市场预测的理论，并首次分析研究了金、银、煤、铁、咖啡和棉花等商品市场的运行情况。

在经济运行中，一方面，为了应对瞬息万变的市场变化，减少经营风险，提高利润水平，市场主体需要及时掌握经济周期、供需变化以及人们消费习惯方面的信息。另一方面，经济学、统计学的发展以及各种统计资料的日益丰富为人们处理经济问题和进行市场预测提供了坚实的基础。调查问卷在相关的市场调查和市场预测活动中所具有的独特优势，越来越为人们所重视。人们可以很方便地使用调查问卷了解消费者的偏好和需求、消费者的购物心理、消费者对新产品的评价、广告宣传的效果、市场的发展变化趋势等，为最终做出最有利的市场决策提供依据。事实上，很多知名品牌的生产厂家均设有专门的市场调查部门，在新品上市之前都要做严格的市场调查和市场预测工作。在商品的设计阶段，它们对消费者的消费习惯、消费趋势、消费偏好进行调查，作为设计商品、进行宣传的依据和风向标。在商品的投放阶段，它们又对商品的市场占有率、顾客的反馈和评价进行调查，以便及时更新营销策略，赢得和巩固市场。下面的例子（见例 1-5）就是调查问卷在市场预测中的应用。

例 1-5：有关运动产品的调查

Q1. 您觉得运动系列鞋子的价位多少才能被接受？

（1）100 元以下

（2）大于或等于 100 元，小于 300 元

（3）大于或等于 300 元，小于 600 元

（4）大于或等于 600 元，小于 1 000 元

（5）1 000 元以上

Q2. 您对于运动产品的选择最看重哪些方面？（可多选）

（1）价格　（2）功能　（3）流行度　（4）品牌　（5）其他，请说明____________

Q3. 您对市场上销售的运动产品有什么看法？

（1）价格太高难以接受　（2）产品质量应该加强

（3）产品的售后服务应该加强　（4）产品的款式应该更加新颖

（5）其他，请说明____________

（二）民意调查和选举预测

前文提到，问卷调查的发展和普遍运用与 20 世纪初美国的总统选举预测调查有很大的关系。目前，民意调查特别是选举预测调查在西方国家非常流行。这类调查通常采用一定的抽样逻辑进行抽样，并使用各种调查方式（电话调查、明信片调查、问卷调查、邮件调查、网络调查等）调查选民的投票意向。调查的内容通常比较简单，比

如支持哪个政党、在选举中准备把票投给谁等，然后再利用统计分析结果预测各党派的当选者人数或者当选者是谁。

例 1－6 是美国国家选举研究（ANES）进行的关于总统大选调查的问卷的一部分：

例 1－6：有关美国总统大选的调查

A8a	有没有什么特别的原因使您愿意投票给约翰·麦凯恩？ (1) 有 (2) 没有
A8c	有没有什么特别的原因使您不愿意投票给约翰·麦凯恩？ (1) 有 (2) 没有
A9a	有没有什么特别的原因使您愿意投票给巴拉克·奥巴马？ (1) 有 (2) 没有
A9c	有没有什么特别的原因使您不愿意投票给巴拉克·奥巴马？ (1) 有 (2) 没有
1	一般而言，您认为您个人是非常关心谁会在秋季的总统选举中胜出，还是并不在乎谁会胜出？ (1) 我很关心 (2) 我不是很在乎
2	您认为谁会在 11 月被选为总统？ (1) 巴拉克·奥巴马 (2) 约翰·麦凯恩

2008 年 11 月 4 日，美国各大电视网公布的初步统计结果显示，美国民主党总统候选人巴拉克·奥巴马在 4 日举行的总统选举中击败共和党对手约翰·麦凯恩，当选第 56 届美国总统。奥巴马成为美国历史上的第 44 任总统，并成为美国历史上第一位黑人总统。对于奥巴马最终进驻白宫，很多人觉得一点都不意外，好像大家事先都觉得这一届总统就应该是奥巴马。这是因为在从 2008 年 9 月初开始的各个媒体做的连续 77 次民意调查中，奥巴马至少领先了 70 次。民意调查的结果命中了总统大选的结果，这在美国的历史上经常发生。早在 1936 年的美国大选中，盖洛普使用科学抽样法组织了一个样本容量仅为几千人的民意调查，调查结果显示富兰克林·罗斯福的得票率将是 55.7%，而大选的结果是罗斯福赢得了 62.5%的选票。这说明，只要利用科学的方法、合适的抽样框、合理的提问，就能够获取可信度很高的调查结果。从此，民意调查越来越受到美国公众和各界人士的关注。

那这些民意调查具体是如何操作的呢？我们以《纽约时报》2008 年的调查为例来

介绍。这次民意调查以电话采访的方式展开，共采访了来自全美的 1 070 名成人，他们中的 972 人已经注册为选民。电话采访的样本是从全美 42 000 多个地区的电话分局中随机抽取的，电话分局的入样概率与其人口数量成比例。在每个电话分局内，为了组成完整的电话号码，调查者采用了随机数字组合的办法，在被抽到的家庭中根据随机程序，选出一名成人作为此次调查的调查对象。为了增加覆盖率，除了从电话分局抽取的样本外，调查者还随意拨打了一些手机号，并把两种样本结合起来进行统计。调查者对这两种样本进行加权，使之与全美的地理区域、性别、种族、婚姻状况、年龄和受教育程度的多样性相符。另外，通过座机调查的对象根据家庭大小和当地电话线数量加权，通过手机调查的对象也以他们是只能通过手机被联系到还是也可以通过座机被联系到来进行加权分析。一些类似的调查还通过整体性的“投票可能性”来加权。调查者通过调查对象对与大选历史相关问题的回答、对竞选的关注程度以及 2008 年参加投票的可能性这三个方面来判断调查对象参加 11 月大选投票的可能性。可以说，各个民意调查机构在抽样方法和调查方法方面都在不断改进，虽然各种民意调查的结果互不相同，但大多数的民意调查基本都能利用一个区区几千人的样本命中历次总统大选的结果，这就是人们对奥巴马入主白宫并没有感到很意外的原因，这也是抽样和民意调查的神奇之处。

第三节　调查问卷的分类

一、按问题答案类型划分

（一）结构式问卷

结构式问卷，又称标准式问卷。问卷的设计具有结构性的特征，问题的提问方式、顺序和组合是根据特定的逻辑关系安排的，调查者在调查过程中不能随意变动问卷中的问题和顺序。结构式问卷因其严密的内在设计逻辑，通常比较容易控制调查的信度和效度，但同时对问卷的设计要求很高。根据问题的回答方式，结构式问卷又可被划分为三种类型：

（1）封闭式结构问卷。在这种问卷中，所有问题的备选答案都已经确定，调查对象只能从给定的备选答案中进行选择。每一个调查对象都不需要构思问题的答案，而是要在现成的答案选项中进行选择。封闭式结构问卷的形式比较简单，填答起来比较省时省力，在数据分析时也比较容易。但是，它也存在着一定的局限性。首先，它对问题备选答案的要求比较高，这些答案选项一定要不重不漏，并且要覆盖比较重要的选项。如果研究者对问题的答案不太熟悉，容易遗漏比较重要的备选答案，则不适合用封闭式结构问卷。其次，封闭式结构问卷所能提供的选项比较简单，不利于进行深层的原因分析。最后，利用封闭式结构问卷进行调查的调查对象，受到研究者的干扰比较大，研究者提供的答案选项对调查对象有一定的影响和诱导作用。

(2) 开放式结构问卷。这种问卷只提出问题，不提供任何参考的答案和选择项，由调查对象自由回答。与封闭式结构问卷相比，开放式结构问卷对研究者前期相关知识的要求比较低，也为调查对象提供了自由的回答空间，把他们受到研究者的影响降到了最低限度，比较有利于回答行为或现象背后的原因等深层次的问题。但是，采用开放式的问卷结构，调查对象填答时非常费时费力，在数据分析阶段也有一定难度，通常需要进行二次编码。

(3) 半封闭式结构问卷。它是封闭式和开放式结构问卷的综合，所包含的问题中既有备选答案已经确定的，也有需要调查对象自由回答的，还有可能给出一定备选答案供调查对象选择，同时列出一个或若干个开放式的答案选项。现在大多数的调查问卷，都采用半封闭式的结构，因为有些题目适合用封闭式问题，有些题目适合用开放式问题。这两类问题都有各自的优势和劣势，研究者可以根据自身的研究目的进行选择，并且往往需要将这两类题目结合起来，从而会采用半封闭式结构问卷。

（二）无结构式问卷

无结构式问卷和结构式问卷相比具有一定的自由性，通常被用于探索性的研究中，目的是得到一些启发性的问题和线索，因此不适合被设计成具有像结构式问卷那样目的很明确的逻辑形式。由于调查目的的特殊性，在一般情况下，无结构式问卷的调查对象人数较少，将调查资料进行量化的目的性不强，所以问卷所包含问题的结构比较松散，题目的用语、回答格式可以是自由的。但无结构式问卷并非完全没有结构，所提问题还是紧紧围绕调查目的展开的，只是可以根据实际情况适当变动问题的顺序或者形式，目的是便于调查者根据需要控制问题的内容和方向。例 1-7 是一个调查淘宝网店雇用网拍模特的无结构式问卷，研究者主要想了解为什么有的网店雇用专门的网拍模特，用了网拍模特后对网店的业绩有什么影响。

例 1-7： 淘宝网店雇用网拍模特的无结构式问卷调查

(1) 该网店的基本情况，如建店年份、网店规模、所卖商品、资金状况等。

(2) 是否雇用网拍模特，或者采取什么其他方式（如店主自拍照片、现成图片）展现商品。

(3) 该店之前采用的是哪种图片展示商品？是否做过改进？改进的原因是什么？

(4) 采用网拍模特照片展示商品后，对商品的销售产生了什么影响？

(5) 店家认为采用网拍模特照片展示商品的优点是什么？

(6) 店家认为采用网拍模特照片展示商品的缺点是什么？其在市场中推广的阻碍在哪儿？

无结构式问卷的优点是调查对象受的约束较少，可以自由地表达自己的想法，因此研究者可以从其回答中了解到动机、态度、意见等比较深层次的内容，可通过这些内容来进行深度研究。问题的数量、顺序都可以根据现场的状况进行调整，比较灵活。其缺点是资料分散，量化困难，对调查对象的耐心、时间、精力、配合度和文化水平都有较高的要求。同时由于可能存在隐藏、修饰自己想法的问题，调查对象的回答可能不真实，可能对研究结果产生不利的影响。

二、按填答方式划分

（一）自填问卷

顾名思义，自填问卷是由调查对象自己填写的问卷。自填问卷可以避免由调查者倾向性提问造成的误差，而且在比较短的时间内可以同时调查很多调查对象，省时、省力。但是，自填问卷也存在一些局限性。首先，它对调查对象有较高的要求——他们要具备一定的文化水平和理解能力。其次，问卷的难度不能过大，复杂程度不能过高，不然会给调查对象填答问卷带来困难，影响问卷填答质量。最后，自填问卷的回收率比较低，填答的完整性较差。自填问卷的发送方式有：当面发放、通过邮寄的方式发送、随报刊发送、通过网络发送。

当面发放自填问卷是比较常见的方法。这种方法是由调查者将问卷发放到每个调查对象手中，并约定时间取回。由于约定了固定的回收时间，这种方式的回收率在所有自填问卷发送方式中是比较高的，再加上调查对象有充分的时间填答问卷，有不清楚的地方也可以向调查者进行询问，所以问卷填答的质量也比较高。但是由于当面发放问卷需要调查者挨家挨户地送问卷、回收问卷，又要留给调查对象充分的填答时间，所以相对其他自填问卷的发送方式来说，成本比较高，花费的时间也比较长。

通过邮寄的方式向调查对象发送和回收自填问卷，也是一种比较常见的方法。在这种方法中，研究者将问卷、填答说明和回收方式一起邮寄给调查对象，调查对象在填答完问卷以后再将问卷寄回。这种方法最大的优点在于省时省力、节约成本。但是这种方法也存在许多的问题，比如调查过程不好控制，答案的信度和效度都不高，问卷的回收率低、回收时间长，而且可能会导致样本偏差，影响对总体的判断。同时，这种方法要求比较完善的邮寄地址，一般来说，在地址和姓名信息比较完备的地区或国家，通过邮寄的方式发送自填问卷是比较合适的。

随报刊发送的方式是将问卷刊发在报纸上或者作为附页夹在刊物内，随报刊的传递送达读者，号召读者对问卷做出书面回答，然后按规定的时间将填好的问卷通过邮局寄回。这种发送方式有稳定的传递渠道，分布面广、匿名性强，又能节省费用和时间，因此有很强的适用性。其主要缺陷是调查对象存在选择性，非该报刊的读者的意见无法被反映，对此问题兴趣不强的读者也不会回应，所以很容易产生样本的偏差问题，而且存在回复率低的问题。

随着科技的进步和社会的发展，互联网已经成为现代社会人们日常生活中的一部分，发布在网络上的自填问卷因此具有得天独厚的便利优势。调查对象可能来自全世界不同地区，具有不同文化背景、不同信仰、不同年龄、不同爱好和不同学历，通常是社会中比较有活力的群体。目前已经有越来越多的公司在开发网络自填问卷这方面的业务。采用这种方式进行的自填问卷调查，优点是便利、成本低，缺点是调查对象的随意性比较高，信度和效度难以控制，同时调查对象的代表性也存在着一定的问题。

（二）访问问卷

和自填问卷相比，访问问卷由调查者按照统一设计的问卷向调查对象当面提问或者通过电话、网络等通信方式提问，然后再由调查者根据调查对象的口头回答来填写。这种方法程序比较严格，操作比较规范，在各个环节都有一整套统一的标准和要求。访问问卷的最大优点是有利于选择调查对象和控制访问过程，有利于灵活使用各种访谈方法和技巧，有利于对回答的结果做出统一的分析和评价。而且与自填问卷相比，访问问卷的回复率、问卷填答的质量都有一定的保证。但是它的缺点是要花费大量的人力和物力，且对调查者的专业素质、调查技巧，调查对象的合作态度要求较高。根据调查者与调查对象是否进行面对面交流，访问问卷还可以分为当面访问问卷和电话访问问卷等形式。

使用访问问卷实施调查首先需要对调查者进行统一的培训，然后由调查者对根据抽样方案所选出的调查对象进行访问，记录调查对象的答案。在这个过程中，问题的顺序、内容和解释都是统一标准化的。由于在当面访问中，调查者与调查对象要进行比较长时间的交流和互动，所以调查的回答率比较高；通过调查者的陈述解释，调查对象对问卷的理解比较透彻，调查的质量也比较高。另外，由于可以由调查者来进行解释、说明等工作，所以调查问卷的难度和复杂程度都可以比较高，而对调查对象的要求并不高。但是，利用当面访问问卷实施调查在所有问卷调查方法中成本最高，花费人力、物力最多。此外，由于当面访问问卷的匿名性比较差，有许多敏感性问题不适宜当面询问，所以，调查内容受到一定程度的限制。

与当面访问问卷相比，利用电话进行访问的方法产生时间较晚。但是随着电话的普及，这种方法也越来越受到青睐。早在 1927 年，柯乐利调查公司就在 44 个城市完成了对 3 万个电话样本的访问，进行了广播收听率的调研，这是较早采用电话访问方式进行的调查。在发展的早期，电话访问需要调查者人工拨号，依据纸质问卷向调查对象提问并记录答案。1970 年，计算机辅助电话调查系统（computer assisted telephone interviewing system，CATI）在美国出现，但它的使用范围很小，计算机的辅助作用也仅限于在电话访问中记录答案和储存数据。经过几十年的发展，随着电话普及率的不断提高和计算机辅助技术的不断发展，CATI 已经被应用在市场研究、学术研究、民意调查等各个领域。在目前计算机辅助的电话访问中，研究者首先培训电话访问调查员，利用系统随机抽取电话号码，由电话访问调查员进行电话访问，然后直接在计算机上记录调查对象的答案。电话访问调查员在进行电话访问时，能够同步将数据录入电脑，并且能实现对数据录入和统计的同步整合。而研究者可以利用系统监督电话访问调查员的访问情况，并解决各种疑难问题。电话访问可以有效地节约大量调查成本，所花费的时间也比较少。但是，它的主要问题在于调查对象是从一定的电话号码中选取的，样本的代表性可能会存在一定的偏差。另外，电话访问的时间不能过长，题目也不能太复杂，否则调查对象会由于反感、不耐烦而出现拒答现象，或者由于题目太复杂，听不清、记不得题目或选项而出现错答、乱答的现象。

小结

◇ 由于研究对象的特殊性，社会科学通常需要使用社会调查的方法来分析和研究特定主题、掌握信息和寻找规律，而调查问卷是社会调查的常用工具之一。

◇ 调查问卷根据研究目的，把调查内容设计成一系列依据特定规则和要求组织起来的问题，用于搜集个人、家庭或组织某方面的基本情况及其对于某特定问题或现象的态度、观点或者其行为方式等方面的信息。

◇ 调查问卷在学术研究、市场调查、民意调查中都有着广泛的应用，它能用来对调查对象的基本情况、行为方式和态度等现实状况进行描述，也能用来解释社会现象发生的原因，还能用来预测社会现象发展的趋势。

◇ 可以从不同角度对调查问卷进行分类：按问题答案类型，调查问卷可以被分为结构式问卷和无结构式问卷；按填答方式，调查问卷可以被分为自填问卷和访问问卷。

思考题

1. 与实地观察法、访谈法和文献研究法相比，问卷调查法的优势和局限体现在哪些方面?

2. 选择一个你感兴趣的社会现象，思考如何用问卷调查法对这个社会现象的状况、原因和趋势进行研究。

3. 在生活中收集一些调查问卷，判断它们各属于什么类型的调查问卷，思考它们是否与调查的内容和目标相匹配。

第二章

调查问卷设计的基本原则和步骤

什么样的问卷算一份好的调查问卷？如何设计一份高质量的问卷？

一份高质量的问卷应达到以下几个标准：一是能收集到满足研究需要的信息。设计的问题都应经过仔细推敲，紧扣研究主题，忌大而泛。二是要保证问卷收集到的信息的准确性和真实性。问卷调查的目的之一就是根据收集的资料深入了解社会现象，发现社会问题，提出解决问题的对策和方案，而真实和准确的信息是得出正确结论的前提和保证。因此，问卷设计需要总结以往经验，揣摩被访者心理，利用一些策略和技巧，最大限度地收集到被访者真实的行为、态度和想法。三是尽可能地节约收集资料过程中花费的人力、物力和财力等成本。问卷设计者希望通过问卷尽可能收集到丰富的信息，但这并不意味着问题越多越好、信息量越大越好。在大型调查中，每增加一道问题，相应的成本，包括前期的印刷成本、调查过程中的拒访代价及时间和人力成本、后期的录入成本等都会增加。因此，一份好的问卷应该是在成本控制范围内高效地收集到研究所需信息的问卷。四是具有可行性，也就是可操作性。这就要求在问卷设计时从实际出发，从被访者角度出发，切忌想当然地设计问题，切忌理论脱离现实，比如设计过于复杂的表格和跳答问题，设计超出被访者回答能力的问题，等等。

本章将介绍调查问卷设计的一些基本原则和步骤，为设计高质量的调查问卷打下基础。

第一节　调查问卷设计的基本原则

一、问卷整体精而简，问题紧扣研究目的

（一）问卷整体精而简

一份高质量的问卷应该是一份信息高度浓缩的问卷，问题含义明确，答案恰当，形式简单。编写问卷应遵循“精而简”原则。“精”，是好、专一的意思，也有简洁之意。“简”，顾名思义，简单、简洁。在问卷设计时，“精”指问题质量高，能明确体现研究目的，即在问题设置、答案设置、逻辑顺序编排等每一步都要精雕细琢，认真推敲。高质量问卷的理想状态是达到“多一个字或多一道题都是画蛇添足，少一个字或少一道题都不能实现调查目的”的程度，虽然问卷设计者在实际操作过程中很难达到这个标准，但是应以这个标准为目标，尽可能做到尽善尽美。

“精”和“简”又同时包含了“少”的含义，就是说，在保证获得必要资料的前提下，问题尽量少，问卷尽量短，表达尽量简洁，避免询问与研究或调查主题不相关的问题，避免收集信息重复的问题①，避免语言表述啰唆繁杂。这里要考虑两个方面：一是成本方面。从问卷设计到调查实施，最后到问卷录入②，都要花费大量的时间、精力和金钱成本，问题越多，所耗费的成本也就越高，因此，在保证获得研究所需信息的条件下，应该尽可能减少问题的数量，不要询问不必要的问题。二是主观因素方面。一般而言，人们更愿意参与时间较短的问卷调查，同时，较短的问卷也更容易让参与者集中精力耐心答完问题。相反，面对问题多、耗时长的问卷，人们的参与意愿会下降，会导致拒访率增高，中途拒访的可能性也将增大，而且被访者不太容易认真仔细答完每一道题，所以也会降低其回答的准确性和真实性。

“精而简”原则在邮寄问卷访问或电话访问中尤其需要遵循。在这两类调查中，研究者无法与问卷填答者进行面对面交流，问卷问题的数量和质量是能否说服人们参与

---

① 为特定研究目的设计的信度效度检验题或逻辑检验题除外。

② 当然，随着现代调查技术的应用，如计算的辅助调查，可以省掉问卷录入环节。

到调查中并耐心答完所有问题的关键要素。

在问卷设计中，很多缺乏实际经验的人提出一个研究问题后，在没有认真设计研究框架的情况下就开始“头脑风暴”地设计问题，把能够想到的问题都罗列进去，泛而散，待信息收集完毕后再整理研究问题和研究思路，本末倒置。这种缺乏目的性的问卷设计做法会导致问卷长、问题多、耗时长，明显地违背了“精而简”的原则，不仅会浪费大量的资源，也无法收集到研究所需要的信息。因此，问卷设计要事先明确研究目的，问题要具有针对性，不要贪多求全，什么都意图囊括，贪多求全的做法不仅会耗费大量的成本，也会使获得的信息质量不高，得不偿失。

（二）问题紧扣研究目的

问卷是收集信息的工具，是为研究服务的。问卷的内容和形式应以研究问题或调查目的为基础展开设计。问题紧扣研究目的也是对“精而简”原则的细化和具体化，因为只有紧扣研究目的，问卷中才不会出现与研究目的无关的问题，才能尽量缩短问卷篇幅。同时，设计的问题要具有效度，通俗地说，就是问到点子上。

在设计问卷前，问卷设计者首先必须明确调查目的和内容，即弄清楚两个问题：为什么要做调查？调查需要了解什么？这不仅是问卷设计的前提，也是它的基础。为什么要做调查？设计问卷、组织问卷调查的人可以分为两类：一是研究者，问卷调查的目的是收集实地资料，让研究者了解实际情况，为前期的研究假设提供数据支撑，为理论提供数据依据；二是决策者，无论是市场组织还是政策部门的决策者，都需要掌握一些实际信息，为制定相应的市场策略或政策提供参考依据，有的调查数据甚至能为制定长远性的战略性规划服务。研究者和决策者有时候可能无法分离开来，但无论是哪种情况，在进行问卷设计时都必须对调查目的有一个明确的认识，在设计问题时紧密围绕调查目的进行。在设计具体问题和答案时，一定要想清楚通过这个问题能收集到什么样的信息，是否与研究目的相契合，反复询问自己“为什么要问这个问题”，要能够清楚地解释提出的具体问题是如何在本质上与研究问题相关联的。“可问可不问”的问题不要保留，偏离研究目的的问题也要舍弃。

要做到问题紧扣研究目的，还必须对问卷调查的目的进行准确归类。问卷调查通常有几个目的：了解基本状况（描述性研究），对现象或问题做出解释（解释性研究），或者二者兼顾。根据调查目的的不同，问卷中问题的设计方法也有较大差异。一般而言，如果调查只是为了了解调查对象的一般情况，那么问卷应该主要围绕调查对象各个方面的基本事实展开，确定收集信息的维度、每个维度包含的指标，以及每个指标的测量问题。例如，要了解流动人口在流入地的生存状况，首先可以确定从生活、就业、社会保障、子女状况几个维度展开调查，然后进一步将各维度细化，比如生活方面可以从衣食住行切入，就业方面可以包括收入、工作环境、工作时间等，社会保障方面可以包括参保状况、参保意愿，子女状况方面可以包括子女的基本信息和教育信息等。在确定了分析指标后，再对具体问题进行设计。

如果调查的目的是对现象做解释，探索因果关系，那么问卷设计应该紧密围绕研究的关键变量来进行。这在学术研究中应用得比较多，要求研究者事先有良好的理论基础、文献基础和明确的研究假设，确定好因变量和自变量，以及数据处理的统计分析技术。在此基础上，所有问题都要围绕研究假设展开。例如，要研究人们生育意愿的影响因素，从这一研究目的可以基本确定这是一项定量研究。所以，研究者第一步需要查阅大量文献，明确生育意愿是什么，如将生育意愿分成三个维度——时间、数量和性别，即什么时候生、生育多少、生男生女，这就确定了最终分析的因变量，在问卷设计时就需要围绕这几个因变量设计问题。接着，研究者需要总结已有研究中提到的影响因素（如基本的人口学特征、生育史、家庭的经济状况、文化、政策、社会关系网络等），并结合自己的研究关注点和想法，形成一套成熟的研究假设，再以此为基础，将概念量化，形成指标，最后形成问题，通过这些问题收集到的信息最终将在研究中以自变量形式出现。

要做到问卷为研究目的而设，还要求研究者对问卷中每一个问题在今后的资料分析中能派上什么用场、怎样进行统计分析和处理做到心中有数。如果研究主要进行定量分析，则问卷应以封闭式问题为主；但若想加大定性分析的比重，则可适当多设计一些开放式问题。另外，针对定量研究，研究者还必须清楚问卷最终的数据处理方式。问卷收集的数据的最终处理方式与问卷中的变量设置密切相关。在统计学中，变量有四种类型：定类、定序、定距和定比。在问卷调查中，除了开放式问题外，所有封闭式问题（变量）都是这四类中的一类。但是根据研究目的的不同，变量的设置也会各异。比如指数构建问卷，这类问卷要求变量是定距或者定比类型，问题多以量表形式出现。因此，如果研究者进行问卷调查、收集数据的最终目的是构建一套指数，就应该尽量设置可以得到定距或定比变量的问题。一个典型的例子是北京市民公共行为文明指数构建。北京市自2005年以来连续发布市民公共行为文明指数，这个指数事实上包括了公共卫生、公共秩序、公共交往、公共观赏、公共参与5个一级指标和30多个二级指标，每个二级指标下设置了若干个打分的问题构成量表。这种提问方式便于用因子分析、加权处理等统计分析方法对数据进行分析，容易构建分指数和总指数。它的问题设计样式如下（见例2-1）。

例 2－1：最近，您所见他人在机场、车站、餐厅、马路、公园等场所的言行，是怎样的？

	没有	偶尔有	说不清	比较普遍	很普遍
Q18. 低声交谈	1	2	3	4	5
Q19. 避免盯着对方的表情和动作	1	2	3	4	5
Q20. 习惯向他人说“谢谢”和“对不起”	1	2	3	4	5
Q21. 主动为对方让路	1	2	3	4	5
Q22. 进门后为身后的人拉门	1	2	3	4	5
Q23. 不打闹、不喧哗	1	2	3	4	5
Q24. 主动为他人提供帮助	1	2	3	4	5
Q25. 上下扶手电梯右站位	1	2	3	4	5
Q26. 做出令人感到不舒服的行为	1	2	3	4	5

资料来源：中国人民大学北京市民公共行为文明指数研究。

在问卷设计实践中，即使研究者清楚紧扣研究目的的原则，但由于经验不足、前期准备不足等各方面原因，也可能导致问卷中部分问题偏离研究目的。在具体操作过程中，研究者总是认为得到的信息越多越好，觉得想到的问题都有意思，都应该调查，或者担心有些方面的问题可能会对结果变量产生影响，而最终设计了大量与研究目的无关的问题。问卷中调查问题的设计如果广撒网、无的放矢，将会带来很多弊端。一方面，研究者无法获得想要的信息，意味着问卷调查没有达到目标。另一方面，由于调查成本较高，收集没有意义的信息会浪费大量资源。从问卷设计到实地调查再到最后的数据录入分析，是一项耗时耗力的巨大工程，花大力气调查的问题没有满足研究需要，则是对资源的严重浪费。那么，如何做到设计问卷问题以研究目的为中心呢？首先需要明确研究目的，清晰的研究目的是确保好的问卷设计的重要条件，如果能用清晰而简练的语句表达出问卷想要达到的目的，将有助于将问卷设计的全过程集中在正在研究的主题上。其次，在问卷设计之前可以拟出一个问卷提纲，列出调查维度和每个维度下的具体指标，征求专家意见，反复讨论修改，当提纲确定后，再围绕各指标展开问题设计。

二、语言精练，准确到位，因人、因情况制宜

根据一份问卷能否获得真实、准确、可靠的信息，问卷的语言表达、遣词造句至

关重要。对问卷整体语言的要求是精练、准确到位。

（一）语言精练

语言精练指的是在对问题、答案和解释的表述上简洁干净，不拖泥带水。简洁的语言表述使问题清晰、一目了然，有利于被访者或访问员准确理解句子所表达的含义，保证收集信息的准确性。同时，简洁的语言不但能够减少被访者阅读和思考的时间，能够节约时间成本，还能减少问卷版面，节约一定的印刷、运输等成本。相反，啰唆、冗长的语言表达更容易造成歧义，分散被访者的注意力，增大收集错误信息的风险，增加被访者的反感程度，也浪费了时间、金钱等。例 2－2、例 2－3、例 2－4 分别是针对此原则的正确和错误示例。

例 2－2：正确问法：您想要的孩子性别组合是：________男________女，无所谓

错误问法：您想要的孩子性别组合是：

（1）不要孩子　（2）一个孩子，性别无所谓　（3）一个男孩

（4）一个女孩　（5）一个男孩一个女孩　（6）两个男孩

（7）两个女孩　（8）三个及以上孩子，至少一个男孩

（9）三个及以上孩子，至少一个女孩　（10）无所谓

例 2－3：错误问法：如果您拥有一部或多部手机，请列出每一部手机的购买年份和型号，从最新的那部开始。

例 2－4：错误问法：如果您想买某品牌的空调，而您的配偶想买另一个品牌的空调，而且两人都强烈地坚持自己的意见，那么您会怎样解决？

例 2－2 的两种答案设计方式很好地体现了遵守和违背这个原则的不同结果。两种方式都为了了解相同的信息，即理想的孩子数量和性别结构组合。正确问法用自填数量的方式，错误问法则用选项的方式，显然，正确问法的表述方式更简单明了，而且能穷尽所有数量和性别的组合情况。错误问法则不然，其列出多个选项让被访者自选，容易造成混乱和被访者找不到理想答案的情况，如被访者希望生四个孩子，两个男孩两个女孩。在这种情况下，正确问法不仅简洁，节约问题所占的版面，也更容易收集到准确的信息。例 2－3 和例 2－4 也是语言表述不简洁的典型例子。例2－3语言表述啰唆，没有必要要求被访者从最新的那部手机开始排序，因为研究者在收集了购买年份的信息后，可以事后自己排序；也没有必要加“一部或多部”的条件，没有手机的人直接跳答即可。这个问题的正确表述方式是“请列出您拥有的每部手机的

购买年份和型号（没有手机的跳答）”。例 2－4 采用了并列-复合结构，读起来啰唆拗口，正确的问法应是：“如果您和您的配偶在购买空调的品牌上产生强烈分歧，您会怎样解决?”

（二）语言准确到位

语言准确到位对收集到真实的信息也非常关键。在问卷调查中，语义模糊、模棱两可、容易产生歧义的语言，会导致信息错误、错位，使收集到的信息并不是研究者想要的。因此，问卷整体语言表述要清楚明确，避免产生歧义，切忌让被访者、访问员揣测语义。这就要求研究者在设计问卷时不要一题多问，对一些易产生歧义的概念要界定清楚，明确告诉被访者该题目想要的信息是什么。以下是关于此原则的正确与错误示例（见例 2－5、例 2－6）。

例 2－5： 错误问法：通常您会因为餐馆的服务或者菜品而选择这家餐馆吗?

正确问法：通常您选择餐馆考虑的因素有：

（1）环境　（2）服务　（3）菜品　（4）价格

（5）其他，请说明__________

例 2－6： 错误问法：您因为孙俪的精彩演技而喜欢她吗?

正确问法：您喜欢孙俪吗?（回答后进一步追问）喜欢的原因是什么? 不喜欢的原因是什么?

例 2－5 中的错误问法将多个原因糅在一个句子中提问，导致被访者不清楚到底如何回答，而稍做修改，就能解决这个问题（见正确问法）。例 2－6 则犯了一题多问的错误，让被访者无所适从，不知道如何回答，同时，用正面积极的形容词“精彩演技”又犯了“诱导性”语言错误。

语言措辞非常重要，应反复推敲，以达到让每位被访者都回答相同问题的目的。问卷调查的目的就是了解真实情况，调查最后一般通过平均数、中位数、比例等展现群体的基本状况，通过极差、方差等表现群体的差异。如果因为问题或答案的措辞导致一些被访者对问题或答案的理解不一样，那么收集到的信息和分析结果都将是无效的。所以，应当尽量选择适当的词语，让所有被访者都能理解问题的含义并且对其有相同的理解。有些无法用一句话表达清楚的问题，可以在问题后面进行解释，这对自填问卷而言尤为重要，适当的解释能帮助被访者理解问题的含义，并且让所有被访者理解一致。例 2－7 是问题表达不清楚的典型示例，容易让不同的人产生不同理解并给出不同答案：

例 2-7：Q1. 您家庭的总收入是________元

Q2. 您家庭的总花销是________元

Q3. 您家的面积是________平方米

Q1 中询问的总收入，是指上个月还是上一年的总收入？其对时间缺乏界定。收入包含很多类别，如工资、分红、奖金、经营性收入、实物收入等，哪些被包含其中，哪些不被包含？这些也都缺乏明确的说明。Q2 中关于总花销的问题，犯了与询问总收入同样的错误，首先是对时间没有限定，其次是对范围没有限定，比如没有说明买房、买车这种偶然性的支出是否算在其中。当被询问住房面积时，可能有人将其理解为建筑面积，而有人将其理解为居住面积，甚至有人会将生产经营用房面积算进来，最终产生的答案也会五花八门。对于以上这类语义模糊的问题，一方面需要修改提问的方式，限定时间和范围；另一方面，在必要情况下，可以在后面做特殊说明。对以上三个问题稍做改动将使表述更为准确（见例 2-8）：

例 2-8：Q1. 您家庭上个月的总收入是________元（注：总收入包括工资、各种奖金、补贴、分红、股息、保险、退休金、公积金、经营性纯收入、银行利息、他人馈赠等所有收入。但要注意扣除应缴纳的税金、税费、生产经营的成本和转移支出部分。）

Q2. 您家庭上个月的总花销是________元（注：总花销不包括生产经营性成本支出，即家庭个体经营，其进货成本不算在家庭花销里面；也不包括偶然性支出，比如买房、买车等。）

Q3. 您家的实际居住面积是________平方米（注：居住面积包括租入和借住的房子面积等。不包括空置房和已经租出去的房子面积，不包括生产经营用房面积。）

（三）语言因人制宜

问卷设计的语言不是千篇一律、一成不变的，而应因时因地因人制宜。人的因素在调查过程中至关重要，要特别重视被访者的感受，事先考虑到可能遇到的困难。

这就要求研究者在设计问卷前，一定要对样本有一个清楚全面的认识，了解样本的基本人口学特征：性别、年龄、职业、文化程度等。即使调查内容和目的相同，人群层次不同，对问卷的语言要求、题目的数量和性质也不一样。对于文化程度较低、年龄较大的人群，问卷语言应该通俗易懂，题目数量也应相对少一些。对于知识分子、大学生、青年人等群体，问卷语言可以书面化一些，题目也可以复杂些、数量多些。

如果调查对象异质性太大，设计不同问卷不可行，则更适合采用面对面调查方式，但这种方式一定要对访问员进行严格的培训，保证访问员对问题和答案的理解是符合研究者设计初衷的。同时，制作详细的调查手册，用通俗易懂的语言解释问题及其答案。只有在这样的细节上综合考虑，调查才能够顺利进行。这里用几个简单的例子说明针对不同人群的问卷在语言表达上的差异。在询问对方的受教育年限时，对文化程度较高的人，可以直接问“您的受教育年限是多少年”，不存在理解困难，但如果询问的是偏远农村地区的高龄老人，他们可能不知道“受教育年限”的含义，此时就应该用更通俗的语言——“您读了几年书”来提问；借用前文用到的例子，在调查家庭的生育意愿时，对于大学生或知识分子等文化素质较高的人群，以“您理想的孩子数量和性别结构是：________男________女，无所谓”询问不会存在任何问题，但这种表述方式可能让生活在偏远农村地区的人在理解上遇到困难，什么是“理想”，什么是“结构”，他们不一定清楚，所以应该改变表述方式，比如“您认为一个家庭生育几个孩子最好？几个男孩？几个女孩？________个男孩________个女孩，无所谓”。

（四）语言因情况制宜

问卷的语言、措辞具有很大的灵活性和创造性，不同研究者设计出的问卷具有不同的风格，但总的原则是充分考虑实际情况，根据不同的情况设计具有不同语言风格的问卷。

问卷调查的类型基本分为自填式和访问式两大类，这两类形式的调查对语言的要求有很大的差别。自填问卷中的问题必须简单直白、通俗易懂，不要让被访者去猜问题的含义。同时，要做到指示明确，让所有被访者对同一问题的理解具有一致性，以保证数据分析结果的准确性。另外，还要特别注意跳答、选答的情况，需要跳答的问题最好用箭头或其他字体明确标明，以免产生混乱。用邮寄方式进行调查的问卷，还要特别注意封面信的设计——语言要亲切，要强调保密性。电话调查问卷的问题和选项都要简短，让被访者能够记住电话访问员读出的问题和答案并在其中做出选择，这类问卷的语言表达还应尽量口语化，便于访问员直接读出问题。访问问卷的问题设计和语言表述可以相对复杂一些，但要事先对访问员进行培训，保证每个访问员理解的题目含义是一致的。以下这类问题（见例 2 - 9），分类多，表述语言专业性强，更适合面对面访问，这类问题放在自填问卷中很可能会导致因为被访者不清楚自己所从事的职业属于哪个行业而选错的情况，甚至被访者可能多数会选“其他”然后注明职业，这将给后期的数据处理工作带来沉重的负担。

例 2-9：您上一份工作属于何种行业？

(1) 制造业　(2) 采掘　(3) 农林牧渔　(4) 建筑　(5) 电煤水生产供应

(6) 批发零售　(7) 住宿餐饮　(8) 社会服务　(9) 金融、保险、房地产

(10) 交通运输、仓储通信　(11) 卫生、体育和社会福利

(12) 教育、文化及广播电影电视　(13) 科研和技术服务

(14) 党政机关和社会团体　(15) 其他，请说明____________

同时，调查的内容不同，语言表述也有一定的差别。对于被访者熟悉的内容，比如被访者自身的人口学特征以及其家人的基本情况，提问可以直接，问得详细、深入。而对于不太熟悉、需要回忆和计算或涉及敏感性问题的内容，题目应该概略些、浅显些、间接些，问卷的封面信和指导语必须详细，措辞要更为谨慎、具体。这些问题对语言的要求可以用两个字概括：巧妙。如想要了解某学校的课堂秩序，如果直接问学生“你上课时经常找同学讲话吗”，显然不会得到真实的答案，但如果问“你的课堂上经常有同学讲话吗”，这样委婉的表述就能使学生更容易接受和表达出真实的感受。在调查被访者的年龄时，询问出生日期所获得的信息要比直接询问年龄准确得多，可以避免特殊年龄或数字偏好问题。在农村地区调查，当询问被访者的年龄时，往往有很多人记不清出生年份，因此问生肖将是一个很好的替代方式。

三、以被访者为本，从被访者角度出发思考问题

问卷能否收集到信息和收集到的信息准确与否，关键在于被访者是否配合，因此，在设计问卷时要从被访者角度出发，充分考虑被访者的实际情况，尽量设计被访者愿意回答、如实回答和方便回答的问卷。这也是保证问卷调查可行性和可操作性的必要条件之一。遵循这一原则，有以下几点需要注意。

（一）避免问题超出被访者知识范围

“知识”不仅仅局限于大家所认为的从书本上获得的知识，而是泛指被访者所有知道的、清楚的问题，这与其受教育程度、专业领域有关，也与其生活环境有关。比如，农民不了解城市生活，询问农民有关城市公共服务设施改善的问题将没有任何意义；青少年不了解父辈生活时代的电影、电视等文化艺术，也就无法对其进行评价。因此，提问前一定要仔细斟酌，反复推敲问卷设计的问题是否是被访者所熟悉的话题，是否在他们能力范围内。超出被访者知识范围的问题会使他们产生挫败感，降低他们继续

回答问题的意愿。例 2－10 是生殖健康调查中出现的一道问题，是超出被访者知识范围的例子。这一问题的设计有两个潜在假设：被访者了解这些避孕药并准确地知道药名，被访者服用过其中两种以上的药。而这两个潜在假设是不符合现实的，被访者很有可能根本不了解这些药，或者只服用过其中一种，根本没法做对比。

例 2－10：在您使用过的避孕药中，您认为避孕效果最好的是？

(1) 妈富隆　(2) 美欣乐　(3) 毓婷　(4) 悦可婷　(5) 后定诺

(6) 达英　(7) 特居乐　(8) 优思明　(9) 敏定偶

同时，“术业有专攻”，除非被调查群体的专业领域事先已经确定，且研究者专门了解过这个群体（如经济学家、社会学家），否则在一般性调查中，一定要避免晦涩难懂的语言或专业性较强的词语（如经济学中的沉没成本，商学中的羊群效应，社会学中的后现代主义，人口学中的人口红利，等等）。这些专业词汇不仅超出普通大众的知识范围，也超出非此专业领域人士的知识范围，会造成问卷调查漏答率高、可信度低的后果。因此，设计问卷要把握通俗易懂的原则，保证被访者都能回答，并能准确回答。

（二）避免问卷和问题的复杂性

首先，要避免复杂的问卷结构。有些研究者为了方便排版或后期数据处理，设计问题多、跳答多、箭头多、内容复杂的表格。在访问员填写式问卷调查中，这种设计会增加访问员调查的难度，使填写容易出错。在自填问卷中，内容太复杂、箭头和跳答太多很容易造成缺失、错行，增加了后期复查、编码和录入的工作量和难度，并有可能挑战被访者的耐心，增加他们的厌恶感，降低问卷回收率和信息准确率。

例 2－11 是中国家庭幸福指数调查中询问孩子受教育状况的表格填答样式，其将孩子的受教育状况、家长对教育满意度以及孩子数量混合在一张表中，如果不仔细阅读思考，就很难明白里面的逻辑顺序，而且非常容易填错表格。在自填问卷中，不推荐使用这种排版方式。在访问员填写式问卷中，也应尽量避免这类复杂表格，如无法避免，一定要在调查前对访问员进行认真培训。

例 2－11：

B1　您目前是否有孩子？

(1) 有　(2) 没有 **(跳答 B7 题)**

B2　目前，您孩子的受教育状况是：

（请把孩子的受教育状况以及相应选项前的代码填在右表的相应位置）

（1）还未入学 →

B2.1　您是否担心孩子的入园、入托问题？
（请继续询问其他孩子的情况，若无其他孩子请跳至B3）
（1）非常担心（2）比较担心（3）一般
（4）比较不担心（5）非常不担心
（6）未考虑

（2）正在上学 →

B2.2　您对您孩子的受教育状况（指教育环境、教学质量、师资水平等）是否感到满意？
（1）非常满意（2）比较满意（3）一般
（4）比较不满意（5）非常不满意

B2.3　您对您孩子的学习成绩满意吗？
（请继续询问其他孩子的情况，若无其他孩子请跳至B3）
（1）非常满意（2）比较满意（3）一般
（4）比较不满意（5）非常不满意

（3）已完成学业 →

B2.4　您对您孩子的受教育程度是否满意？
（请继续询问其他孩子的情况，若无其他孩子请跳至B3）
（1）非常满意（2）比较满意（3）一般
（4）比较不满意（5）非常不满意

	按年龄由大到小顺序填写			
	老大	老二	老三	老四
B2 受教育状况				
B2.1				
B2.2				
B2.3				
B2.4				

其次，还应避免出现被访者须经过复杂计算才能回答的问题或回忆太久之前的事情。被访者可能出现计算误差或回忆误差，导致对这类问题的回答在准确性上存在偏差。这类问题增大了主观失真和客观失真的风险。主观失真是指被访者嫌麻烦不愿意计算和回忆，从而任意填写一个不真实的答案；客观失真则是指被访者计算出或回忆起来的答案是错误的，不是实际情况。为了保证信息的准确性和真实性，问卷中应尽量少出现这类问题。

（三）尽量避免敏感性或个人隐私问题

在现代社会中，人们对自己隐私的保护意识越来越强，敏感性或个人隐私问题从传统的与性有关的非常私密的问题扩展到个人生活、态度、收入、年龄和体重等一些比较常见的问题。敏感性或个人隐私问题过多会增加拒访率，被访者甚至可能在调查中途拒绝继续参与，导致废卷率提高。被访者也有可能直接跳过敏感性或隐私问题，或者即使回答了，提供的也是非真实的答案，缺乏信度。这就大大增加了访问的难度。

除非出于研究需要，否则应尽量回避敏感性或个人隐私问题。

但如果调查的目的就是搜集一些敏感信息，那么研究者需要在设计问题时使用一些策略或技术对问题进行巧妙处理。本书第六章会详细介绍敏感性问题的设计技巧。

四、问卷整体逻辑严谨

问卷的逻辑和顺序尤为重要。一份调查问卷并不是问题的简单堆砌，而是问题环环相扣、逻辑严密的有机整体。逻辑严谨的问卷是符合被访者思维习惯的问卷。问卷的题目设置具有顺序效应和上下文情境效应，问卷中问题的排列、顺序和组织方式都要符合被访者的思维活动过程，要能最大限度地减轻被访者的混乱感和不适应感，否则会降低效率。同时，巧妙利用题目的排列顺序还能达到研究想要的效果。

要保证问卷整体逻辑严谨，在设计时要注意以下几点：被访者的基本信息，如性别、年龄、受教育程度等放在问卷开头，这类信息简单易答，被访者在心理上易于接受、感到舒适，较为复杂的态度、行为问题放在后面；非敏感性问题在前，敏感性问题在后；封闭式问题在前，开放式问题在后；被访者熟悉的、简单的题目放在前面，复杂的题目靠后放。此外，同一类别的问题放在一起，不要让问题具有跳跃性。主题不同的题目应当归类、分开，如果安排在一起，就会使被访者感到没有头绪，无法理清其中的逻辑关系。一般将主题相同的题目放在一起，并做一个简短的说明或突出标题（如“就业”“社会保障”等小标题）。在具体的每一部分，对问题的排列也具有很强的技巧性，符合人们思维习惯的问题顺序会让被访者回答得顺畅，收集到的信息也更加真实。如在询问支出状况时，可以将各小类别的开销（可分成衣食住行、医疗、教育、娱乐等分项）放在前面，在问完分项后，再问总花销，这样的问题顺序，被访者回答起来更容易；相反，如果一开始就问总花销，那么被访者还要花一定时间计算加总。

总之，问卷问题的布局和各问题的设置要考虑逻辑关联，要符合人们的思维习惯，在设计问卷时要让所有问题按序排列，形成一个有机总体。

五、问卷设计要避免“闭门造车”

问卷设计是一项具有创造性的工作，但又不是完全开创性的、没有经验可以借鉴的。在设计问卷时，研究者可以借鉴他人的经验和成果。但借鉴不是指完全照搬，而是以自己的研究问题和调查目的为中心，吸取已有问卷中的精华，创造性地设计自己的问题。所以，整个问卷设计对设计者的要求是具有灵活性和创造性——在充分查阅已有资料的基础上，具体问题具体分析，弄清楚哪些问题可以直接借用，哪些问题需要改进，哪些问题不适合自己的研究。

为什么需要借鉴他人的成果？科学是具有重复性的。目前各个领域的调查问卷非常多，而且一些问题的表述方式和答案选项已基本定型，这是对他人多次实践的经验总结，是从调查经验中提炼出来的精华，是被证明了具有信度和效度的经典问题。比如，普查中对于职业和行业的分类方式，门类齐全、界定清晰、涵盖面广。再如，心理学中的量表，是根据他人多次实践经验总结编制出来的，具有很高的信度和效度。对于这类问题，直接借鉴可以缩短问卷的信度效度检验过程，节省大量时间，也能保证所收集信息的完整性和准确性，提高问卷调查的可行性和可操作性。同时，如果调查问题与其他调查的一致，那么借鉴还可以通过对结果进行比较分析来检验结果的一致性，如果跨越时间较长，甚至可以据此做趋势估计。本书最后附了不同领域调查的典型问卷，可供读者在设计问卷时参考借鉴。

但与此同时，为什么要求问卷设计者有创造性？这主要考虑了两个因素：（1）调查主题和调查对象千差万别，已有调查不可能完全与研究者的调查目的一致，因此在问卷设计上应有所差异，特别是考虑到调查对象、实际情况的不同，问题设置也应有所变化。比如，在职业问题上，就不能盲目地使用普查的职业分类，如果进行专项的流动人口调查，那么应该根据流动人口从事职业的特点，并结合研究关注点，重新对职业进行分类。（2）即使两项调查的目的、内容完全一致，因为时代在变化，事物也在发生变化，所以调查中的问题也应有所变化。典型的例子是我国普查数据中收集流动人口信息的问题。1982 年我国流动人口规模还比较小，当时的普查问卷界定流动人口的问题时，在时间上设定的范围是"一年"，地域上设定的范围是"县市区"，1990 年的普查沿用了这种界定方法。但是，随着短时期流动人口和短距离流动人口规模的增加，已有的界定方式已不再适合时代需要。1995 年全国 1%人口抽样调查将时间和地域范围分别缩小为"半年"和"乡镇街道"。而到 2000 年，随着市内人户分离人口规模增长，对识别流动人口的问题又进行了细化。到 2005 年和 2010 年，应时代发展的需要，对流动人口进行界定的时间进一步细化到"半年以下"，而且从流出地和流入地两个角度分析流动人口。可见，问卷问题的设计要与时俱进。

问卷设计者要学会借鉴他人的成果，提高工作效率，同时又要防止教条主义、照搬照抄。在借鉴之前，要弄清楚其他来源的问题与自己研究关心的问题之间是否确实具有一致性，与之前开展的调查相比，在当前社会条件下这个问题是否已经发生了变化。在借鉴的基础上创新，问卷设计才能收到最好的效果。

六、视觉友好型的问卷格式

在设计问卷时，研究者往往容易忽略问卷的格式，甚至有人认为格式只是一个形式，只有内容是关键，这是错误的观念。事实上，问卷格式的好坏也是决定问卷调查成功与否的重要因素之一。要使调查问卷让访问员和被访者尽可能轻松地完成阅读问题、遵循指示、记录答案等任务，问卷的格式设计编排非常重要。对问卷整体格式的要求是视觉友好型。视觉友好型的问卷应该版面整洁、合理、清晰、美观。问卷应整齐、清楚和容易阅读。打开问卷，问题、选项一目了然，指示语、指示符号清楚。问卷的格式对自填问卷而言尤为重要，有时候甚至是被访者是否愿意参与调查的决定性因素。

对于问卷的结构和格式，研究者主要需要在图表、字体、行间距、跳答、指示符号、问卷惯例、排版等方面下功夫，本书第五章会详细介绍问卷结构和布局技巧。

总之，研究者在设计问卷时，要十分重视问卷的格式，专业的问卷格式不仅有利于提高问卷的完成率，也有利于提高信息的准确率。

第二节　问卷设计的基本步骤

问卷设计不是简单地将一些问题集合在一起，而是包含若干步骤的、有顺序的、有逻辑的创作过程。因此，在设计问卷前，研究者需要清楚整个过程应该包含哪些步骤，每一步骤的作用是什么，有什么需要注意的问题。研究者只有对设计过程心中有数，每一步都认真组织、仔细研究，才可能设计出一份信度高、效度高、符合研究需要的、成功的问卷。

本节将详细介绍问卷设计的基本步骤及各步骤的功能、注意事项。问卷设计基本包括八大步骤：提出研究问题，确定调查对象，概念化和操作化，设计问卷初稿，收集他人意见修改问卷，预调查，修改定稿，编制调查手册。

一、提出研究问题

问卷设计是服务于研究需要的，问卷设计的基础和前提是有一个明确的研究问题。

研究问题是问卷设计的核心和基础。有的研究是为了了解基本状况，有的研究是为了探索因果关系，还有的研究可能将两个目的结合起来。不管是哪一类，研究者首先都要确定研究问题是什么。当研究问题提出后，问卷调查的对象、基本思路就确定了，所以研究问题也是问卷设计的方向指南，清晰的研究问题是设计有意义、有效率、高质量问卷的基础。

在确定研究问题后，研究者还要做如下工作。

第一步是评估该研究问题是否适合进行问卷调查。不是一切研究问题都适合用问卷调查的方法收集资料，如果研究问题本身就不适合进行问卷调查，那么问卷设计就没有任何意义。如当研究自杀时，由于研究者无法访问当事人，所以这样的问题很难通过问卷调查进行研究；再比如研究某少数民族风俗的社会变迁历程，这类问题在某些方面可以采用问卷调查的方式收集信息，但更多的是采用人类学方法展开研究。

第二步是确定研究问题适合什么形式的问卷调查。问卷调查主要包括两类：自填问卷（包括网络填答、邮寄问卷、现场填答后集中收取等）和访问问卷（包括面对面访问、电话访问等）。不同的研究问题适合使用不同的调查方式，而不同的调查方式又对问卷的长度、语言表述等各方面有不同的要求，需要研究者设计不同类型的问卷。如有关性行为方面的问题比较敏感，适合自填，这类研究的问卷调查在问题设置上要特别谨慎，注意措辞，既让被访者理解题目的意思，又能使他们如实地回答问题；如果调查农民生活状况，调查内容比较全面、详细，则适合采用入户访问式调查，对于这类问卷，设计的问题和语言又有自己的特点，可参考第一节问卷设计原则中的详细说明。

第三步，也是最重要的一步，是提出研究命题或研究假设，建立完善的研究框架。有些描述性研究虽然没有严格的研究假设，但也需要一个明确的研究框架，以便于进一步设计问题。按照一般的研究思路，在研究问题提出后，都会有一些研究假定或想要了解的问题，问卷则是在此基础上，将这些假定用问题进行操作化。因此，一个清晰的研究框架是确保问卷设计紧扣研究目的的前提条件。以研究老年人身体健康状况的影响因素为例，通过查阅文献，研究者可以基本确定影响因素的维度，然后画出研究框架，确定各因素与因变量之间的关系，如图 2-1 所示。老年人身体健康状况的影响因素可以从个人、家庭和社会三个层次讨论。已有研究表明，基本人口学特征（性别、年龄、受教育程度）、生活习惯、疾病史、心理健康状况、婚姻史和经济状况等是影响老年人身体健康的个体因素，家庭结构、婚姻和谐度、家庭关系、家庭的社会经济状况和家族遗传病史是对老年人身体健康产生重要影响的家庭因素，而地区生活环境质量、地区医疗技术水平、就医便捷度、卫生保健知识宣传度和社区服务等社会层面的因素也会影响老年人的身体健康。同时，社会因素和家庭因素又会作用于个人因素，而除了设置社会因素和家庭因素的具体指标来测量和收集客观数据外，还可以设置一些个体评价指标。研究者在理清这些关系后，就可以以此框架为指导，进一步细化各个维度下的指标，设计问题。

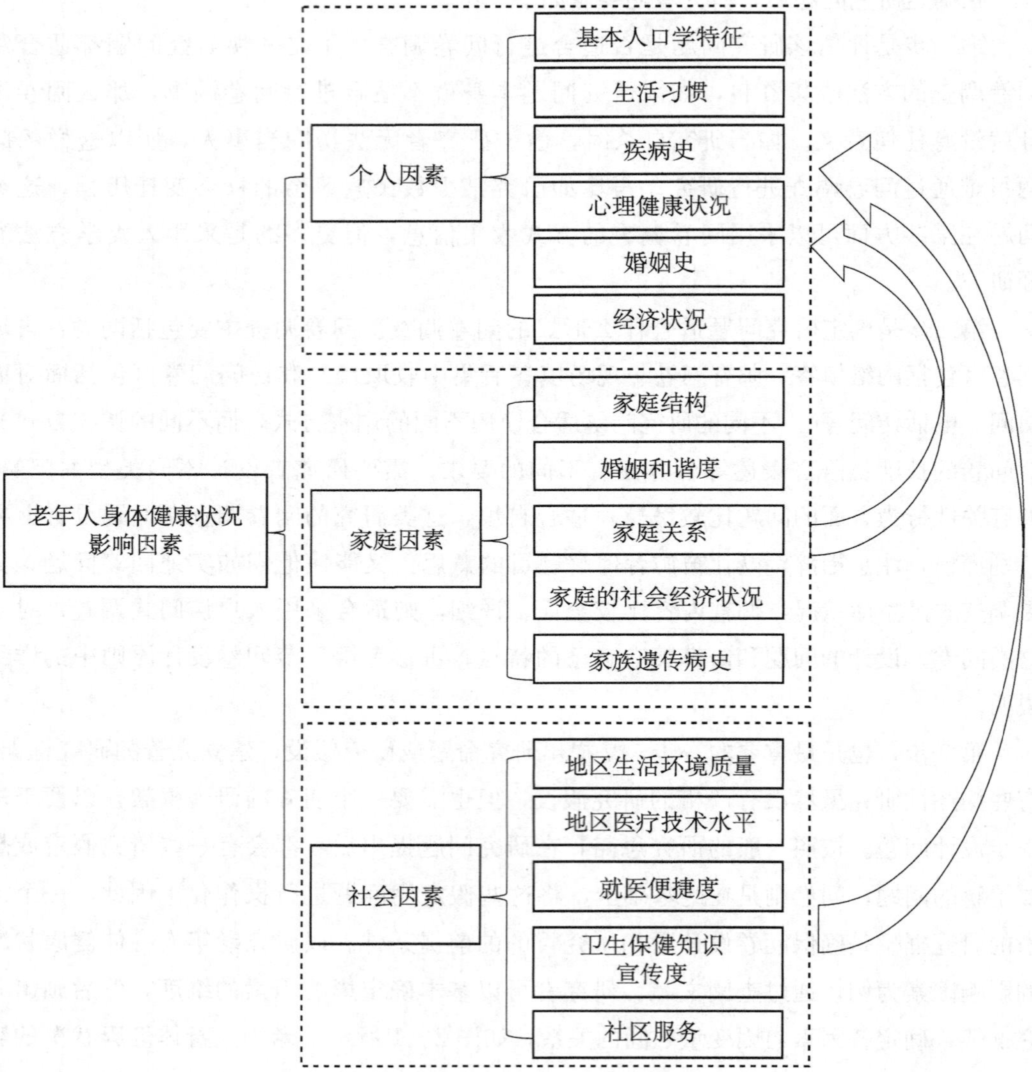

图 2-1　老年人身体健康状况的影响因素研究框架图

注：这里只是用它作为例子来说明研究过程，并不代表老年人身体健康状况的影响因素就只有这些，实际的影响因素更复杂，比如还可能包含基因、童年经历、社会网络、职业等。

二、确定调查对象

确定调查对象是问卷设计中非常关键的一步。被访者是问卷调查实施的对象，是调查的直接参与者，应该在问卷设计前被清晰地界定。只有明确了调查对象，研究者才能根据调查对象的特征，进一步确定问卷的问题类型、语言表述方式以及调查方式，才能确定抽样设计方案，特别是确定抽样框和抽样单元，也才能保证调查过程的顺利进行。

那么，如何确定调查对象？

研究问题会初步确定调查对象，有的甚至会直接指明调查对象。如中国妇女社会地位调查研究、北京市流动人口非正规就业研究、中国老人健康长寿影响因素研究、中国城市青年就业研究等，这些研究问题基本指明了调查对象的年龄范围（如青年人、老年人）、性别（如女性）和所在区域（如北京）等一些基本的人口学特征。

但是调查对象的确定并没有这么简单，这只是第一步。虽然研究问题会涉及调查对象，但在具体操作过程中，研究者需要更进一步地明确实施调查的对象。越详细、越具体的对象界定，才越具有实践操作性和可行性。对调查对象的细化界定一般以基本的人口学特征为基础，包括上文提到的年龄、性别、居住地，但不仅限于此。根据实际研究需要，还有多种确定调查对象身份的方式，如职业、受教育程度、家庭结构、流动经历等。以上提到的北京市流动人口非正规就业研究，虽然明确了调查对象是流动人口，但非正规就业如何定义、去哪些地点寻找调查对象、如何抽取调查对象等一系列问题都是无法通过这个研究问题直接看出来的，都需要进一步深入研究。因此，研究者还需要查阅文献资料，对非正规就业进行定义。这类定义不是空泛的，而是具体明确的，要能让研究者、访问员顺利筛选出符合条件的调查对象。例 2 - 12 是对正规就业和非正规就业的详细定义，根据这个定义，研究者和访问员就能很容易选出调查对象。

例 2 - 12：北京市流动人口就业研究调查对象

此次研究的调查对象是在北京居住一个月及以上，16 周岁及以上非北京户籍的外来就业人口，分正规就业人员和非正规就业人员两类。

其中，正规就业人员限定为受雇于企事业单位且已签订劳动合同的外来从业人员。

非正规就业人员应包含：(1) 外来人口中的受雇佣者，没有正式合同，且不是单位的正式职工。(2) 外来人口中从事个体经营的工商户或家庭劳动经营者（自己未办理营业执照)，如自由市场中从事零售的外来商贩，提供废品回收等服务的外来劳动者，以及经营临时摊点、小商店、小餐馆等的外来经营者。(3) 外来人口中受雇用，但工资发放“无固定期限、无固定金额”的人员，如工资按“小时”“天”“周”发放的劳动者以及经常性失业人员，包括劳务派遣工、小时工和临时工，以及其他打零工者和随时待命人员。

有些研究问题的研究对象和调查对象是分开的，从研究问题中并不能确定调查对象，例如，中国出生性别比失衡研究、中国综合社会调查（CGSS)、中国家庭幸福研究等。对于这样的研究或调查，研究者需要反复分析研究问题，明确调查对象。例如，要研究出生性别比失衡，那么出生性别比失衡地区的人应当是理想的研究对象，对于这些地区，家庭又是构成主体，最终参与问卷调查的是家庭中的人，至于调查对象是丈夫还是妻子，就需要研究者根据研究需要和理论假设进行确定了；中国综合社会调查则是为了收集社会各方面的资料，总结社会变迁趋势，所以它的调查对象是家庭户中年龄在 18 岁以上的个人；家庭幸福研究首先需要界定“家庭”(如至少有一对夫妻，或有血缘关系的 2 代人以上同住所构成的家庭)，接着再明确调查对象（如正在经历或经历过婚姻的人)。以上只是为了说明确定调查对象在问卷设计过程中的重要性而列举的一些简单的例子，读者可以搜集各类调查问卷，仔细分析其调查对象，以及调查对象与研究问题之间的关系，加深对这个步骤的理解。

在实际调查过程中，除了比较明显的人口学特征（如性别）可以让访问员直接筛选出被访者外，在大多数情况下都需要在问卷中设计甄别题，以选出符合条件的被访者①。例 2-13 是某公司对某品牌手机满意度的市场调查中设置的被访者甄别题。

例 2-13： 您使用过某品牌手机吗?

A. 使用过——继续访问　B. 未使用过——终止访问

多数调查的被访者往往同时包含几个特征（如年龄、性别、职业、受教育程度、流动身份等)，比如非正规就业的流动人口就包含两个因素。为了挑出合适的被访者，研究者往往需要设置几道甄别题。

---

① 需要说明的是，如果有抽样设计方案，从抽样框中最终抽到了个人，就不需要甄别题，而可在调查中直接寻找被抽到的人。不过上述情况并不意味着没有甄别过程，只是甄别已经在设计抽样方案时完成了。有些抽样方案只抽到户，在户里面抽取个人回答时也需要甄别题。

三、概念化和操作化

问卷设计不是一个简单的罗列、堆砌问题的过程。从理论到概念，从概念到测量维度再到测量指标，从指标到具体的问题设置，这是一个需要对研究问题反复斟酌、仔细考量的过程。因此，研究者在提出研究问题后，还需要对研究问题进行概念化和操作化。概念化和操作化要求研究者有坚实的理论和文献基础。在进行概念化和操作化之前，研究者有必要阅读大量文献，对概念、理论、假设等做到心中有数。

概念化指的是将研究问题拓展、分解成具体的概念，对其进行清楚定义，为其指定明确的、共识性的含义，然后对概念进行层次划分，并将概念分解成不同维度。研究者在确定维度后，再对每一个维度进行细化的界定。如社会经济地位（SES）被界定为“结合经济学和社会学关于个体或家庭基于收入、教育和职业等因素相对于其他人的经济和社会地位的总体衡量”①，它包含了三个维度——收入、教育和职业，在某些情况下还会包含财富，每一个维度都需要被进一步界定。

而操作化是连接概念定义与一套特别的测量技术的程序，或者说是构想的操作定义，它是连接理论与经验测量工具所使用的语言②。从抽象意义看，研究者探究的是两个概念的关系。而在实际操作层次上，研究者要做的就是检验经验假设，探寻指标间的相关性和逻辑关系。操作化是概念化的延伸，它一方面使利用数字测量概念成为可能，另一方面也将各个概念之间的关系定量化了。以上文提到的社会经济地位为例，在操作化过程中，研究者需要明确各个指标如何测量，如“教育是一个人的实际受教育年限，以年为单位”。需要说明的是，一些以了解基本情况为目的的问卷调查可能不需要理论，也不存在假设，但是仍然需要经过概念化和操作化的程序——首先是确定要了解的事实或现象的维度，其次是在各个维度下设计问题，将所要了解的事实量化。

概念化和操作化是为了建立测量工具进行测量，测量是资料收集前一个独立的步骤。什么是测量呢？测量是连接概念与资料的桥梁，是一套将抽象概念转变为数字信息以表达关系的程序。研究，特别是定量研究，总是从概念开始，然后通过精确、细致的测量，以数字形式来表现概念。从这个意义上讲，问卷就是测量工具。

建立测量工具（问卷）之前的重要步骤就是概念化和操作化。此处仍以调查老年

① 社会经济地位．（2018－04－01）［2019－05－10］．https：//zh. wikipedia. org/wiki/%E7%A4%BE%E4%BC%9A%E7%BB%8F%E6%B5%8E%E5%9C%B0%E4%BD%8D.

② 纽曼．社会研究方法：定性和定量的取向．郝大海，译．北京：中国人民大学出版社，2007：23.

人身体健康状况的影响因素为例，解释概念化和操作化的过程。在研究老年人身体健康状况的影响因素时，身体健康是因变量，应如何测量呢？研究者可以直接设计打分形式或定序（非常好、好、一般、差、非常差）的题目让被访者评价自己的健康，也可以将身体健康状况分解为多个维度分别调查，然后综合评价。在大多数情况下，这些方法会被结合使用。研究者在将概念细化为维度后，还需要进行操作化定义。而设计问题测量各个影响因素，需要研究者在研究框架的基础上延伸拓展，将各个抽象的概念具体化为可测量的指标，然后在各个指标下设计题目。比如，测量老年人的生活习惯，可以从吸烟、喝酒、锻炼、业余活动等几个方面设计问题。表 2-1 是对老年人身体健康的概念化和操作化举例说明。

表 2-1　概念化和操作化举例

需要操作化的概念	操作化定义	操作化—问题
自评健康	被访者对自身身体健康状况的感受和评价	打分或者从非常好到非常差五个等级中进行选择
日常活动能力（ADL）	人们在日常生活中为了照顾自己的衣食住行、保持个人卫生和独立进行社会活动所必需的一系列基本活动，包括运动、自理、交流和家务劳动等	Katz 日常活动能力评定量表
工具性日常活动能力（IADL）	指在社区中独立生活所需的较高技能，如能否到邻居家串门、举起 5 公斤重物、洗衣服、做饭等	工具性日常活动能力量表
健康指标	通过体检获得，包括视力、牙齿、血压、心率、基本肢体活动等项目	体检表
认知功能	考察老年人五方面的能力：方向定位能力（一般能力）、反应能力、注意力和计算能力、回忆能力，以及语言、理解和自我协调能力	简易精神状态量表（MMSE）

以上这个例子展示了概念化和操作化的过程，但在实际研究中，根据研究问题和研究目的的不同，概念化和操作化的中间步骤可能更多，从概念到指标，从总指标到分级指标（一级指标、二级指标、三级指标甚至更多），从分级指标到转换成一系列具体问题，整个过程逻辑严密，要求研究者对该研究领域的理论、概念、方法和调查都非常熟悉，以便在概念化和操作化过程中思路清晰、得心应手。

四、设计问卷初稿

以上三个步骤可以理解为正式编制问卷的前期准备工作。在设计结构式问卷时，研究者既要清楚地理解概念，准确地将概念操作化为问卷问题，还应该保证问题符合经验事实。研究者在自己不太熟悉的领域，还需要通过观察、小组访谈、个别深度访谈等方法，收集被访者对概念和问题的理解，研究某些特定概念和问题在实际生活中的表述方式、专业术语，并尽可能收集问题答案的多种可能性，避免收集上来的问卷中选择“其他，请说明________”选项的过多，造成重新编码的麻烦。当这些工作准备就绪后，研究者就可以正式开始设计问卷了。

问卷的设计通常有两种具体方法：框图法和卡片法[①]。框图法也称问卷流程图法，它的主要步骤是：研究者根据研究假设和研究内容画出整个问卷各个部分的前后顺序简略框图，然后写出各个部分的问题和答案选项，并按照问题的逻辑顺序和难易程度对问题进行排列。在框图完成后，研究者根据问卷设计的基本原则，仔细研究框图各个部分的前后顺序是否科学合理、符合逻辑，各部分的问题是否符合人们的思维习惯，是否便于填写，是否有利于收集到真实的答案，对其进行检查、调整和完善。框图法是“先总再分”思路。而卡片法跟框图法的方向刚好相反，是“先分再总”的思路。即具体问题开始，先将各个问题和答案选项记录在一张张卡片上，然后归类整理，将问题汇总到各个部分，最后到整体。

两种方法各有优劣。框图法整体感强，在安排问卷各个部分的顺序和逻辑结构方面具有明显的优势，但修改调整具体问题不太方便；而卡片法在调整、修改问题方面更具优势。在实际操作中，研究者可以将两种方法结合使用——在对调查内容各个部分的布局安排上使用框图法，增强问卷的整体性和逻辑性；然后针对每一部分的内容，在卡片上写出具体问题，修改问题，并调整问题的顺序；最后按整理好的卡片顺序整理问卷初稿。

设计问卷初稿可以分为两步：一是编写问卷大纲，二是设计问卷初稿。

（一）编写问卷大纲

问卷大纲是在正式编写问卷初稿之前编写的，以使问卷设计工作更加方便。问卷大纲包含概念、维度、指标和测量方式，它是在研究框架、概念化和操作化基础上形成的，能够使研究问题更清晰明确，问卷编写起来有章可循，思路更顺畅。问卷大纲充分利用了框图法的优势。表 2－2 是老年人身体健康状况影响因素调查的问卷大纲样式，展示了设计一份问卷的逻辑过程。

---

① 风笑天．社会研究方法．北京：高等教育出版社，2006：34－35．

表 2-2　　问卷大纲示例

调查大项目	调查小项目	操作化指标
基本人口学特征	年龄	按公历出生日期计算的年龄（以岁为单位）
	性别	男或女
	受教育程度	受教育年限数（以年为单位）
生活习惯	吸烟	现在是否吸烟，过去是否吸烟
		吸烟开始时间（填年份），每天吸烟频率（填吸烟支数）
	喝酒	现在是否喝酒，过去是否喝酒
		喝酒开始时间（填年份），每天喝酒量（填喝酒重量）
	体育锻炼	现在是否锻炼，过去是否锻炼
		锻炼开始时间（填年份），每周锻炼频率（以次为单位）
	娱乐生活	业余时间是否读书看报、种花养鸟、看电视听广播、打牌、参加社会活动等
	饮食	主食类型（定类变量，选项列出主食类型供被访者选择）
		新鲜水果食用频率，新鲜蔬菜食用频率（定序变量）
疾病史	是否患过各种慢性病	是否患过高血压、糖尿病、心脏病、脑血管病、骨关节病等
	患重病次数	过去一年患重病次数（重病指导致住院或卧床不起的病，以次为单位）
		患病类型，每次患病住院天数（以天为单位）
心理健康状况	生活满意度	以打分的形式对生活现状进行评价
	对事态度	遇事想得开（以定序题和量表形式呈现答案）
	焦虑感	经常感到紧张（以定序题和量表形式呈现答案）
	孤独感	经常感到孤独（以定序题和量表形式呈现答案）
婚姻史	结婚次数	把目前婚姻算在内结过几次婚（以次为单位）
	婚姻状态	目前的婚姻状态（定类变量，将婚姻类型列出供被访者选择）
经济状况	居住地	居住在城镇或农村
	收入	目前年收入，包括工资、养老金、劳动收入、子女支持等（以元为单位）
	生活来源	主要生活来源类型（定类变量，列出选项供被访者选择）
	住房拥有状况	是否拥有带产权的房子
	养老金状况	是否有养老金
		年度养老金额度（以元为单位）
	职业	过去的职业类型（按普查职业分类划分职业类型）
		现在的工作状态（是否工作）
	医疗保险	参加的医疗保险类型（定类变量，列出选项供被访者选择，多选题），医疗报销比例（百分比）
家庭结构	一起居住的家庭成员	一起居住的家庭成员数
		哪些家庭成员一起居住（多选题）
婚姻和谐度	跟配偶的关系	用定序题评价与配偶的关系
家庭关系	跟子女的关系	与子女的联系频率，用定序题评价与子女的关系（非常好，较好，一般，较差，非常差）

续前表

调查大项目	调查小项目	操作化指标
家庭的社会经济状况	家庭总收入	一起居住的所有家庭成员总的年收入（以元为单位）
	家庭住房类型	定类变量，列出常见住房类型供被访者选择
	一起居住的子女的职业	如果有一起居住的子女，列出每一个人的职业（按普查职业分类划分职业类型）
家族遗传病史	遗传病种类	是否有家族遗传病（是否题），遗传病类型
地区生活环境质量	气候	评价所生活地区的气候条件
	污染	评价所生活地区的空气、水、噪声等污染程度
地区医疗技术水平	医院级别	本县（市、区）一、二、三级医院数量（以所为单位）
	病床数量	本县（市、区）病床数量
	医护人员数量	本县（市、区）医护人口数量
就医便捷度	就医距离	最近的医院离居住地的距离（以千米为单位）
	排队等候时间	每次就医挂号排队所用时间（以分钟为单位）
卫生保健知识宣传度	卫生保健知识宣传度	社区里是否有医疗保健知识宣传（是否题）
		每月宣传频率（以次为单位）
社区服务	能够为老年人解决实际困难的社区服务活动	是否有起居照料、上门看病、聊天解闷、法律援助、日常购物、组织社会娱乐活动等服务活动

（二）设计问卷初稿

在问卷大纲形成后，研究者基本确定了各个调查项目，此时可采用卡片法设计各个项目下面具体的问题和答案选项，并进行排序、修改、完善和排版，最后形成完整的问卷。

关于问卷设计的一个经验是收集前人使用过的相关问卷并借鉴参考。目前市面上几乎有所有类型的调查问卷，这些问卷中的许多问题都是经过他人仔细推敲、反复使用并得到实践检验了的，具有较高的信度和效度，研究者可以根据具体情况直接借鉴或进行一定程度的修改。

当问卷编好后，研究者还需要对问卷进行自我对照检查——可以依据本章第一节介绍的问卷设计原则和本书后面章节介绍的题目设计策略及注意事项依次对问卷进行检查。检查的项目较多，涉及问题设置和排序、语言表述、问卷排版等各个方面。经常涉及的检查项目有：问题有没有使用引导性的语句；问题有没有使用倾向性的语句；问题有没有使用晦涩的表达，如文言文、俗语、俚语、缩写、专业词汇等；问题有没有使用双重否定的语句；问题的文字说明是否浅显易懂；问题的文字数量是否适中；问题是否列出了所有可能的选项；问题选项间是否具有互斥性；问题有没有涉及不受欢迎的语句；等等。

五、收集他人意见修改问卷

问卷设计中非常重要的一个经验就是：学会借鉴，善于借鉴。这一方面是要求研究者吸收已有成果，借鉴他人问卷；另一方面则是要求研究者广泛收集他人意见，修改问卷。这一过程中的“他人”包括三个群体：一是经验丰富的专题小组，二是相关领域的专家，三是被访者。

（一）专题小组讨论

专题小组在问题评估过程中发挥着重要作用。通过专题小组讨论，集思广益，研究者能够发现问卷设计中的问题，进一步完善问卷。专题小组成员根据自己的亲身经验或调查经历，能够发现研究者未考虑到的一些问题，包括问题的逻辑顺序、用词准确性、提问方式、调查对象在实际调查过程中可能碰到的一些困难和问题。同时，专题小组讨论还能够帮助研究者解决问题——研究者在问卷设计过程中会遇到各种各样的问题，凭研究者一己之力可能无法解决，但通过组织专题小组讨论，收集大家的意见，凭借众人的智慧，问题往往容易迎刃而解。

专题小组应选择异质性强的小组成员。异质性强的小组成员之间的意见能相互补充、完善，能最大限度地找出问卷的问题。专题小组成员以有丰富的实地调研经验和问卷设计经验的对象为最佳。在人数上，一般而言，5～8人的小组比较合适，人多容易造成混乱，人少又难以发现问题。

（二）专家评估

专家评估是修改问卷的有效方式之一。它采用主观评价法评估问卷，即将问卷初稿给相关领域的专家或研究人员进行评审，请他们直接阅读和分析问卷初稿，并根据他们的经验和认识对问卷进行评论，指出不妥之处，提出修改意见。

（三）被访者意见

被访者是问卷调查的直接参与者，他们的感受和意见对问卷的完善至关重要。收集被访者的意见有几种方式，比如：在自填问卷后附一份意见调查表，鼓励被访者提出意见和建议；在问卷填答完成后，访问员当面询问被访者的感受和认为问卷中有问题的地方；针对每一个问题对被访者进行深入访谈，让被访者尽可能详细地描述回答问题时的心理活动。还有一种方式来源于认知心理学，这种发现问题的方式是，访问员先让被访者填写问卷，经历思考、填答的过程，然后询问被访者一系列有关回答过程的问题：让被访者自己解释对问题、答案、术语的理解，询问被访者是否对“什么是合适的答案”有疑点或困惑，询问被访者在答题过程中的整个思考过程，让他们描述在选定自己觉得合适的答案时的思想活动，如有关数字计算问题是如何算出来的，在选定答案时考虑了什么[①]。访问员在这个过程中要注意记录，标出可能有缺陷的词语、理解和作答等具体问题。

六、预调查

预调查是正式调查开始前的一次小规模试验性调查，是问卷设计过程中必不可少的一个步骤，研究者可以从中发现问题，并及时纠正。通过预调查，研究者一是可以直接在调查过程中发现问题，二是可以在处理通过预调查收集到的数据的过程中发现问题。小范围的预调查是大规模正式问卷调查顺利进行的保证。

预调查一般基于方便和可获得性，采用非随机抽样的方式，从调查对象中选取一个小规模样本，用问卷初稿对他们进行调查，在调查过程中记录遇到的问题，同时认真分析在预调查中收集的信息，从中发现问题和缺陷，并进行修改。虽然预调查基于方便选择的调查对象，但预调查对象应基本覆盖正式调查可能涉及的对象（比如不同年龄、不同文化程度、不同地域等都尽量涉及），尽可能找出潜在的问题，并及时解决，避免问题在将来的大规模调查中出现。预调查不用刻意追求规模大小，以发现问题，检验问卷的信度、效度和实际可操作性为主。

对于面对面访谈式的问卷调查，研究者在预调查的过程中要详细记录遇到的问题。问卷设计中最易出现的问题是答案选项设计不全，很多人选了“其他，请说明________”选项。如果研究者在实地调查中遇到设计问卷时没有考虑到的特殊情况并且出现次数较多，则应该增加相应选项。其他易出现的问题还包括：题意表述不清，语言含糊、不准确；问题顺序排列不当；某些措辞拗口或者不符合当地的语言表达习惯；等等。研究者在预调查过程中应该仔细记录，在预调查完成后统一汇总讨论修改问卷。此外，预调查的一部分问卷可用来详细访问被访者，以记录问卷中的问题；另外一部分问卷则应尽量仿照真实调查场景来使用，记录实际调查所用的时间和被访者的配合程度，评估是否有进一步精简问卷的必要性。

---

① 福勒．调查问卷的设计与评估．蒋逸民，译．重庆：重庆大学出版社，2010.

对于网络调查、邮寄问卷调查、现场集中填答等形式的自填问卷，在预调查时可以采用访问员当面访问的形式以便记录问题。但预调查的主要目的是对即将完成的调查问卷进行评估，研究者通常希望预调查与正式调查尽可能一样，因此还需要进行一部分的“仿真”调查，即完全采用与正式调查一样的程序。然后，研究者对回收来的问卷进行统一分析评估。评估这类调查，除了直接对问卷数据进行分析外，还可以在问卷后面附上一份“问题收集报告表”，让被访者报告他们在填答过程中感到困惑的问题、难以回答的问题或有缺陷的问题，甚至可以收集他们对问卷的建议和意见。在客观条件允许的情况下，研究者也可以组织被访者现场报告他们遇到的问题和困惑。

对于收集到的预调查问卷，研究者应统一分析评估问卷回收率的高低，是否有不恰当的填答形式，是否有漏答、错答等问题。同时，研究者还可以根据研究问题对数据进行初步处理，分析数据呈现的结果是否达到了前期的研究设想和研究需要，判断是否有增加问题的必要性，判断是否每个问题都是对研究有用的，进而决定是否精简问题。

七、修改定稿

研究者在预调查完成后，集中汇总问题，修改问卷。当在预调查基础上修订的问卷定稿后，研究者还应该进行二次预调查，二次预调查的人数可少于初次预调查，不过是必不可少的一步。通过二次预调查，研究者可以进一步发现问题，并纠正问题。在问卷定稿的过程中，研究者应该反复检查，仔细修改，确保万无一失。在定稿后，研究者就可以印刷问卷，准备正式调查了。

八、编制调查手册

在问卷定稿后，研究者还需要编制一份详细的问卷调查手册。调查手册是保证调查工作顺利进行的指导性文件，是问卷调查工作的指南和行动纲领。第一，它能帮助访问员深入了解这项研究和整个调查过程；第二，它能供访问员在遇到问题时及时查阅，对问题和答案的一致性解释能够保证访问员和被访者对问题理解的一致性；第三，它也是研究者在后期研究工作（比如撰写报告、学术论文等）中可以参考的宝贵资料。调查手册中对问题的解释、对概念的界定、对方法的介绍等都是研究者们在问卷设计初期共同讨论得出的，是集体智慧的结晶。在后期研究中，研究者可能会遇到类似的困惑或问题，调查手册便于研究者随时查询、解开疑惑、解决问题。

调查手册的内容一般包括：

（1）详细阐明调查背景和调查目的。背景是开展研究或调查的依据，而目的则基本表明了研究或调查的内容。阐明调查背景和调查目的有助于访问员认识到这项研究的重要意义和作用，也便于研究者在开展后期研究工作时进行参考。

（2）准确清晰地界定调查对象。明确地指明调查对象，便于研究者筛选符合条件的被访者，并且能帮研究者确定调查规模（如果分地区开展调查而且有配额要求，可以做详细的列表说明）。

（3）说明整个调查过程的时间规划安排。

（4）介绍抽样方案。抽样方案虽然不是问卷设计的一部分，但是调查的重要组成部分，调查手册应该包含抽样方案。有些调查即使没有严格的抽样程序，也应该明确说明调查地区和被访者是以什么标准或程序选择的。

（5）一般情况下，调查手册还应包含编码原则，以便后期数据录入。大部分调查问卷在第一页有详细的地址，所以需要制定一个地区编码表或者编码原则。在对问卷中的具体问题进行编码时，应对缺失值等一些不正常的值的编码进行说明。

（6）介绍调查队伍。对组织者、培训员、访问员、督导员等参与到问卷调查中的人员的职责进行说明，保证参与者各司其职、各尽所能。另外，还需要留下一些调查负责人的联系方式，以备访问员或培训员在遇到问题时随时咨询。

（7）介绍问卷的质量控制和管理细则。对问卷的质量要求、复查和抽查、破损和遗失等都要有明确的文字说明和规定，以把好质量关，保证访问员遵守质量规范，提高问卷质量。

（8）调查手册中最重要的一部分内容是对每个问题及其答案选项进行详细解释和填答说明。对问题和答案选项的解释要通俗易懂、清晰明确，特别是对于容易混淆的概念或不易理解的字眼，需要花一定笔墨加以界定和说明。这不仅能保证问卷培训员、访问员和被访者准确理解问题和答案选项的含义，也是后期数据分析处理和对问题进行解释的重要依据。一些比较复杂的跳答或表格设计样式，如果无法在问卷中避免，则一定要设计填写示范。另外，对纸质问卷填写笔、笔的颜色、勾选答案样式、涂改要求都需要统一规定，以便于后期数据录入。

（9）在一些情况下，可以在调查手册最后附上附件。有些对农村地区或者老年人的调查，为了获得准确的年龄信息，还会在调查手册后面附上生肖对照表。其他与调查有关的方便访问员查阅的信息，也可以以附件形式附在手册最后。

以下是一个流动人口调查的调查手册样式（见表 2－3），基本展示了调查手册应该包含的内容。

表 2-3　　流动人口调查手册样式

×× 调查手册

一、调查背景和目的
二、调查对象
　（一）研究样本与调查对象的选取
　　1. 流入地调查对象
　　2. 流出地调查对象
　　3. 访谈对象
　（二）样本规模
　　1. 流入地调查对象规模及其地区、性别和年龄配额表
　　2. 流出地调查对象规模及其地区、性别和年龄配额表
　　3. 访谈对象
三、抽样方案
四、时间计划
五、问卷填写的一般要求
六、问卷具体内容说明
　（一）通用概念（包括对年龄、年月的一些规定）
　（二）封面部分填写说明
　（三）问卷问题填写说明

****

例：

Q1. 出生年月：写明四位数的出生年份和两位数的月份（即当月份为个位数时，要高位补零）。当被访者不能准确回答，或只知自己的虚岁、属相时，访问员须将其换算成周岁年龄并按照附录 1 中的属相表查出其对应的公历年份，还要在问卷上记录被访者的属相。以下涉及出生年月或年龄的问题，照此执行。如果被访者只知道农历（或阴历）的月份，统一在农历的月份上加上一个月；如果遇上农历十二月，则须将其转换为公历的次年一月。

Q5. 体重的计量单位是斤，1 斤＝500 克。

*　身高的计量单位是厘米，1 米＝100 厘米。*

****

七、调查实施细则
　（一）访问员的职责和要求
　（二）督导员的职责和要求
　（三）调查问卷质量控制细则
　　1. 质量控制的一般要求
　　2. 复查
　　3. 抽查
　（四）问卷管理细则
八、调查负责人通信录
九、附录
　（一）生肖对照表
　（二）省份编码对照表

最后，以流程图的形式展现整个问卷设计过程（见图 2-2）。

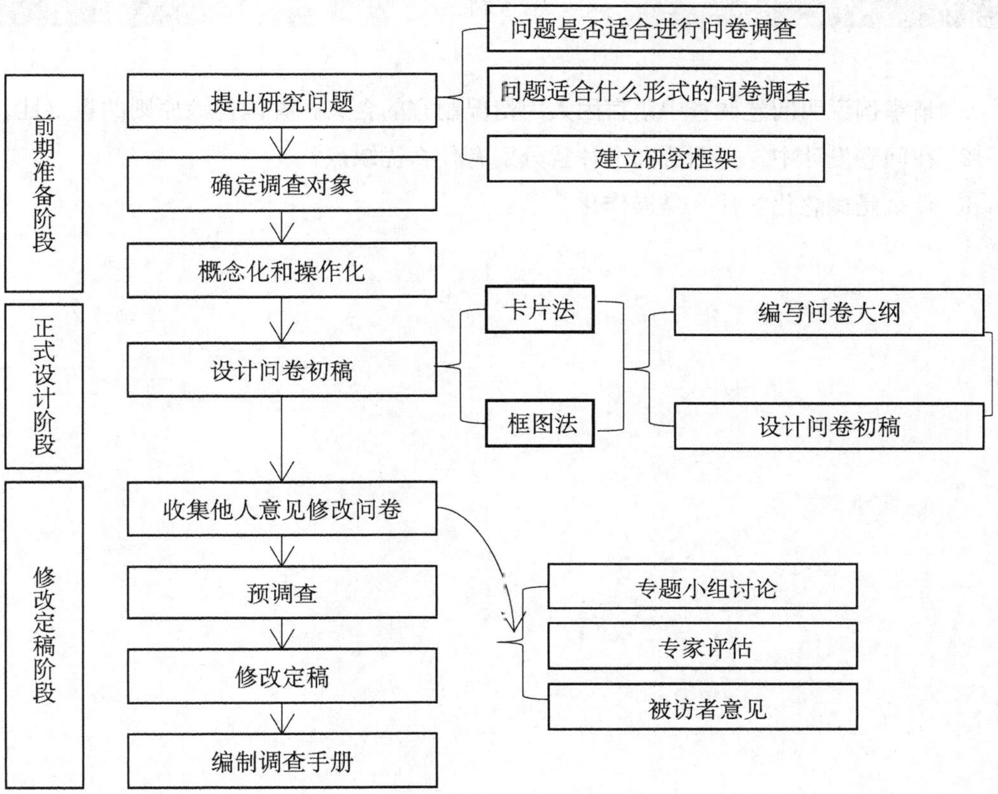

图 2－2　问卷设计流程图

小结

◇ 问卷设计不是简单堆砌和罗列问题。高质量的问卷要达到以下几个标准：充分收集研究需要的信息；保证信息的准确性和真实性；尽可能节约成本；具有可操作性。

◇ 要设计一份高质量的问卷，需遵循的几个基本原则是：问卷整体精而简，问题紧扣研究目的；语言精练，准确到位，因人、因情况制宜；以被访者为本，从被访者角度出发思考问题；问卷整体逻辑严谨；问卷设计要避免“闭门造车”；形成视觉友好型的问卷格式。

◇ 问卷设计的基本步骤包括：提出研究问题，确定调查对象，概念化和操作化，设计问卷初稿，收集他人意见修改问卷，预调查，修改定稿，并编制调查手册。

思考题

1. 请举例说明问卷调查中语言因人因情况制宜的含义，并阐述该原则的重要性。
2. 在问卷设计中，框图法和卡片法分别有什么优缺点？
3. 什么是概念化？什么是操作化？

第三章
调查问卷问题设计的要求和规则

调查问卷的问题有许多不同的类型和设计方法。丰富的题目类型和设计方法给了问卷设计者很大的自由操作空间，他们可以根据研究目的和所需信息的不同，自行对问卷问题进行类型选择和编排。但是，这并不意味着问卷问题的设计是漫无章法或者随心所欲的，仍然有一些基本的要求必须达到，有一些基本的规则必须遵守。这一章主要从题目的设计、答案的设计和语言表述三个方面介绍问卷问题设计中要遵循的一些基本要求和规则。

第一节　题目设计的要求和规则

一、题目要与研究目的直接相关

在社会调查中，问卷是为实现研究目的而采用的收集数据的一种工具。而调查问卷中的各个题目是收集信息的重要载体，也是研究者表达自己的研究内容和关注信息，并在此基础上与调查对象进行沟通的主要途径。

所以，研究者要始终做到以研究目的为导向，面向广大调查对象来进行题目的设计。问卷中的题目必须能够真正反映出研究者所关心、所需要的信息，不能够偏离研究目的，既不能是无关的问题，也不能是间接相关的问题。也就是说，每个问题都应当是准确、合适和直接体现研究目的的。

例如，某所大学拟在学生中进行一次关于图书馆服务质量的调查，可以采用类似“你对图书馆服务是否满意”或者“请你给图书馆的服务质量打分（1～10分，分数越高代表服务质量越高）”这样的问题来收集信息。这些信息能够准确反映出学生们对图书馆服务质量的评价。但是，如果该大学采用类似“你是否喜欢去图书馆”这样的问题进行调查，那所收集到的信息就会偏离研究目的。因为是否喜欢去图书馆虽然与图书馆的服务质量有一定的关系，但是还受到个人兴趣、需要等其他多种因素的影响，它与研究目的并不直接相关，所以并不能准确、恰当地反映出研究目的。在设计问卷的问题时，设计无关问题的错误比较容易被发现，但设计间接相关或部分相关问题的错误比较隐蔽，不太容易被发现，更需要引起研究者的注意。

二、选择合适的题目形式

本书下一章会介绍调查问卷的各种题型。正所谓“尺有所短，寸有所长”，不同类型的题目各有其优缺点，判断其好坏的标准并不在于题型本身孰优孰劣，而在于针对不同研究目的而言是否合适。所以对一个研究者来说，能够根据不同的研究目的选择合适的题目形式是非常重要的一个方面。

比如，当研究目的是解释某种现象产生的原因及获取对某种现象的评价，而研究者事先并不知道或不能穷尽问题的答案时，采用开放式的题目形式是比较合适的；而当研究目的是描述某种情况，并且研究者事先能够列举出可能的所有答案时，采用封闭式的题目形式是比较合适的。例如一个关于社区体育设施情况的调查，如果是想调查市民对社区体育设施建设的意见，一般会选择开放式的题目形式；而如果是想调查市民对社区体育设施的使用频率，则一般会选择封闭式的题目形式。

又如，当研究目的仅是了解调查对象某项属性的分布情况时，采用选择题的形式比较合适；而当研究目的是了解调查对象某项属性的具体描述时，采用填空题的形式比较合适。

例如，想了解某市小学生的体重分布情况，可以采用选择题的形式，将答案设置为五个选项进行调查：

（1）20公斤以下；

（2）大于或等于20公斤，小于30公斤；

（3）大于或等于30公斤，小于40公斤；

（4）大于或等于40公斤，小于50公斤；

（5）50公斤及以上。

但研究目的如果是了解某市小学生的体重指数（体重指数 BMI＝体重/身高的平方，国际单位 kg/m²），就必须采用填空题的形式，得到每个小学生身高、体重的具体数值。

三、充分考虑调查对象的回答能力

问卷调查所要面对的对象是社会生活中形形色色的人，需要他们根据自己的理解、自身的情况和想法来做出相应的反应，以此提供有用的信息。所以，在问题的设计过程中，研究者必须时刻考虑到调查对象是否有能力来回答问卷的题目，不要设计超出调查对象能力范围的问题。

第一，不要问调查对象可能没有经历过的事情。例如，某餐馆的顾客满意度调查问卷中有一道问题："您最喜欢的服务员是几号?"对一名普通顾客来说，不可能所有的服务员都为他服务过，他所能评价的只有已经为他服务过的服务员，而对其他服务员的评价已经超出了他可以回答的范围。另外，"喜欢"这个词也不准确，容易引发歧义，对顾客来说，服务员并不是明星，不存在喜欢不喜欢的问题，所以应该问对其服务满意不满意。所以，比较合适的问题应该是："为您服务过的服务员有哪几位？请您分别对他们的服务进行满意度评分。"

第二，不要问需要调查对象精确记忆或复杂计算的问题。类似"去年一年中您参加各类体育运动的次数"这样的问题，普通人是无法记得并准确回答的。这样的题目会造成很高的空答率，如果换成类似"上周您参加一小时以上体育运动的次数"这样的问题，调查对象回答起来就相对顺利多了。

四、尽量提高获得真实信息的可能性

社会科学与自然科学不同，它的研究对象是有情感、有态度的人。出于各种各样的原因，人们会隐瞒或掩饰自己的真实想法，所以通过问卷调查获得的数据和通过科学实验获得的数据不同，前者并不一定是对客观事实的直接反映。虽然这样的情况不可避免，但是研究者仍然可以通过对问卷题目的合理设计，最大限度地提高通过问卷获得的信息的真实性。

例如一项对育龄妇女男孩偏好情况的调查，如果直接问"您是否更愿意生男孩"，很多人会由于害怕遭到道德方面的指责或惩罚而掩饰自己的真实想法，即使内心更愿意生男孩，也不会在问卷上填写真实答案。对于这样的情况，研究者就要考虑修改问题，采取间接迂回的方式得到信息，使问题变得不那么尖锐、直接。比如在上面的例子中，可以采取“您心目中家庭理想的子女组合是几男几女”这样的替代方式来间接考察调查对象的男孩偏好情况。

第二节　答案设计的要求和规则

调查问卷中的答案是调查对象对问题的反馈，也是研究者在科学研究中进行进一步分析的依据。答案设计在调查问卷的设计中占据半壁江山，需要研究者进行多方面周密细致的考虑，也必须满足一定的基本要求和规则。

一、题目与答案要协调

题目与答案是构成问卷主体内容的两项重要因素。所以，题目与答案需要相互协调，不能出现答非所问的情况。也就是说，题目与答案需要匹配，题干问什么，答案选项就应当回答什么。

例 3－1：在最近的一个月内，您认为您是否有可能顺利找到工作？

（1）不可能　　（2）比较困难

（3）不是很难　　（4）很困难

在上例中，问题询问的是“是否有可能”，即询问的是可能性，而答案中“比较困难”“不是很难”“很困难”的选项并不是针对“可能性”问题的答案，出现了答非所问的情况。所以，更为合适的做法应该是针对“可能性”，把答案选项设置为“（1）完全不可能　（2）不可能　（3）有些可能　（4）很有可能”，会显得与题目题干更为对应。

例 3－2：当您遇到问题和困难时，最先想找谁解决？

	经常	偶尔	从不
配偶			
儿子			
女儿			
儿媳			

续前表

	经常	偶尔	从不
女婿			
孙子女或其配偶			
其他亲属			
朋友/邻居			
社会工作者			
保姆			
无人解决靠自己			

上例中题目询问的是“最先想找谁解决”，而设置的答案，不仅涉及“最先找谁解决问题”的人物类别，还涉及找他们解决问题的频率，因此也出现了题目与答案的不协调。如果出现题目与答案不协调这样的问题，就需要对题目或答案选项进行调整，使它们完全匹配。比如在此例中，就可以将问题改为：“当您遇到问题和困难时，最先找他（她）们解决的频率各有多高?”

二、答案内容要穷尽和互斥

封闭式问题的答案设计的最基本要求是穷尽性和互斥性。穷尽性是指答案必须包含所有可能的情况。

例 3-3：您觉得这个月物价水平与上个月相比怎么样?

（1）有所下降　（2）持平　（3）有所上升

上例中答案的设置并未将调查对象的基本情况都穷尽。因为对于物价水平不关心、不了解的人，就无法在答案选项中找到合适的选项。正确的做法应该是：

例 3-4：您觉得这个月物价水平与上个月相比怎么样?

（1）有所下降　（2）持平　（3）有所上升　（4）不清楚

这样一来，对任何一个调查对象来说，备择的各个选项中总有符合自己实际情况的内容。总之，如果在某个调查中，有任何一个调查对象无法在备择答案中找到符合自己基本情况的答案，那么这一问题的答案设置就不是穷尽的。为了使答案穷尽，研究者通常会在问题选项中加入“其他，请说明________”选项。

答案的互斥性是指答案之间不能相互包含或交叉重叠，每个答案的内容和含义都不存在与其他答案相互覆盖的问题。

例 3－5：您觉得生孩子的好处是什么？（可多选）

（1）传宗接代　（2）养儿防老　（3）增添家庭乐趣

（4）人之常情　（5）喜欢孩子　（6）满足心理需要

在上例选项中，“增添家庭乐趣”与“人之常情”“喜欢孩子”“满足心理需要”的含义相互交叉，必须做出修改。如果答案之间互相交叉，就会导致调查对象无法选择，或者造成具有相同想法的人选择不同答案的情况，这样的测量是不准确的。此外，上述 6 个答案也无法穷尽调查对象对生育孩子的好处的认识，研究者可以考虑增加一个开放式选项。

三、答案内容要准确清晰

在问卷调查中，设置答案选项的目的就是帮助调查对象根据自身情况尽快地找到相对应或相似的类别，而答案内容就是对某一类别情况的说明和描述。这就要求答案的内容必须十分精准、容易互相区分，不能似是而非，导致不同的人对同一问题产生不同的理解。

例 3－6：您和周围邻居交往密切吗？

（1）交往很少　　（2）交往较少

（3）交往较多　　（4）交往很多

例 3－7：您是否经常辅导孩子做功课？

（1）经常　　（2）有时

（3）极少　　（4）每天都会

例 3－6 中“很多”“较多”“很少”“较少”与例 3－7 中“经常”“有时”“极少”的标准并不是客观标准。因为每个人对多少、大小、时间频次等方面的认识都不同。这种问卷调查的结果，并不能反映客观事实，也不能作为科学研究的依据。较好的答案选项设计如例 3－8 所示。

例 3－8：您现在从事/参加个人户外活动的频率有多高？

（1）几乎每天

（2）不是每天，但每周至少一次

（3）不是每周，但每月至少一次

（4）不是每月，但有时

(5) 不参加

四、尽量减少调查对象“中庸”的回答

对于具有程度差别的答案，大多数调查对象倾向于选择非极端的中间答案。这会造成问卷信度和效度的下降。这样的问题可以通过扩大类别的范围、增加分组的数量等方法来补救。

例 3-9：您现在的睡眠质量如何？

(1) 好 (2) 一般 (3) 不好

例 3-10：您认为小区的物业管理如何？

(1) 非常差

(2) 在最差和最好之间

(3) 非常好

例 3-9 和例 3-10 的答案设计就存在着一定的问题，研究者可能发现在最后的调查结果中，几乎所有人都选了第 2 项，答案的设计失去了为调查研究提供准确信息的功能。所以在设计答案时，研究者应注意答案之间量化级别的差距，增加问题的选项。研究者如果想让调查对象表明肯定或否定的明确态度，就应该将答案选项数量设计为偶数，去掉中间选项。如例 3-10 可以被修改成例 3-11 这样的形式：

例 3-11：您认为小区的物业管理如何？

(1) 非常差 (2) 比较差 (3) 比较好 (4) 非常好

一般来说，对家庭收入等问题，调查对象往往也倾向于选择偏少或居中位置的答案。这样的问题也可以通过增加收入的分类来进行修正。例如，如果研究者根据其他数据资料，了解到调查地区的大多数居民月收入范围为 1 000～4 000 元，在一般情况下，研究者会将答案划分为 1 000 元以下、1 000～1 999 元、2 000～2 999 元、3 000～3 999 元、4 000 元及以上 5 个类别。如果每个调查对象都如实回答，那么答案中的收入分布是以 2 000～2 999 元为中心的正态分布。但由于调查对象倾向于选择程度较低的答案，预调查获得的调查结果可能是以 1 000～1 999 元为中心的偏正态分布。所以研究者可以考虑将答案类别增加，分为 1 000 元以下、1 000～1 499 元、1 500～1 999 元、2 000～2 499 元、2 500～2 999 元、3 000～3 499 元、3 500～

3 999 元、4 000～4 499 元、4 500 元及以上 9 个类别，这样调查对象选择的倾向性就会相对改变。

五、避免答案排列形式带来的系统偏差

根据以往的问卷调查经验，对于一般的陈述性问题，调查对象倾向于选择第一个或最后一个答案。因为有时调查对象为了赶时间，只看了前几个答案，一旦前几个答案与自己的情况稍有符合，就马上选取，所以第一个答案选项被选择的概率较高。而有时由于答案选项过多，内容过于冗长，调查对象在看完所有选项后，对前面的选项不记得或印象不深刻了，所以最后一个答案选项被选择的概率也较高。为了避免在实际操作中出现系统偏差问题，研究者在实际操作中一方面可以精练语言，简化答案选项的数量和内容，另一方面也可以采用随机化的方法。随机化的方法是将问卷分成几类，每一类问卷中答案的排列顺序是不同的——第一类问卷将第一个答案选项放在首位，第二类问卷将第二个答案选项放在首位，以此类推。这样可以避免调查对象不加考虑地选择第一项答案或者由于记忆不清而选择最后一项答案，从而造成系统性偏差的问题。

六、避免调查对象大量选择“其他”类答案

“其他”类答案在问卷中属于半封闭式问题的答案，即考虑到问卷的版面和调查对象的特殊性，在无法将问题的相关答案全部罗列在问卷中时，研究者一般会选取最主要、最具有代表性的答案选项，并将答案的最后一项设置为“其他，请说明________”。使用这一选项能够确保答案的穷尽性。

然而，如果在问卷回收后，研究者发现选择“其他”类选项的调查对象在总体中所占的比例相当大，或该选项被选择的频率远远大于其他几类选项，那么说明问题的答案设计出现了问题，即有关该问题的某些更重要的答案类型没有被纳入备择答案中。为避免这种类型的错误，研究者需要在调查准备工作中深入、广泛地了解研究领域，充分利用预调查等形式，了解人们对问题的回答情况，并在此基础上设计答案。研究者也可以用二次编码的方法对这类问题进行补救，对大量的“其他”类答案进行整理，把相近或相同的归为一类，选择比较重要的几类进行重新编码。

第三节　语言表述的要求和规则

无论是题目的设计，还是答案的设计，在语言表述方面都要力求精准、明确、简洁、中肯。因为一般而言，研究者对调查的主题是非常熟悉的，因此往往在问题和答案的语言表述方面不太敏感，而调查对象中大多数人对调查的内容还是比较陌生的，如果题目和答案在语言表述上存在着一定的问题，就会影响人们对问卷真实信息的理解，导致问卷调查的效率下降，甚至会得到错误的信息。所以，问卷设计的语言表述在很大程度上决定了调查的质量。因此，问卷的题目和答案设计的语言表述也必须遵循一定的基本要求，经过反复推敲和修饰。

一、语言表述要完整

无论是题目还是答案，语言表述一定要完整，尽量不要使用缩写。在具体情景和语境中，简短的句子和缩写是可以被人们理解的。但是问卷在使用过程中已经完全脱离了原来的情景和语境，所以使用不完整的句子或者缩写会使调查对象不理解问卷的意思。

例 3-12： 出生的地方？

在上面这个例子中，调查对象并不能够通过题目明白研究者的意图。这道题目到底是问调查对象出生在农村或城市，还是问调查对象出生在家中或医院？这些都不得而知。较好的语言表述形式如下例所示：

例 3-13： 您出生的地区（具体到县级市）是哪里？

滥用缩写也是调查问卷中较为常见的一类错误。一些中文或者外文的缩写往往是在某个专业圈子中比较被熟知的词汇，而脱离了这个圈子，大多数人对这些缩写的含义并不了解。

例 3-14： 在这次金融危机中，您认为 IMF 所采取的政策是否有效？

IMF 这个缩写代表了什么含义，并不是所有的调查对象都清楚。而且 IMF 本身代表了多种含义，它有可能是国际货币基金组织（International Monetary Fund），也有可能是国际营销联合会（International Marketing Federation），如果不明确说明，调查对象就很可能产生混淆。

二、语言表述要避免模糊、歧义和抽象

问卷的题目和答案设计，语言表述要具体明确、直指目标、正中靶心，避免使用模糊不清的概念或词汇。一般来说，语言表述越具体明确，得到的答案就越可靠。

比如，研究者有时会在问题中加入起修饰作用的词，如“通常”“经常”“有时”“偶尔”“很少”“几乎”“许多”“大多数”“很多”“少量”“绝大多数”“很大比例的”等，但这些词的意义比较模糊，缺乏衡量的统一标准，不同的人对这些词的感觉是不一样的，所以易产生误差。

例 3－15：您是否经常参加社区活动？

（1）是　（2）否

上例中，“经常”一词的概念难以确定，含义模糊，容易使句子产生歧义。在设计题目时，研究者应尽量避免使用这类词语。在实际操作中，研究者应该尽量把这样的词语转换成具体可测量的指标，如例 3－15 可修改为下例中的形式。

例 3－16：您平均多久参加一次社区活动？

（1）每天　（2）每周　（3）每月　（4）每季度　（5）每半年　（6）每年

题目设计中容易出现的另一个问题是多重含义，即词汇的意思可以有多种解释方式，不同的人可能会有不同的理解，从而产生调查对象认识的偏差。这主要是由于研究者往往会采用一些笼统的概念，而未对概念的具体含义做出规定，从而导致人们对概念的理解出现偏差。

比如，在经济调查中，研究者想了解人们的就业情况，如果采取“您上周是否就业”的问题形式，就犯了“概念笼统”的错误。因为就业是一个含混不清的概念，不同的人对其会有不同的理解，所以研究者需要明确地指出这一概念的内涵。例如，2005 年全国 1％人口抽样调查，对就业情况进行了具体的定义：

例 3－17：您在 10 月 25—31 日是否为取得收入而从事了一小时以上的劳动？

（1）是

（2）在职休假、学习、临时停工或季节性歇业未工作

（3）未做任何工作

又如，有研究者就有关家庭决策行为的调查，设计了如下题目：

例 3－18：目前您家庭中的重大决策一般以谁的意见为主？

（1）丈夫　（2）妻子　（3）夫妻共同决定

（4）公婆　（5）岳父母　（6）其他，请说明＿＿＿＿＿＿

在上例中，重大决策的含义表述不清，人们对重大决策的理解可能不尽相同。研究者需要对重大决策的含义进行界定，如上例可以更改为：

例 3－19：目前您家庭中的重大决策（如重大支出、子女婚嫁、搬迁、流动等）一般以谁的意见为主？

（1）丈夫　（2）妻子　（3）夫妻共同决定

（4）公婆　（5）岳父母　（6）其他，请说明＿＿＿＿＿＿

有时候，问卷中也会出现语言抽象的错误。这类错误往往涉及人们对某种事物的描述或态度，有的研究者对这种事物没有明确、具体的指向，而采用了一些非常抽象的概念，比如体制、理念、机制等。这样的问题形式上看似完整，实际上却使调查对象无从回答，给其填写问卷带来很大的困难。在这种情况下，调查对象只能按照自己的主观判断去理解和回答这些问题，调查结果自然会出现偏差。

例 3－20：您认为这次高考制度改革会对我国的教育事业发展带来怎样的影响？

（1）正面影响　（2）负面影响　（3）无影响　（4）不知道

在上面的例子中，“高考制度改革”“教育事业发展”等就属于特别抽象的词汇，它们本身包含的内容非常丰富而且相互之间的关系非常复杂，不容易被大多数人理解。是高考制度哪方面的改革？到底是教育事业什么方面的发展？如果不具体指明，调查对象就根本无法进行评价。所以，比较清楚的提法应是：“您认为这次高考制度中关于扩大自主招生比例的改革会对我国教育事业公平性的提高带来怎样的影响？”

三、语言表述不能晦涩难懂

问卷题目的设计应考虑调查对象的文化层次和认知水平。在进行大规模问卷调查时，由于调查对象的范围比较广泛，为了使文化层次和认知水平较低的人能够清楚地了解问卷内容，在表述问题时，研究者应尽量选取浅显易懂的文字和通俗的表达方式，避免使用专业术语和一些流行语。

简单来说，每个人都有三个层次的词汇：第一个层次是核心词汇，即人们在日常生活中使用的词汇；第二个层次是认识的词汇，即人们能够理解其含义，但是在日常生活中很少使用的词汇；第三个层次是不认识、不理解的词汇，即人们在日常生活中不会使用的词汇。在问卷设计中，研究者所用的词汇应该是第一个层次的词汇。

例 3-21：您认为对“脑体倒挂”现象应采取什么对策？

在上述问题中，“脑体倒挂”属于专业术语，一般只有具备一定知识，或者经历过那一时期的人才能准确了解其含义，不了解这一个词的人很难准确把握，也就不能提供合理的答案。因此在实际操作中，研究者应该将这一问题更改为：“您认为对于在相同条件下脑力劳动者的报酬低于或等于体力劳动者的报酬这一现象应该采取什么对策?”更改之后，题目的含义更容易为大多数人所理解。

在现代信息社会中，特别是由于网络的普及，每天都有大量的新鲜词汇和俚语不断涌现。如果不是对于这方面问题的调查，研究者在设计问卷时就应避免使用这样的流行词汇。一是由于这样的词汇还未发展成熟，它的含义并没有正式、清晰的界定，甚至能否保留下来仍然是个未知数，所以在研究中使用这样的词汇本身就是不严谨的。二是由于这样的词汇并未为大多数人所认识，所以调查对象往往不能明白它们的含义，这会对应答造成阻碍。

例 3-22：您觉得“表哥”现象是否违和？

在上面这个例子中，“表哥”和“违和”就属于流行词汇，不适合出现在问卷调查中。首先，此问题中的“表哥”指陕西省安全生产监督管理局原某官员，他视察事故现场的照片引发了网友对他的关注，网友从这名官员身上“搜”出了各种名表，因此这名官员被网友称为“表哥”。调查对象如果不了解这个新闻背景，就根本无法理解题目的意思，就会以为“表哥”是指亲属意义上的表哥，从而导致错答现象。其次，“违和”来源于日语“いわかん”，发音为IWAKAN，意为“违和感”，在日语中使用时有“不对路、有问题”的意思。后来这种含义被进一步引申为因为与周围的环境不适应而感到无法融入其中，从而产生一种疏离感的意思。比如当一个人身处国外，面对着不同的文化背景时，就可以用“违和感”一词来表达他无法融入大环境的感觉。而在中国，“违和感”中的“违和”二字在网络聊天中常被单独提出使用，并根据日常网络用语习惯，被赋予新的含义，如“违背和谐”，即用于形容违背和谐社会标准的一切事物。但是，“违和”的确切含义并没有为大多数人所理解和接受，随着这个词的流行，其外延将不断扩展，最后随着流行趋势的退去，它又逐渐在人们的生活中淡化，并没有形成特别固定的含义。所以像这样的词汇，并不适合出现在问卷中。

四、语言表述要简洁

在能够准确、充分表达题目或答案意思的前提下，语言表述要尽可能简短。简短的语言表述能够带来许多优势。首先，它能节约大量的资源。简洁的语言表述能使问卷的篇幅尽可能地缩减，不但节约了问卷在印刷、运输、录入保存中所需要的各种资源，而且大大减少了问卷丢失、错页的可能性。其次，简洁的语言表述保证了调查对象能够直接、快速地理解问卷的含义，节约了调查完成的时间，也能够提高问卷的回答率和回答的完整程度。最后，"言多必失"，冗长、啰唆的表述还会增加歧义、模糊的可能性。所以，简洁的语言表述能够提高人们回答问题的有效性。

只有在一些特殊的情况下，研究者才需要选择使用一些较长的表述或问题。比如，研究者在研究的主题是大多数人所不熟悉的领域时，就需要在问题的表述中提供一些背景信息或进一步的说明，以帮助调查对象对调查的主题有最基本的了解。

例 3－23：中国现在连续多年每年出生的男孩多女孩少，您认为这会对社会造成什么影响？

(1) 没有影响　(2) 产生有利影响　(3) 产生不利影响　(4) 不知道

在上例中，调查者没有直接问调查对象对中国性别失衡现象的影响的认识，而是将性别失衡现象具体表述为一种"连续多年每年出生的男孩多女孩少"的现象。因为许多人并不了解性别失衡的含义，更无法表达他们对这种现象的影响的认识，所以研究者在表述时要将其具体化，只有先告诉调查对象什么是"性别失衡"现象，才能使他们发表对其产生的影响的认识。

五、避免使用否定的句式

否定的句式不符合人们的思维习惯，因为除了加强语气、表达情感等特殊的需要外，人们在大多数情况下还是会使用肯定的句式来进行交流。问卷调查往往要求调查对象在短时间内运用逻辑思维对问题进行分析和解答，如果采用否定的句式，就会给调查对象的理解和回答带来难度和偏差，有时调查对象甚至会因为忽略否定词或者多次否定转换而发生错误，从而做出与意愿完全相反的选择。所以问卷要尽量避免运用否定形式甚至双重否定形式提问或进行表述。

例 3-24：您是否不赞成国家取消对车船税的征收？

（1）是 （2）否 （3）无所谓

在例 3-24 中，“不赞成”这个带有否定性质的词汇出现在了题目的表述中。如果选择“是”，代表的是对“国家取消对车船税的征收”这种政策的否定态度，而选择“否”，却代表了对“国家取消对车船税的征收”这种政策的肯定态度。这与人们的思维习惯是恰恰相反的，所以会带来很大的答案选择错误的风险。再加上该题本身就存在“取消”这一带有否定色彩的词汇，它与“不赞成”一起，在语义上形成了多重否定。多重否定需要通过仔细谨慎的思维转换才能被正确理解，这给调查对象平添了阅读的难度，是没有必要的。如上例完全可以改为“您是否同意继续征收车船税”，直接、明了，不会造成调查对象理解困难或误选、错选。

六、避免包含多重问题

“一事一问”也是研究者在设计问卷时应该遵守的基本原则。如果题目包含多重问题，那么无论调查对象选择了肯定还是否定的答案，研究者都无法得知他是对哪部分进行了肯定或否定，还是对全部进行了肯定或否定，所以依然无法获得有效的信息。

例 3-25：您是否认为这一产品的品质优秀、价格合理？

（1）合理 （2）不合理 （3）说不清

上例中的问题就属于典型的双重问题，它应该被拆分为以下两个独立问题，否则研究者无法理解调查对象在哪个维度上有确切的回答。

例 3-26：您是否认为这一产品的品质优秀？

（1）是 （2）否 （3）说不清

例 3-27：您是否认为这一产品的价格合理？

（1）是 （2）否 （3）说不清

值得注意的是，多重问题正被大量使用，它的错误性还未为大多数人所认识。

比如，“北京市甲型 H1N1 流感病毒裂解疫苗接种知情同意书”中曾有一道问题：“你是否安全接种过流感疫苗？”答案选项只有两个——“是”和“否”，而且这道题是所有人都必须回答的。这个问题其实包含了两层意思：第一，你以前是否接种过流感疫苗；第二，你以前接种流感疫苗后是否安全。如果回答“是”，情况比较简单，表示申请接种者以前接种过流感疫苗，并且接种后是安全的。如果回答“否”，情况就复杂了，可能表示两种情况，要么申请接种者以前没有接种过流感疫苗，要么申请接种者以前接种过流感疫苗但是发生了不安全的情况。可以想象，设置这道题的目的就是将那些注射流感疫苗后曾发生不安全情况的申请接种者从普通人群中筛选出来，待医生详细询问后，再决定他是否适合接种。但结果是，无论是没有注射过流感疫苗的人，还是注射流感疫苗后曾发生过不安全情况的人，都填了“否”。如此一来，这道题形同虚设，根本无法实现问题设计者的目的。

又如，由中国移动开展的一项关于用电话费购买公共交通车票的市场问卷调查中，有这样一道问题：

例 3-28：请问通常情况下您上下班是否只采用固定的一种交通方式？

（1）是（比如只乘坐地铁）

（2）不是（比如先坐公交车再换乘地铁）

（3）不固定，经常换方式

这个问题的答案设置给人的感觉是“不在一个层次上”，先是“是”和“否”，已然“互斥”与“穷尽”，但后来又出现了“不固定，经常换方式”的选项，让调查对象无所适从。仔细分析后可以发现，其实问题出在题目的设置上，它包含了两个问题：“通常情况下您上下班是否只采用固定的交通方式”和“通常情况下您上下班是否只采用一种交通方式”。而问卷的设计者硬是将这两个问题糅合在一道题目里，自然会给调查对象带来困惑。

七、避免诱导性的语言表述

问题的客观性是保证问卷质量的重要因素。研究者在设计问题时，有时会无意识地将自己的观点和态度流露在问题表述中，使问题具有诱导性和暗示性。这样一来，调查对象会受到研究者的影响，往往会选择一个“被要求”“被鼓励”“被希望”的选项，导致无法测量调查对象的真实行为和态度，从而影响整个问卷的效度和信度。所以，在设计问卷时，词汇和语言表述的运用都要尽可能地保持中立、客观，不要带有任何感情色彩和倾向性。

例 3-29：您认为我国的城市最低保障标准是否应当提高呢？

（1）城市最低保障标准偏低，应该大幅度提高

(2) 城市最低保障标准偏低，应该小幅度提高

(3) 城市最低保障标准合理，可以暂时不提高

(4) 城市最低保障标准较高，不应继续提高

上例中问题的表述方式具有倾向性，掺杂了研究者的主观想法。这类问题对调查对象有潜在的期待，希望调查对象认同城市最低保障标准应该提高。实际上，在问题或答案中运用贬义或褒义的词语，都会使问题带有倾向性，对调查对象产生误导。为避免问题语言的诱导性，上例中问题的表述应更改为："您认为我国的城市最低保障标准怎么样?"

例 3-30：科学研究表明，吸烟有害身体健康，您是否认同我国在公共场所禁止吸烟?

(1) 是　　(2) 否　　(3) 无所谓

诸如"科学研究表明""××政策表明"等表述方式容易产生权威效应。也就是说，社会对某些问题比较一致的看法，或权威机关和权威人士的态度，容易对调查对象的选择产生倾向性的诱导。

例 3-31：很多人认为"生男生女一样好"，您是否赞成选择自己孩子的性别?

(1) 赞成　　(2) 不赞成　　(3) 无所谓

"很多人认为"等表述方式容易使调查对象产生从众心理，调查对象可能因这种表述方式而临时改变自己的选择，从而导致调查问卷的最终结果失去信度。

例 3-32：在求职时，您与其他几个人竞争激烈，这时您会怎么做?

(1) 通过自己的能力获得职位　(2) 通过动用社会关系获得职位

(3) 顺其自然　　　　　　　　(4) 从舆论上贬低对手

上例中第 4 个答案是不正当手段，受道德权威和社会价值标准约束，很少会有人选择第 4 个答案。这样，问题设置便失去了原有的意义。对于这类问题，研究者可以采用投影技法等方法，从侧面挖掘调查对象的真实态度和想法。

例 3-33：您认为那些盲流是否给城市发展带来了负面影响?

(1) 是　　(2) 否　　(3) 不好说

上例中的问题带有明显的负面的感情色彩，"盲流"本身就是一个带有贬义色彩的词，题干中又出现了"负面影响"这样的词，这些都会引发调查对象对这些流动人口的负面情绪。

例 3－34：您孩子的出生场所是在哪里？

（1）医院　（2）妇幼保健院　（3）私人诊所　（4）家中

上例中存在着预先假设，其暗含的假设是，所有的调查对象都只有一个孩子或者其所有孩子的出生场所都是一样的，它逼迫调查对象在其所有的孩子中选择一个孩子的情况或者根据大多数孩子的情况进行作答。所以，研究者在实际操作中应明确指出询问的具体的孩子，比如“您的第一个孩子”“您最大的孩子”“您最小的孩子”等。

八、小心处理敏感性问题

在遇到涉及个人隐私、谈论社会道德等问题时，调查对象由于种种原因，容易产生戒备心理，修饰或者不愿透露内心真实的想法。对于这种类型的问题，研究者直接询问会导致很高的拒答率。所以，研究者在处理敏感性问题时，一般应采用间接提问的方式，减轻调查对象的心理压力，语言表述也要经过反复酝酿，尽量委婉。在实际操作中，研究者还可以采取其他方法来减弱问题敏感性带来的影响。比如将敏感性问题放置于问卷的最后、将所询问的行为或态度“大众化”、采取“模糊化”技术、采取将敏感性问题嵌入一般问题的技术、采用自填的方法或者采用卡片分类法和随机化回答等多种方法，降低敏感性问题对回答所造成的不利影响。本书第六章将详细地为读者介绍这些处理敏感性问题的方法。

小结

◇ 在设计问卷题目时，题目要与研究目的直接相关，选择合适的题目形式，充分考虑调查对象的回答能力，并尽量提高获得真实信息的可能性。

◇ 在设计问卷答案时，要注意题目与答案要协调。如果是封闭式问题答案，要做到答案内容穷尽和互斥。答案的内容要准确、清晰、不能似是而非。通过精心设计，尽量减少调查对象“中庸”的回答，避免答案排列形式带来的系统偏差，避免调查对象大量选择“其他”类答案。

◇ 调查问卷的语言表述要完整，要避免模糊、歧义、抽象和晦涩难懂，应充分考虑调查对象的认知程度。在能够准确、充分表达题目或答案意思的前提下，语言表述要尽可能简短。避免使用否定的句式、包含多重问题或诱导性的语言表述，小心处理敏感性问题。

思考题

1. 如果想测量人们的幸福感，请你想出至少三种不同的题目形式，并思考这些题目形式的优点和缺点。

2. 根据例 3-5，思考应如何改进答案选项，使答案能满足基本要求和规则。

3. 对于敏感性问题，应该采用什么样的语言来进行表述？这与问卷语言表述的基本原则是否矛盾？为什么？

第四章

调查问卷的常见题型

调查问题及其答案选项是调查问卷的主体。为确保调查问卷测量的信度和效度，在问卷设计过程中，研究者需要对问题及其答案进行科学严密的设计和细致周到的考量。调查问卷中的问题有多种类型，不同题型具有不同的表述方式、适用情境和注意事项，因此，研究者在设计问卷时需要根据自己的研究目的和问卷的设计目标，合理选择恰当的问题类型及其设计方式。本章介绍问卷中的各种主要题型，在对各种题型进行分析的同时予以举例说明。

第一节　按题目形式划分的问题类型

按照题目形式，调查问卷中的问题可以被划分为开放式问题、封闭式问题和跳答式问题。在社会调查中，上述题型常会被交叉应用。

一、开放式问题

开放式问题是指问题不设置具体的答案或范围，由调查对象根据自己的实际想法和态度自由填答。开放式问题一般应用于研究者无法预料某一问题的答案，或者问题的答案太多而难以一一涵盖时。开放式问题的形式比较简单，一般在问题的下方留出空白或加长横线，供调查对象进行填答或由调查者根据调查对象的回答记录答案（见例 4－1、例 4－2）。

例 4－1：您还有需要补充的吗？如有，请写在下面。

____

例 4-2：您认为影响我国城市发展的最重要的问题是什么？

____

研究者在设计开放式问题时需要注意答案预留空间的大小。预留空间过大将增加问卷的篇幅和版面，同时也意味着要求调查对象多回答一些；预留空间较小，则会限制调查对象回答内容的篇幅，容易使调查对象倾向于进行简单的填答，而达不到收集详细资料的目的。因此在设计预留空间时，研究者需要根据问题的设置目的进行综合考虑。如果问题的答案比较简单，调查对象整体的文化程度比较低，研究者提出问题只是想了解调查对象对这一问题的基本看法，那么预留的空间可以相应减少；如果问题内容涉及的范围十分广泛，调查对象总体的文化程度较高，能够对这一问题进行深入回答，研究者也想深入、详细地了解调查对象对这一问题的各种不同看法，那么预留空间就应该相应加大。

开放式问题的优点在于能够最大限度地搜集、了解调查对象对某一问题的看法和认知。开放式问题的答案范围十分广泛，有时甚至可以获得问卷设计之初未被设想到的有价值的信息，这些信息将成为后续研究的丰富素材。在研究者需要深入探究某一特殊群体时，可以让调查对象自由发挥，为研究报告提供更多有价值的信息。此外，开放式问题有助于使问卷得到简化。当某一问题的潜在答案太多时，调查问卷会显得冗长、烦琐，而应用开放式问题可以使问卷更加简洁，在了解调查对象真实行为和态度的同时节省版面。

开放式问题与封闭式问题的联合运用可以为研究者带来更为丰富的信息。在封闭式问题之后运用开放式问题，可以进一步了解调查对象的态度和动机。例如，在对产品特性的重要性进行比较的研究中，封闭式问题可以被设计为“您在购买某品牌手机时，最关注该产品的哪些特性？请您对以下特性进行排序”。这些特性可能包括手机性能、价格、外观颜色等方面，如某调查对象认为价格是他选择该品牌手机的第二原因，可以在此问题之后设计一道开放式问题，深入了解该调查对象为什么将价格作为选择该品牌手机的第二原因。此外，开放式问题可以被运用在预调查中，研究者能通过整理预调查结果来设计、构成其他封闭式问题的答案选项。

开放式问题的后期资料整理工作需要引起研究者的特别注意。由于开放式问题完全由调查对象根据自身态度进行填答，所收集的答案可能各具特点，有些答案可能冗长复杂，有些答案可能缺乏逻辑。后期的资料整理人员需要将意思相同的各种表达方式整理为统一措辞，问卷编码和后期资料整理工作的复杂程度比较高。因此在处理后期资料时，为了降低数据的复杂程度，研究者需要减少或简化答案的类别数，同时为了便于对数据进行统计处理，研究者还需要对答案进行编码。此外，研究者需要制作编码手册，对编码员进行培训，并对编码进行周期性的信度校验，以估计编码误差的水平。

在开放式问题的设计过程中，研究者需要通过以下几点来提高问题的质量：

（1）在开放式问题中，研究者不仅应该关注出现频率最高的答案选项，还需要关注出现频率较低但极具代表性的答案选项。开放式问题可以为研究带来更为丰富的信息，忽略某些答案可能会使研究者丧失许多有价值的信息。

（2）开放式问题需要较高的访谈技巧。许多调查对象在面对开放式问题时，可能在短时间内没有明确的想法，或仅仅回答一个模糊的答案，此时，调查者良好的访谈技巧就显得格外重要。调查者可以通过有技巧的“追问”，引导调查对象提供更为详细的答案。“追问”是指调查者为了获取更为丰富的信息，鼓励调查对象进一步阐述自己的想法。常用的追问方式有“能否请您具体解释一下”“除了这一点以外，还有吗”等。

（3）在实际调查时，调查者需要为调查对象提供较为充足的时间，使调查对象能够对问题进行充分思考，以提供逻辑清晰、有意义的答案。

二、封闭式问题

封闭式问题是指研究者根据以往的研究经验预先设计好若干可能性答案，并将其列在问题的下方供调查对象选择，调查对象只能从设定好的答案选项中进行选择。封闭式问题的基本形式为一个问题题干和若干答案选项。

封闭式问题有很多优点，使得这种问题类型成为调查问卷问题设计中最为常见的方式之一。

（1）封闭式问题的答案相对固定，研究者编制的答案序号可以直接作为问题的编码，节省了后期问卷编码的时间和成本。因此，与开放式问题相比，封闭式问题比较便于后期进行资料整理和统计分析。

（2）封闭式问题对调查对象的知识范围和文化水平要求较低。调查对象只需在已经设计好的答案中选择，对调查对象的表达能力要求不高。同时，已有的答案选项也有助于加深调查对象对题目的理解和认识。

（3）封闭式问题可以节省调查时间，提高回答效率。调查者或调查对象只需要在选项上画圈，使调查过程大大简化。

但是，封闭式问题也存在一些缺点，需要研究者注意。研究者可以通过预调查对问题进行调整，尽量减少封闭式问题可能带来的问题。

（1）封闭式问题的答案由研究者根据已有经验或研究进行编制，可能无法涵盖不同调查对象的情况，容易漏掉一些有价值的信息，使问卷调查的深度和广度受到限制。

（2）现有的答案可能会影响调查对象的想法和倾向。受已有答案选项的影响，调查对象对该问题的原有看法可能会临时改变，所做出的选择也未必能代表调查对象的真实想法。

（3）封闭式问题的选项数及长度可能给调查结果带来误差。如所列的选项太长，可能使调查对象失去耐心，导致对问题的理解发生偏差，从而做出与真实情况不同的选择。在一般情况下，封闭式问题的选项数不应超过 10 项。

（4）答案的排列次序可能给调查结果带来误差。在其他因素不变的情况下，由于人们的回答习惯或方便性等原因，调查对象倾向于优先选择排在最前和最后的答案，因此研究者也要考虑选项顺序设置可能带来的误差。对于这类问题，研究者可以通过变换开始选项的方法来控制误差，亦即，第一份问卷从第一个选项开始阅读，第二份问卷从第二个选项开始阅读，以此类推。研究者也可以尽量将社会期许最小的选项放在答案选项的开端，避免调查对象不读完全部选项就直接选择符合社会期许的答案，而不选择能够代表其内心真实想法的答案。

封闭式问题包括多种形式，不同的问题设置形式有不同的注意事项。下面将通过案例进行详细解释和具体分析。

（一）填空式问题

填空式问题是在问题题干后画一横线，让调查对象在空白处填写答案。填空式问题相对易于回答，便于理解和填写。这类问题通常只需填写数字，比如调查对象的年龄、家庭人口数、子女数目、收入、从事某项活动的时间，以及对事物的评分等。其优点是获得结果的测量层次较高，属于定比测量，易于进行统计分析。如例 4-3 至例 4-5 均为填空式问题。

例 4-3：您的出生年月（阳历）是：________年____月

例 4-4：您家的户口本上共有____口人?

例 4-5：在您和爱人结婚的费用（结婚过程中发生的一切费用，包括彩礼、嫁妆、买/盖房、买车等）中，男方家出了________元，女方家出了________元。

（二）列举式问题

列举式问题是指在问题后不提供具体答案，而要求调查对象根据实际情况直接列举所有可能的答案。这种问题形式适用于需要调查对象列举的答案比较多，如果将这种问题的答案设计成选项的形式，往往容易漏掉某些可能的答案，同时会占用问卷版面，延长问卷回答时间，使调查对象失去耐心。为了节省问卷版面、调查时间和成本，有些问题可以选择列举式问题这一形式。

例 4-6： 您一定要生一个男孩的原因是什么？（请列举您认为最重要的三个原因）

________、________、________

在例 4-6 中，人们偏好生育男孩的原因可能包括公婆的要求、自己的喜好、文化传统、经济因素等。如果将此问题设计为固定答案选项（如选择题）的形式，可能会漏掉某些人群的特殊想法，而这些想法可能正是研究者的兴趣所在。调查问卷是探寻社会现象发展规律的研究方法，在问卷中发现的特殊现象，可以帮助研究者揭开事物的面纱，探寻社会现象的本质。

例 4-7： 您选择住房的标准是什么？（请列举您最看重的三个条件）

________、________、________

在例 4-7 中，人们对住房标准的认知各有不同，许多人会考察住房的地点、户型、交通、生活、周边的教育医疗资源等，但这些标准的重要性排序因人而异。通过列举式问题，研究者可以让调查对象根据自己的实际情况进行填答。

列举式问题没有固定的答案选项，因此研究者无法对备选答案进行预编码，只能在问卷回收后再进行单独的问卷编码工作，这将在一定程度上增加问卷回收后资料编码的成本和时间。

（三）二项选择题

二项选择题又称二项选择法（dichotomous choice method）或是非题，是指只有两个答案选项的问题，调查对象只能在问题的两个答案选项中选择其中一项。这类题目的主要特点是答案选项简单明确，界限分明，非此即彼。二项选择题这一问题形式在民意测验、市场调查问卷中的应用最为广泛（见例 4-8 至例 4-11）。

例 4-8： 您目前是共青团员吗？

（1）是　　　（2）否

例 4－9：您是独生子女吗？

（1）是　　（2）否

例 4－10：您最近一个月有固定的下班时间吗？

（1）有　　（2）没有

例 4－11：您同意在我国继续修建核电站吗？

（1）同意　　（2）不同意

二项选择题的形式将调查对象严格分为两类不同的群体，可以简化人们的回答分布，便于研究者明确地了解调查对象的看法。但是这种问题的答案比较极端，所包含的信息量较少，不能很好地测量人们在认知态度上的程度差异，不利于对调查对象的态度进行层次划分。二项选择题可能使原本持中立态度的调查对象不得不偏向一方，在一定程度上带有强迫选择的性质。

（四）多项选择题

多项选择题又称多项选择法（multiple choice question）。这种题型要求备选的答案选项在两个以上，调查对象根据实际情况从中进行选择。多项选择题包括“多选一”“多选多”“多选任意”的形式。

1. “多选一”式问题

“多选一”式问题要求调查对象从所列选项中选择其中之一作为回答，因此又被称作多项单选题。这类问题的答案适用于进行频数统计和交互分析，答案选项要求穷尽和互斥。

例 4－12：您的文化程度是：

（1）小学　　（2）初中　　（3）高中　　（4）中专

（5）大专　　（6）大学本科及以上

例 4－12 的答案选项设计出现了错误，问题的答案仅仅考虑了受过教育的群体的情况，却忽略了未接受过教育的群体的情况，因此在实际操作中，研究者需要在选项中加入“未上过学”一类，即可以将例 4－12 更改为例 4－13 的设计形式。

例 4－13：您的文化程度是：

（1）未上过学　　（2）小学　　（3）初中

（4）高中　　（5）中专　　（6）大专

（7）大学本科　　（8）研究生

研究者在设计答案选项时还可以根据研究需要对研究对象进行分类，并调整选项设置。例如针对老年人群体的调查，由于该人群中拥有大专、大学本科及研究生学历的人较少，因此可以将大专、大学本科、研究生合并为大专及以上。

例 4-14：您的婚姻状况是：

（1）未婚　（2）已婚

在实际应用中，类似于例 4-14 的问题设置错误也十分常见。研究者的目的是了解调查对象的婚姻状况，但是仅仅将婚姻状况分为未婚和已婚两类，显然比较模糊，易产生歧义。在实际生活中，婚姻状况可能包括未婚、初婚、再婚、离异及丧偶五种类型。如果问题设置为例 4-14 中的表述方式，那么离异者可能会填答未婚（离异且尚未再婚），也有可能填答已婚（曾经结婚）；丧偶者有可能填答未婚（丧偶且尚未再婚），也有可能填答已婚（曾经结婚）。此外，再婚人群与初婚人群尽管都属于在婚人群，但这两类人群之间也有明显的差异。因此，这种分类方式容易使调查对象产生误解。由该问题得到的调查结果不仅无法为研究者提供丰富的研究信息，还可能造成误导，而这种情况是研究者不希望看到的。例 4-14 可以被更改为例 4-15 的形式。

例 4-15：您目前的婚姻状况是：

（1）未婚　（2）初婚　（3）再婚

（4）离异　（5）丧偶

修改后的案例（例 4-13 和例 4-15），答案选项覆盖了受教育程度或婚姻状况的全部可能性，调查对象可以根据自己的真实情况进行选择。在实际操作中，研究者需要十分审慎，通过预调查等方式尽量避免可能发生的这类错误。

有些问题的答案涵盖多种可能性，为了保证答案的穷尽，研究者常常在选项中加入“其他，请说明________”一项，供调查对象选择，如例 4-16。否则，容易出现调查对象无从选择的情况，造成问卷无法反映调查对象的真实情况，导致有效信息的流失。需要注意的是，“其他”类选项中不要涵盖太多信息或可能性，如果有相当比例的调查对象均选择“其他”类选项，说明研究者的答案设计有误。

例 4-16：您现在工作的计酬方式主要是：

（1）计件工资　（2）计时工资　（3）固定工资

（4）基本工资加提成　（5）个体经营收入　（6）其他，请说明__________

2. “多选多”式问题

“多选多”式问题是指调查对象根据自己的实际情况，从所列选项中选择若干答案，它又被称作多项多选题。“多选多”式问题答案选项的范围比较广泛，能够较为全面地反映调查对象的想法，便于后期的资料处理和统计分析。但是，研究者需要考虑所有可能出现的结果，以及可能出现的重复和遗漏。在答案较多时，调查对象容易产生厌烦心理，因此“多选多”式问题的答案应尽量控制在10个以内。“多选多”式问题的应用还需要考虑样本量。当样本量有限时，“多选多”式问题容易使统计结果分散，缺乏说服力。

例4-17：您最喜欢看哪些电视节目？（限选三项）

________、________、________

（1）新闻节目　　（2）电视剧　　（3）体育节目

（4）广告节目　　（5）教育节目　　（6）歌舞节目

（7）少儿节目　　（8）其他，请说明__________

例4-18：您（60岁以上老年人）平时与谁聊天最多？（限选三项）

________、________、________

（1）配偶　　（2）儿子　　（3）女儿

（4）儿媳　　（5）女婿　　（6）孙子/孙女或其配偶

（7）其他亲属　　（8）朋友/邻居　　（9）社会工作者

（10）保姆　　（11）无人聊天　　（12）其他，请说明__________

“多选多”式问题还可能包括多选并排序的问题。这种排序式问题又被称为顺位法（ranking method），是指当研究者既希望了解调查对象选择的答案类别，又希望了解调查对象对答案的看重程度时，要求调查对象按照某种顺序排列选择答案。排序式问题一般要求调查对象在备选答案中选择一个以上的答案，同时对已选出的答案进行排序。

排序式问题可能有两种形式。一种是限制数量排序题。问卷设计者可能想了解影响调查对象选择的若干个最为重要的原因，并想了解这些影响因素的作用程度，如例4-19、例4-20所示。

例4-19：您想生第二个孩子的原因是什么？（限选三项并按重要性排序）

________、________、________

（1）独生子女风险较大　　（2）长辈的意愿

（3）自己很喜欢孩子　　（4）两个孩子有利于孩子的成长

（5）身边的朋友都这样想　　（6）将来孩子的养老负担比较轻

（7）一个家庭两个孩子最美满　　（8）孩子想要有个兄弟姐妹

（9）其他，请说明____________

例 4-20：您选择某品牌手机的原因是什么？（请选择三项并按重要性排序）

________、________、________

（1）通信效果好　　（2）上网速度快　　（3）价格公道

（4）质量好　　（5）外形美观　　（6）维修方便

（7）他人推荐　　（8）其他，请说明____________

另一种是不限定数量排序题。在研究者想了解调查对象态度的全部排序时可以应用这种方法。在调查的时间长度方面，由于不限定数量排序题需要调查对象对若干个选项全部进行排序，因此调查者需要给调查对象充足的时间进行考虑，避免调查对象为了方便而随意排序。在答案选项方面，研究者不要设置过多的选项。排序题需要调查对象进行全面的思考和排序，答案选项过多，可能会使调查对象思维混乱而无法排序。

例 4-21：下列特性在您选购电脑时的影响如何？（请按照重要性由高到低进行排序）____________

（1）质量　（2）保修　（3）品牌　（4）外观　（5）价位　（6）性能

排序式问题的分析方法比较特殊，研究者可以对选出的变量按照多项单选题的分析方法进行分别统计，也可以对其进行加权分析。加权分析的具体操作方法如下：如果选择 3 个答案，那么把选择的第一重要答案的权数设为 3，第二重要答案的权数设为 2，第三重要答案的权数设为 1。由于每一个答案选项在最终汇总后会得到其频率，如第一个选项在汇总后，可以得到三个频率，即选择第一个选项第一重要的频率，选择第一个选项第二重要的频率和选择第一个选项第三重要的频率。将每一答案选项的频率分别乘以权数，然后相加并除以总权数，即进行加权平均，就得到该答案的相对频率 p。

例如，选择答案 1 为第一重要的频率是 30%，第二重要的频率是 20%，第三重要的频率是 20%。答案 2 为第一重要的频率是 20%，第二重要的频率为 10%，第三重要的频率为 10%。那么：

答案 1 的相对频率 $p_1=(30\%\times3+20\%\times2+20\%\times1)/6=25\%$；

答案 2 的相对频率 $p_2=(20\%\times3+10\%\times2+10\%\times1)/6=15\%$。

当可供选择的答案数量过多时，研究者也可以采用列举式问题的方法，让调查对象直接列举并进行排序。但是，调查对象所填写的答案应该比较简单，字数不多，易于填写。

3."多选任意"式问题

"多选任意"式问题是指答案选项被设计为多个，调查对象根据实际情况选择答案，选择的答案数目没有限制，可以单选，也可以多选。这类问题又被称作任选式问题。调查者或调查对象在符合实际情况的选项上画圈。这类问题的优点在于能够较为全面地反映调查对象对问题的真实想法。同样，在答案选项的设计中，研究者需要尽可能地穷尽答案涉及的范围（见例 4－22、例 4－23)。

例 4－22：目前，与您同吃同住的有谁？（可多选）

(1) 父母　(2) 公婆　(3) 丈夫　(4) 儿子

(5) 女儿　(6) 兄弟　(7) 姐妹　(8) 丈夫的兄弟

(9) 丈夫的姐妹　(10) 无人同住　(11) 其他，请说明________

例 4－23：以下家庭用品，您家现在都使用哪些？（可多选）

(1) 手机　(2) 洗衣机　(3) 电冰箱　(4) 彩电

(5) 照相机　(6) 空调　(7) 微波炉　(8) 电脑

在对任选式问题进行编码时，编码人员需要对每一个答案都进行一次编码。如，例 4－23 中答案的编码，在实际操作中可设置为 B23R1、B23R2、B23R3……B23R8，意为第 23 题的第一选项、第 23 题的第二选项等，以此类推。在编码时采取 0 或者 1 编码，0 代表调查对象没有选择这一选项，1 代表调查对象选择了这一选项。那么，如果某一调查对象家中有手机、洗衣机、彩电，在这几项答案的选项上画圈，那么变量 B23R1 到 B23R8 就可以被编码为 1、1、0、1、0、0、0、0。

三、跳答式问题

跳答式问题是通过甄别题有目的地筛选出符合条件的调查对象，并对这部分人群进一步进行询问的问题类型。跳答式问题中的甄别题可能包括一个问题，也可能包括多个问题，亦即，可能包括一重跳答和多重跳答的形式。例 4－24 是一重跳答的形式。在询问社区为老年人提供的社会服务类型之前，首先设置了一道用于甄别的跳答式问题，回答"否"或"不清楚"的调查对象，由于所在社区并不为老年人提供社会服务，也就无法对社区为老年人提供的社会服务的类型进行分析，这部分人将跳过下面一题，跳至其他问题进行回答，而回答"是"的调查对象则被筛选出来回答目标问题。

例 4－24：

Q1. 您所在的社区为老年人提供社会服务吗？

（1）是

（2）否 ⎫

（3）不清楚 ⎭（请跳答 Q3）

Q2. 您所在社区有哪些为老年人提供的社会服务？（可多选）

（1）起居照料　　（2）上门看病、送药

（3）精神慰藉，聊天解闷　　（4）日常购物

（5）组织社会和娱乐活动　　（6）提供法律援助（维权）

（7）提供保健知识　　（8）处理家庭邻里纠纷

（9）其他，请说明____________

有时跳答式问题也可以有多项，呈现多重跳答的形式，如例 4－25 所示。在询问调查对象对出租车乘车价格上调的态度时，可以采用多重跳答的形式设计跳答式问题。回答“同意”和“不同意”的调查对象都属于调查目标人群，针对这两类筛选对象有不同的后续回答问题，因此采用多重跳答的形式分别对两类目标人群进行后续调查，其中表示“同意”的调查对象将继续回答 Q2，而回答“不同意”的调查对象将跳至 Q3，回答“不知道/没想过/无所谓”的调查对象则跳出这一系列多重跳答问题，转而回答其他问题。

例 4－25：

Q1. 您同意我市的出租车乘车价格上调吗？

（1）同意　　（请回答 Q2）

（2）不同意　　（请跳答 Q3）

（3）不知道/没想过/无所谓　　（请跳答 Q4）

Q2. 请问您为什么同意出租车乘车价格上调？

____

Q3. 请问您为什么不同意出租车乘车价格上调？

____

在应用跳答式问题的过程中，尤其是对于多重跳答的问题，研究者应特别注重跳答的版式设计，避免过于烦琐，使调查者和调查对象产生混淆。这一点将在问卷结构与布局中详细阐述，这里不再赘述。同时，一份调查问卷中也应该避免应用过多的跳答式问

题，否则会增加调查者培训、问卷调查等的难度，甚至激起调查对象的厌烦心理。

第二节 按提问方式划分的问题类型

按照提问方式，调查问卷中的问题可以被划分为直接性问答题、间接性问答题和假设性问答题。本节将结合案例对上述问题类型的应用方法进行介绍。

一、直接性问答题

直接性问答题是指在问卷中通过直接提问方式得到答案的问答题。直接性问答题通常为调查对象提供一个明确的范围，询问的一般是个人基本情况或意见（见例 4－26至例 4－28）。

例 4－26：您的年龄？________

例 4－27：您家同吃同住的有几口人？________

例 4－28：您曾经购买过××品牌的矿泉水吗？________

这种问题设计方式问题明确，回答直接。但它在被应用于敏感性问题或态度测量问题时，容易引起调查对象的警惕心理，不易获得所需要的答案，因此直接性问答题不适用于敏感性问题，或态度、动机方面的测量。

二、间接性问答题

间接性问答题是指对于不宜直接询问的问题，采用间接提问的方式得到所需答案的问答题。通常用于那些调查对象对所需回答的问题产生顾虑，不敢或不愿意真实表达意见的问题。研究者不应为得到调查结果而强迫调查对象回答，使他们感到不愉快或难堪。这时，如果采用间接询问的方式，使调查对象认为很多看法已被其他人提出来了，他所要做的只不过是对这些意见加以评价，就能削弱研究者和调查对象之间的某些障碍，使调查对象真实地表达自己的态度和观点。

这类问题的处理方法包括转移法、释疑法等。转移法是指在处理敏感性问题时，采用第三人称方式提问的方法，将调查对象根据自己的实际情况回答问题转变为调查对象对其他人的情况进行评价。在询问一些特殊的敏感性问题时，调查对象容易对问题产生顾虑，隐藏自己的真实想法。转移法使调查对象不用对问题直接发表意见，而是对其他人已经发表的意见进行评价，从而消除调查对象的疑虑，降低问题的敏感性。可见，转移法通过婉转的提问方式，可以减弱调查对象的反感情绪和戒备心理，使敏感性问题更容易获得回答，有助于调查问卷得到有效的答案。

释疑法是指在问题前面增加消除调查对象疑虑的功能性文字。其形式包括在问卷的开头加入说明性语言，说明调查机构与调查人员在问卷调查的过程中将依据相应的法律法规和行业准则对调查信息和数据资料进行严格保密；或在问题之前加上一段解释性文字，对问题中的某些词句、专业术语、问题背景等进行解释。

在对生殖健康情况的调查中，有关性行为和性观念的问题属于敏感性问题。为了消除调查对象的防备心理，使其顺利地接受调查，研究者可以运用释疑法，在问卷开头进行相应的说明（见例 4 - 29）。

例 4 - 29：

您好，我们是××调查公司/机构的调查人员。为了了解当前人们和我国总体上的生殖健康情况，我们希望了解您的真实情况和想法。调查可能会耽误您的一些时间，但是希望得到您的支持和协助。我们将依据《中华人民共和国统计法》中的相应规定，对您的资料完全保密。衷心感谢您的配合与支持！

对于一些敏感性较强的问题，释疑法有助于消除调查对象的顾虑，使其表达自己的真实想法。例如在对单位机关负责人进行评价的调查中，调查对象可能会心怀顾虑，隐瞒自己对单位负责人的真实态度，导致样本的信息难以代表总体的真实情况。在例 4 -30 中，在目标问题前，研究者引用了《中华人民共和国宪法》的规定，表明表达对政府机关负责人的真实态度是受到法律保护的，使调查对象减少顾虑。

例 4 - 30：

《中华人民共和国宪法》规定："中华人民共和国公民对于任何国家机关和国家工作人员，有提出批评和建议的权利"。您对您所在地方的政府机关主要负责人有何评价和看法？

三、假设性问答题

假设性问答题是指用一个假设性条件句作为前提（一般将某一情景或者现象作为

调查问题的前提)，询问调查对象在假设条件下对这一问题的看法。这种问题表述方式经常被用于对意愿的调查。常用的句式有："假设……您是否会……"或者"如果……您会……吗"。

研究者在应用假设性问答题时需要注重以下几点。

一是假设要具备合理性。由于假设中的场景是对真实情景的模拟，因此假设的情景不要过于夸张，不要超出一般人可能会遇到的实际情况。例如："假设您是北京市市长，您会怎么解决交通拥堵问题?"绝大多数人并不能真实了解作为北京市市长会做出的行为，在这种假设条件下，调查对象会不假思索地进行随意回答，所回答的答案并不具备可采纳的信度。

二是假设要具有时间性。假设的时间范围不要过远，让人无法判断。例如："您认为二十年后，北京的雾霾问题能够得到解决吗?"例子中假设的时间范围太长，即使是专业人士也很难对二十年后北京的雾霾状况进行回答。

三是假设要符合可能会发生的事实。应用假设性问答题并不代表研究者可以天马行空地发挥想象，假设的情景不能超出事物实际发展的规律和可能性。例如，在居民调查中询问："如果您资产上亿，您会愿意捐赠财产的多少比例?"问题设计的目标是考察调查对象在某种特殊条件下愿意捐赠的财产比例，但是由于"资产上亿"这种假设对于一般的调查对象而言太过夸张，即使调查对象表示在资产上亿时愿意捐赠全部财产，也不代表其在真实情况下的捐赠意愿。

例 4-31 是一个假设性问答题的案例。在询问调查对象对于购买某品牌手机的意愿时，研究者可以加上假设条件"如果您月收入两万元"。

例 4-31：如果您月收入两万元，在近期内您是否会选择购买××品牌手机?

(1) 会　　(2) 不会

四是假设性问答题不宜在调查问卷中多用。调查对象的心理期望与现实行为可能不一致，其在假设条件下选择的行为和态度，在真实条件下可能会发生改变。因此，假设性问答题只能在一定程度上了解调查对象的真实意愿。

第三节　按题目内容划分的问题类型

按照题目的内容，调查问卷问题可以被划分为事实性问答题、行为性问答题、动机性问答题和态度性问答题。

一、事实性问答题

事实性问答题是指用于询问特定事实的问题。简单来说，事实性问答题是用来调查“是什么”的问题，包括询问调查对象的年龄、职业、受教育程度、户口性质等事实类的问题，如例 4－32 至例 4－34 所示。在应用事实性问答题时，为了避免调查对象在回答个人信息时有所顾虑，调查者应该首先表明身份、职责和调查信息的用途，例如，可以在卷首语中对这些问题进行解释说明。一些市场调查类型的调查问卷，可以通过调整事实性问答题在问卷中的位置来减弱调查对象的反感心理，例如，可以将事实性问答题设置在调查问卷中靠后的位置。

例 4－32：您现在的体重是____千克，身高是____厘米。

例 4－33：您的户口性质是：

（1）农业 （2）非农业 （3）其他，请说明____________

例 4－34：您的性别是：

（1）男性 （2）女性

二、行为性问答题

行为性问答题是询问调查对象的行为特征的问题。实际上，这类问题主要研究调查对象“做过什么”，比较典型的问法是“您是否做过××事”（见例 4－35 和例 4－36）。在使用行为性问答题时，要注意对调查对象目标行为时间尺度的设定，要求调查对象回忆的时间不要过于久远，防止由于调查对象记忆模糊增加回答的偏差，而达不到调查的效果。

例 4－35：您最近一个月去过××电影院看电影吗？

（1）去过 （2）没有去过

例 4－36：您最近一个月去过××商场购物吗？

（1）去过 （2）没有去过

三、动机性问答题

动机性问答题是询问调查对象产生某种行为的原因或动机的问题。简单地说，动机性问答题是调查“为什么”的问题。例如，在市场调查中，研究者可以用该类问题了解调查对象购买某种商品的原因，以有助于生产厂商进行生产、经营和销售方面的调整，如例 4-37 所示。在社会科学中，动机性问答题也是了解调查对象的行为动机的重要方法，如例 4-38 所示。

例 4-37：您为什么购买××品牌的矿泉水？

____

例 4-38：您为什么决定在外打工？

____

四、态度性问答题

态度性问答题是用于询问调查对象对调查目标的态度、评价或意见等感受的问答题。态度性问答题是调查“怎么样”的问题。

态度性问答题对问题和答案设置的要求较高。一方面，问题表达方式的细微差别会造成调查对象理解的不同。另一方面，答案有三分类、五分类、七分类的分类方式，具体答案分类的设计要根据研究者的需求来安排：如果希望了解更为细微的差异，比如“非常同意”和“比较同意”的差别，则需要设计更高级别的分类；如果希望获得的调查结果对答案的差异层次要求不高，那么可以设计较低级别的分类（见例 4-39 至例 4-41）。

例 4-39：您认为自己是一个幸福的人吗？

（1）非常同意　（2）比较同意　（3）一般

（4）比较不同意　（5）非常不同意

例 4-40：您对您家周围的交通情况感到满意吗？

（1）满意　（2）一般　（3）不满意

例 4-41：您是否喜欢××品牌的汽车？

（1）喜欢　（2）无所谓　（3）不喜欢

第四节 需要特殊操作方法的问题类型

市场问卷调查、民意调查等类型的调查，还会运用一些需要特殊操作方法（包括回忆法、比较法、投影技法等）的问题类型。本节将对这些特殊操作方法加以分析。

一、回忆法

回忆法（recall method）经常被应用在市场营销等类型的调查中，可以了解调查对象对不同商品的品牌、营销方面的印象是否深刻。研究者通过对调查对象回忆品牌的先后顺序、速度，以及各种品牌被回忆起的频率进行研究，进而分析产品的营销策略和手段。需要注意的是，回忆法要求调查对象进行回忆，这将不可避免地导致一定的测量误差。为了尽量控制样本的误差，降低不确定性，研究者在应用回忆法时，需要特别注意时间范围的设置。研究者如果要求调查对象回忆三个月，甚至半年前的事情，很可能会导致较大的测量误差，影响测量的精度。因此，回忆法的时间范围不能太过久远，以免因调查对象记忆模糊而产生较大的偏误。

例 4-42： 请您列举最近一周在电视广告中出现的手机品牌。

____

例 4-42 属于比较恰当的应用回忆法的案例，对时间范围的设置比较合理。在一周的时间范围内，大多数人会对手机品牌有比较清楚的记忆，测量误差能够控制在很小的范围之内。

二、比较法

比较法（comparison method）是将若干可比较的事物整理成两两对比的形式，要求调查对象对选项进行比较，用以了解调查对象对不同事物的态度的方法。比较法的应用，需要调查对象对比较项目比较熟悉，否则会导致出现空项。假如选项之间存在一致的偏好结构，通过这种方法就可以得到备择项的可传递排序。也就是说，如果偏好 A 强于偏好 B，而偏好 B 强于偏好 C，那么偏好 A 就强于偏好 C。但有时排序不具备可传递性，如偏好A强于偏好B，偏好B强于偏好C，但是偏好C强于偏好A。如果存在不一致性，那么研究者应该追问调查对象存在这种不一致的原因。这种逐一配对比较的方式，可以揭示调查对象对事物认知或品牌感受的更为细微的态度变化（见例4-43、例4-44）。但是如果需要比较的项目很多，就会导致调查对象难以理解问题，这种情况下就难以使用比较法进行调查。

例4-43： 请您在下列每一对不同品牌的洗衣粉中，勾选您更喜欢使用的一种。（每一对中只选一个画√）

(1) 雕牌 □　　汰渍 □

(2) 汰渍 □　　超能 □

(3) 超能 □　　立白 □

(4) 立白 □　　花王 □

(5) 花王 □　　雕牌 □

例4-44： 请您比较一下这两组人，您认为哪一组人的社会地位比较高？

(1) 这两组中哪一组人的社会地位比较高？	□商人	□医生
(2) 这两组中哪一组人的社会地位比较高？	□医生	□科学家
(3) 这两组中哪一组人的社会地位比较高？	□科学家	□政府人员
(4) 这两组中哪一组人的社会地位比较高？	□政府人员	□教师
(5) 这两组中哪一组人的社会地位比较高？	□教师	□商人

三、投影技法

投影技法（projective technique method），又称投射法，是指通过无结构、非直接的询问方式，将调查对象潜在的动机、感觉、信仰和态度等反映出来。调查者向调查对象提供一个无限制的、模糊的情景，并要求调查对象依据情景做出反应。在模糊情景中，调查者不要求调查对象描述自己的行为，而是要其解释他人的行为。在解释过程中，调查对象能够将自己内心的真实意愿和想法投影到有关的情景中。对于一些动机类的问题或者敏感性问题，通过直接提问的方法可能无法获得真实有效的信息，那么投影技法是一种很好的间接提问方式。投影技法包括联想技法、完成技法、结构技法、表现技法。

投影技法的优点是有助于揭示调查对象的真实意见和情感，尤其是可以被应用于对敏感性问题的调查。但投影技法的缺点在于，具备较高的专业性，对调查者的业务水平要求比较高，同时会花费较高的费用。此外，投影技法的答案解释和分析具备开放性，缺乏客观性标准，可能会出现解释偏差，为分析和研究带来一定困难。因此，对通过投影技法获得的调查结果不适合进行定量分析。

（一）联想技法

联想技法是指为调查对象设置某一刺激物，了解调查对象最初联想到的事物的方法。这类方法中最常被使用的是词语联想法（word association test），其表现形式为：调查者向调查对象提供某一刺激词，让其说出或写出联想的事物，通过分析调查对象的不同反应来揭示其意愿和态度。联想技法通常被运用于产品品牌的选择、广告主题测试等领域的问卷调查（见例 4-45）。

例 4-45： 测试××航空公司的影响力。

在例 4-45 中，研究者首先为调查对象播放××航空公司的商业广告，然后让调查对象回答根据××航空公司能够联想到的词语。调查对象可能回答如"家庭""商务""快速""安全""舒适"等词，这些词可能暗含调查对象对该产品的印象和感受。根据语素价值统计每个词的出现强度，例如：动词为 3 分，形容词为 2 分，名词为 1 分。研究者可以根据调查对象的最终得分进行统计分析，也可以根据这些词为产品提供服务改进的方向。

（二）完成技法

完成技法是指为调查对象设置不完全的刺激情景或语句，让调查对象完成其余情景或语句的方法。该方法包括句子完成法（sentence completion test）和故事完成法（story completion test）。与联想技法相比，完成技法能够更有效地引导调查对象产生联想，并从调查对象的描述中探究其自身的真实态度和想法。在使用该方法时，调查者应注意让调查对象根据第一印象和想法进行描述，并进行完整记录，以便于后期整理和分析。通过完成技法获得的调查资料，需要专业的研究人员对其进行深入分析与理论解释。

句子完成法是向调查对象提供一些不完整的句子，让其完成其余部分（见例 4-46）。

例 4-46： 我认为这个产品______________________________

我认为这个产品的价格__________________________

我认为这个产品的质量__________________________

我认为这个产品在同类产品中______________________________

如果我拥有一部笔记本电脑，我会__________________________

调查者在采用句子完成法进行调查时应注意，句子应尽可能简短，句子的表述应该使调查对象有比较多的自由，在回答时不会在心理上感受到威胁。

故事完成法是指提出一段不完整的故事情节，由调查对象来完成故事的剩余部分。故事完成法的题目设计和句子完成法基本一致。在例 4－47 中，通过分析调查对象对其在看电影后的行为的故事性描述，研究者可以了解调查对象对电影院环境和服务等方面的要求。

例 4－47： 看电影后，我会____

（三）结构技法

结构技法以主题统觉法（thematic apperception test）为常用方法。主题统觉法类似于我们熟知的“看图说话”。在实际调查中，调查者为调查对象提供一些内容模糊的图画，让调查对象根据图画编一段故事，并加以解释。调查者通过调查对象对图画的解释，可以分析调查对象在相关研究方面的行为和态度，进而了解其内心活动和潜在需求。结构技法可以被用来了解调查对象对某些观点的态度，揭示其内心的感受。但是，这种调查方法往往需要花费较长的时间，对调查者素质也具有一定的要求（见例 4－48）。

例 4－48： 请您根据要求选择您自己认为与变革和保守两个概念有关的图片要素，将其组在一起做一张拼图，并谈谈您对这张拼图的认识。

（四）表现技法

表现技法是指向调查对象提供文字的或形象化的情景，请调查对象将其他人的感情和态度与该情景联系在一起。表现技法包括角色扮演和第三者技法。

角色扮演要求调查对象表演某个特定的角色。研究者通过分析调查对象在表演时态度和情绪的自然流露，可以了解其在特定情景中的真实想法。这种方式比较直观、自然，能够真实地反映出调查对象的态度和情绪，但是会受调查对象性格和表演能力等方面的影响，对调查环境的要求较高（见例 4－49）。

例 4－49： 假设您是一位正在挑选笔记本电脑的消费者，您发现销售人员的服务态度较差，这时您会怎么办？请您将您的想法表演出来。

第三者技法是指为调查对象提供文字化或形象化的情景，要求调查对象将第三者的态度与该情景相互联系。研究者通过分析调查对象的表述，可以揭示调查对象的真实态度和想法（见例 4－50）。

例 4－50：当一名消费者在挑选笔记本电脑时，销售人员的服务态度较差，您认为这名消费者将做出怎样的反应？

调查者将调查对象的描述完整记录下来，以供研究者进行后续分析。例 4－49 和例 4－50 反映了调查对象对某产品销售人员的服务和在购物体验等方面的感受和态度。研究者通过对调查对象的表演和情绪进行分析，可以为生产厂商或者服务提供商在产品的销售服务等方面提供进一步改进的方向。

小结

◇ 在问卷设计过程中，研究者需要根据自己的研究目的和问卷的设计目标，合理选择恰当的题型及其设计方式。有效的问题设计可以保证问卷测量的信度和效度。

◇ 按照问题的基本形式，可以将问题分为开放式问题、封闭式问题和跳答式问题。根据问题的提问方式，可以将问题分为直接性问答题、间接性问答题和假设性问答题。按照题目内容，可以将问题分为事实性问答题、行为性问答题、动机性问答题和态度性问答题。一些有关心理、市场调查的问卷，还会运用回忆法、比较法和投影技法进行提问。在一套问卷中，研究者往往会综合使用多种提问方式来实现问卷目标。

思考题

1. 试针对一个问题，使用多种提问方式编制问题。
2. 试比较开放式问题和封闭式问题的优缺点。
3. 态度性问答题的设计有哪些注意事项？
4. 哪些提问方式适用于敏感性问题的编制？

第五章

调查问卷的结构与布局

在问卷调查中，问题的询问方式、答案选项的设计以及语言用词风格等均是影响调查对象回答的重要因素。同时，问卷的整体结构与布局也会影响调查对象的态度和回答，直接关系到问卷所得数据的真实性与准确性。

问卷的整体结构与布局，不仅关乎问卷卷面美观与否，更重要的是会影响问卷的质量。问卷的整体结构与布局对调查的影响贯穿整个问卷调查过程。在问卷准备阶段，良好的结构与布局可以帮助研究者减少印刷费用、降低成本，同时一份具有完整结构和合理布局的问卷还可以帮助调查者或访问员在问卷培训阶段从整体上把握和理解调查问卷。在问卷调查的实施过程中，结构清晰、布局美观的问卷可以提高调查对象对问卷的好感，降低拒答率，并有助于调查对象保持逻辑上的一致性，准确、完整地回答问卷中的问题。在问卷回收后，清晰的版面设计可以帮助数据录入人员更快速、准确地将数据资料录入电脑，实现调查数据的电子化，降低出错率。因此，可以说，具有恰当的结构和良好的布局是一份高质量调查问卷的重要标准之一，是提高问卷数据质量、降低调查成本的有效手段。相反，一份结构混乱、布局不当的调查问卷，则会产生不良的影响，给调查者的数据收集工作造成障碍，影响调查对象的态度和回答，甚至直接影响问卷调查所得数据的真实性和有效性，产生不可估量的负面效应。

本书的前半部分已经就问卷的种类及设计原则、问题的类型及询问技巧等进行了详细的介绍，接下来本章将着重介绍问卷的结构与布局，并通过翔实丰富的各种案例对怎样设计问卷结构及安排问卷布局进行说明。

第一节　问卷的结构

建造一栋稳固、美观的大厦，需要坚固的基础架构予以支撑。同样，一份易于理解、方便操作的高质量问卷也需要有完整的结构作为骨架，然后逐步“加砖添瓦”进行完善，使问卷内容不断趋于丰富、翔实，囊括研究者兴趣点的方方面面。因此，明确一份调查问卷需要包括哪些结构要素，以及如何设计，使得不同版块之间良好衔接，就变得非常必要和重要。

正如前文所述，调查问卷按照问题类型、填答方式、调查方式等标准可以被划分成不同的类型，如按照问题类型可以将问卷划分为开放式问卷和封闭式问卷，按照填答方式可以将问卷划分为自填问卷和访问问卷，按照调查方式还可以将问卷划分为邮寄式问卷、电话调查问卷、报刊后附问卷、互联网调查问卷等。不同类型的问卷特点不同，分别适用于不同的调查，但是根据对不同类型调查问卷的观察，我们可以发现它们之间也存在一些共同点，比如在语言上表现为简洁精练，问题形式多为单选题、多选题或填空题等，此外问卷的结构安排也存在一些共通之处。本节将对问卷的结构展开论述，并以最常见的结构式问卷为例，对一份完整的问卷必须包含的各个结构要素进行阐释，且加上对具体案例的分析。最后，本节还将针对其他一些类型问卷的结构略做解释，并对比不同种类问卷在结构上存在的差异。

结构式问卷是目前社会科学研究中最常用的一种调查问卷，被广泛应用于社会学、人口学、市场调研等各个领域。结构式问卷相比于无结构式问卷，对调查者和调查对象的要求较低，更易于实际操作，且问卷收集到的数据便于量化和分析，因此应用广泛。结构式问卷的设计有明确的设计原则、标准和结构，以便研究者参考和应用。本节着重介绍结构式问卷的结构。结构式问卷的结构较为固定。一般而言，一份完整的结构式问卷应该包括四个主要部分：说明词、问卷主体、编码和结束语。说明词部分主要是对问卷的调查内容和目的做简要介绍以及标明问卷的填写注意事项，在访问问卷调查中，此部分需要由访问员向调查对象指明。问卷主体部分主要是指问卷设计的各类问题及其答案选项，这是整份问卷最为核心的内容，是研究者最关心的部分，也是研究者在设计问卷时投入时间和精力最多的模块。问卷的编码是将通过纸质版问卷收集到的数据信息转化为电子版数据信息的中间手段，准确的编码可以帮助数据录入人员快速、精确地完成问卷录入工作。问卷的结束语部分通常用来向调查对象表达配合填写问卷的感谢之意。在问卷设计的过程中，问卷主体部分是必不可少的，而其他三部分可以根据调查的形式、对象等酌情调整，决定保留或删减等。

一、说明词部分

顾名思义，说明词部分的作用是指示说明，向调查对象说明问卷调查的基本情况，包括问卷调查的主题、研究目的、调查实施机构等，有些情况下还包括对问卷填写注意事项的说明。因此，根据解释内容的不同，调查问卷的说明词又可以细分为两部分：一部分为卷首语，另一部分为问卷填写说明。

（一）卷首语

调查问卷的卷首语通常出现在问卷封面上，向调查对象介绍本次问卷调查的主题、内容、目的、意义、用途、组织调查的研究机构、调查时间等，并指出本次调查会遵循保密性原则，保证不会泄露调查对象的个人信息和在问卷中的回答等，同时希望调查对象能够配合、完成问卷调查。为了引起调查对象的兴趣和重视，争取其合作和支持，卷首语部分的用语应该谦逊、平和、诚恳。

例 5-1：某次关于流动人口状况调查的问卷卷首语

尊敬的先生/女士：

您好！我们是××研究机构的调查人员。为维护流动人口的合法权益，为政府相关部门决策提供依据，我们组织了此次调查，希望得到您的支持和帮助。调查需要耽误您一些时间，请把您的真实情况和想法告诉我们。

调查资料仅供研究使用，我们将严格遵照《中华人民共和国统计法》为您的个人信息保密。

对您的配合和支持我们表示衷心的感谢！

××研究机构
二〇××年××月

在例 5-1 中，调查者在卷首语里首先主动对调查组织者和调查者的身份进行简要介绍，减弱调查对象的防备和警惕心理。然后对调查的内容、目的以及意义稍做解释，使调查对象对问卷有整体的了解。随后，提出希望得到调查对象的支持与配合，并保证其个人信息和回答不会被泄露，减少调查对象在这方面的隐忧。最后对调查对象接下来的配合表达感谢，从情感和心理上增加调查对象对问卷的好感，降低拒访率。

（二）问卷填写说明

问卷填写说明主要是向调查对象说明问卷填答的方式以及有关注意事项等。由于研究目的、研究内容以及研究者设计问卷的习惯和方法等存在差异，不同的调查问卷可能存在不同的格式、填答方法和要求等，但是调查对象，尤其是文化程度不高或对问卷调查领域接触较少的调查对象，往往不能完全了解每一种问卷及其填答方式。这时候，就需要有指示性语言向调查对象说明问卷填答的具体方式及要求。

考虑到问卷调查在内容、复杂度、长度等方面存在差异，问卷填写说明的格式也不尽相同。常见的问卷填写说明有三种形式。

第一种形式是问卷填写说明单独成册，独立于调查问卷以外。这种问卷填写说明一般适用于调查内容十分丰富、问卷结构比较复杂、调查耗时较长、调查对象的甄选条件限制较多等情况中的某一种或多种共存的情景，多被应用于访问问卷调查。这类问卷调查在实际操作中一般难度较大，需要访问员熟练掌握问卷调查技术和访谈技术，对问卷的结构和问题也要十分熟悉。因此，在开展调查之前，研究者需要对访问员就问卷调查内容和注意事项进行前期培训，这时候就需要一份专门对调查对象、问卷填答方式和要求、问卷中各个问题的准确含义等进行详细解释说明的问卷填写说明，以确保访问员对问卷问题的理解不会出现歧义，使不同的访问员对相同的问题理解完全一致，以便在调查过程中明确地向调查对象解释各个问题。由于这种情况下的调查问卷一般篇幅较长，需要解释说明的内容也比较多，导致对应的问卷填写说明也较长，因而往往单独成册，而不与问卷编印在一起。如 2010 年第六次全国人口普查，除《第六次全国人口普查登记表》外，国家统计局、国务院第六次全国人口普查领导小组办公室还组织编制了《第六次全国人口普查表填写说明》①，就普查登记表的种类、普查标准时点、普查对象、普查表的填写方法以及各类登记表中的指标进行了详细解释和说明，作为普查员的工作指导手册。

第二种问卷填写说明通常印制在问卷封面的背页或者问卷封面卷首语的下方，向调查对象说明问卷的填答要求和方式，或者访问员需要向调查对象说明的事项（见例 5-2），这类问卷填写说明通常适用于问卷较短或者调查问题比较简单、问卷不需要复杂的详细说明、问卷填写要求较少等情况。这类问卷填写说明既可被用于自填问卷调查，又可被用于访问问卷调查，相比第一种问卷填写说明，它在形式上更加灵活。

---

① 国家统计局．第六次全国人口普查表填写说明．（2010－10－30）［2013－05－06］．http：//www.stats.gov.cn/tjsj/pcsj/rkpc/6rp/html/fu09.htm.

例 5-2：某社会调查问卷的填写说明

问卷填写说明：

[1] 请填写您的真实情况和看法，我们将对您的答案严格保密。

[2] 请在横线上填写您的答案或所选的答案序号。

[3] 如果题目为选择题，除注明【可多选】的题目之外，每题只可选一项。对于容易将单选错认成多选的题，我们在问题中会注明【限选一项】，请您特别留意。其余没有标注【可多选】或【限选一项】的题均为单选题，只可选择一项。

[4] 请您注意【 】中的引导语和方框中的题，注意跳过您不需要作答的题。

[5] 本问卷提到的孩子是指将问卷带回家庭的这个孩子。

××课题组

二〇××年××月

第三种问卷填写说明的形式适用于简单的问卷调查。由于问卷填写没有特殊要求，不需要专门安排版面来印刷填写说明，因此这种形式的填写说明没有固定的印制位置，主要对需要特殊说明的问题的填答进行指示，通常印制在需要说明的问题之前或之后，提醒调查对象在填答某些具体问题时需要特别注意这些要求。这种填写说明在市场调查中非常常见。由于调查内容的特殊性，同时也是为了提高问卷有效回答的比例，很多针对消费者消费偏好、产品质量等内容的市场调查问卷往往比较短，很多问卷甚至只有一页，在这种情况下，就不需要单独印刷问卷填写说明。如果没有特殊的填写要求，就没有必要特别说明填写要求，否则反而会增加问卷版面和调查成本。

除上述情况外，在有些情况下，问卷填写说明非常短，只有一两句话，这时可以将问卷填写说明与卷首语合二为一。如在例 5-1 中增加一句指示问卷填答的话："在填写问卷前，请您先看清题目的要求，然后在相应的选项数字序号上画圈即可。"这样也不再需要编制专门的问卷填写说明。

在编写问卷的说明词部分时，有以下几点需要特别注意。

(1) 用词要恰当，语言应简洁明了、通俗易懂。卷首语或问卷填写说明，旨在向调查对象介绍调查目的、意义或填答要求等事项，需要开门见山、直截了当，切忌啰唆冗长，或者出现晦涩难懂的专业术语，否则不仅花费调查对象过多的时间和精力去理解，而且容易引起调查对象的排斥心理。

(2) 说明词部分的用词要客观、中立，切忌出现感情色彩过浓或者具有明显态度倾向的词句，避免引起调查对象的反感或影响调查对象回答问题的态度。

(3) 问卷说明词的语气要谦逊、诚恳，以争取调查对象的理解和配合，有效提高问卷的回复率，保证问卷填答真实、准确。

（4）要根据不同的调查问卷本身的特点，选择合适的说明词形式。

二、问卷主体部分

问卷的主体部分是指问卷中问题的组织、编排及回答方式，这是调查问卷的核心所在，是真正能为研究者提供所需信息的部分，因此是整个问卷最为重要的组成部分。关于问卷中问题的设计等，本书第三章和第四章已做过详细的讲解，这里不再赘述，下面将主要介绍问题的类型及不同类型问题在问卷中的排序。

（一）问题的类型

从调查问题所要收集的数据信息类型角度，问卷中的问题可以被分成四类：个人基本特征问题、客观问题、主观问题和逻辑检验问题。

个人基本特征问题主要是指询问调查对象的人口统计特征、基本社会经济特征的问题，比如询问调查对象的性别、年龄、受教育程度、婚姻状态、民族、户籍性质、出生地、现住地、职业等。这类问题几乎出现在所有类型的调查问卷中，其必要性和重要性主要基于两方面的考虑：（1）根据调查对象的个人基本特征来甄选调查对象。在很多情况下，研究者感兴趣的是某个或某些特殊的人群，而非所有社会大众，如针对农村地区 15～49 岁育龄妇女生育行为的调查、关于在校大学生求职意向的调查等，在问卷调查之初就需要筛选出符合条件的调查对象。此时，关于调查对象个人基本特征信息的问题可以帮助调查者甄选出想要的调查对象，剔除不满足条件的调查对象，保证数据获得的有效性。（2）调查对象的个人基本特征是调查结束后对调查数据进行描述分析的重要分类依据，在很多情况下也是进行下一步统计推断分析、建立回归模型的自变量或控制变量，方便研究者观察具有不同特征的群体在研究变量上存在的差异及探索个体特征对这种差异的影响。出于以上两方面的考虑，一般情况下，调查问卷都要包含对调查对象的个人基本特征进行询问的问题。

客观问题是问卷调查中的常见题型，它包括了知识类问题、事实或行为类问题以及动机性问题。

知识类问题是指研究者针对某些客观知识设计的问题，比如在关于妇女生殖健康的调查中询问调查对象是否了解某些妇科疾病、是否知道某些避孕药具，再比如在市场调查中询问调查对象对某种产品成分是否了解。知识类问题通常被研究者用来进行对现状的描述，或以此反映调查对象对某方面、某领域的了解程度。研究者在设计知识类问题时，要尤为注意用词的风格，切忌使用过于专业、晦涩难懂的词汇，尤其是在调查对象范围较广、受教育程度较低或者对某领域不太了解的情况下，更应该使用通俗易懂的语言。同时研究者还要注意对问题答案的设置不要超出调查对象的知识范围。比如在某次针对农村地区水体污染状况的问卷调查中，研究者想要获得调查对象对于水体污染物知识的了解程度的信息，于是设计了例 5－3 中的问题。

例 5－3：某项针对农村地区水体污染状况的问卷调查

您认为下列哪项是造成××河流水体污染的主要因素？

(1) 无机污染物　　(2) 致病微生物　　(3) 植物营养素

(4) 耗氧污染物　　(5) 重金属离子

从专业角度看，该问题内容与研究目的契合，但是研究者在设置问题的答案选项时，一是没有考虑农村居民的文化程度和知识面——很多调查对象对这些答案选项并不了解，二是有些选项使用了过于学术的专业词汇，不利于调查对象理解。在实际调查中，调查对象很可能会因为不了解每个答案选项的具体含义而出现理解错误，造成误选，甚至胡乱选答。因此，可以说这道问题的设计是比较失败的。

另一类客观问题——事实或行为类问题主要被用于调查已经发生或正在发生的行为和事件，这些行为和事件的主体往往就是调查对象。如在市场调查中询问调查对象是否买过某个品牌的产品，在人口调查中询问被调查的妇女曾经生育的孩子数量及性别结构等。在设计事实或行为类问题时，若涉及调查对象在不同时间段内发生的行为或事件，应该注意不同问题之间的顺序——一般是按照事件的先后顺序逐次排列。

动机性问题用于询问调查对象发生某种行为的原因或动机。如，在某项流动人口相关的调查中询问调查对象发生流动的原因、在生育调查中询问被调查女性的生育动机等。在调查问卷设计中，动机性问题通常以选择题的形式出现，或是单选或是多选，由研究者的研究目的和兴趣决定。此外，动机性问题的题目形式还可以是填空题或开放式问题，这类题目形式可以帮助研究者收集更广泛的信息，但后期编码工作难度较大。

主观问题往往被用于收集调查对象对某件事情或某种社会现象的态度和看法等，侧重于获得关于调查对象个人主观感受的信息，因此这类问题不同的答案反映的是调查对象不同的主观意愿。例 5－4 和例 5－5 是某次社会调查中的两道主观问题，研究者设计例 5－4 中的问题询问调查对象的社会公平感，设计例 5－5 询问调查对象的生活幸福感。不论是社会公平感还是生活幸福感都是个体的主观感受，答案不同反映出调查对象在这些方面的感受存在差异。

例 5－4：询问调查对象的社会公平感

总的来说，您认为当今的社会是不是公平的？

(1) 完全不公平　　(2) 比较不公平　　(3) 居中
(4) 比较公平　　(5) 完全公平

例 5-5：询问调查对象的生活幸福感
总的来说，您认为您的生活是否幸福？
(1) 完全不幸福　　(2) 比较不幸福　　(3) 居于幸福与不幸福之间
(4) 比较幸福　　(5) 完全幸福

最后一类常见的问卷问题为逻辑检验问题，这类问题主要通过内部核查问卷中不同问题的回答逻辑是否一致来检验某些研究者比较关心的问题的答案是否可信。在通常情况下，逻辑检验问题与被检验问题被安排在问卷中的不同位置，因为如果位置相近，调查对象就会保留对前一问题的回答的较深印象，在主观上有意识地选择与之相同或相似的回答，这样就难以保证可以通过检验不同问题回答的逻辑一致性来判断研究者所关心信息的真实性和准确性。逻辑检验问题在实际调查中也很常见，如在某个调查中，调查对象的年龄是研究者关注的重点变量，如何获得准确的年龄信息成为研究者在设计调查问卷时必须考虑的问题。研究者可以直接设计问题询问调查对象的出生年份，然后在调查后自行计算得到调查对象的具体年龄。此外，研究者还可以设计问题询问调查对象的属相进行检验。若是该调查为针对老年人，尤其是农村地区的老年人的调查，老年人尤其是高龄老人的记忆很可能出现偏差，加之人们对年龄的数字偏好（如对以数字“0”或者“5”结尾的年龄的偏好），直接询问老年人的年龄得到的数据很可能存在偏误，此时研究者更要注意设计相关的逻辑检验问题进行验证，如询问被调查老年人是否经历过某些历史事件等。

以上四类问题在实际的问卷调查中经常出现，但是不同类型的问题之间并不是完全互斥的：问卷中的某道问题可能既是客观性问题，又是逻辑检验问题；也可能某道问题既是个人基本特征问题，又是客观问题，如户籍性质、受教育程度等。研究者在设计问卷时，可以根据自己的需要和兴趣点，灵活选择合适的问题类型及其在问卷中的权重和分布，并没有固定标准要求一份调查问卷必须包含以上所有类型的问题。但是一般而言，个人基本特征问题是要被包含在内的，因为这类问题是研究者筛选调查对象和进行后期数据分析的重要依据，其他类型的问题则由研究者按需选择使用。

(二) 问题的顺序

在问卷调查中，调查问题本身的设计非常重要，关系到研究者能否得到真实、准确的数据信息，但是不同问题在问卷中的排列顺序也是问卷设计的重要方面。问题排列顺序混乱，不仅会影响调查者的调查效率，更严重的是会影响调查对象在填答问卷时的逻辑思路，干扰其对问题的回答。因此，研究者在设计问卷时，当设计好各个问题后，还需要考虑问题在问卷中的顺序，并按照一定的逻辑将它们整合在一起，形成一份条理清晰的问卷。

一般而言，问题顺序不当对问卷调查造成的不利影响主要表现在以下几方面：

（1）问题排列混乱、问卷结构不当会对调查者理解和把握问卷造成障碍。

在通常情况下，问卷调查者并不是问卷设计者（即研究者），因此在进行问卷调查之前需要由研究者对调查者进行详细的培训，再由调查者去寻找调查对象、开展问卷调查。如果问卷的逻辑结构混乱，问题顺序不当，不仅会加大研究者对调查者的培训难度，更会影响调查者对问卷的理解。尤其是在对调查对象进行访谈的过程中，调查者对问卷不理解或者理解出现歧义，将会直接影响问卷调查的质量。这种情况在相对较为复杂的问卷调查（如问卷较长、问题较多且跳答较多）中更容易发生，调查者提问和调查对象回答都可能出现错误，例如，需要跳答时没有跳答，或者出现漏答、错答等问题，造成问卷结果的偏差。

（2）问题排列混乱、问卷结构逻辑性差会影响调查对象的回答，甚至会出现调查对象拒答或者中途终止回答的情况。

获得调查对象的信任和配合是问卷调查得到真实、准确的数据信息的重要前提。如果调查对象不配合，甚至出现胡乱回答的情况，问卷调查就面临失败的风险。因此，研究者在设计问卷时，一定要从方便调查对象回答的角度出发，尽量使问卷更容易被对方接受。假若一份问卷的问题排列混乱，不同内容的问题夹杂在一起、杂乱无章，调查对象在回答问题时思维在不同问题之间来回跳跃，一是容易导致调查对象的逻辑混乱，二是容易引起调查对象心理上的排斥和厌烦，尤其是在回答一些敏感性问题或非常复杂的问题时，调查对象容易产生紧张和抵触心理，这些都会直接影响调查对象回答问卷的态度，可能出现调查对象拒答、中途终止回答或者直接胡乱回答的情形。

（3）问题的排序可能会对调查对象产生诱导作用。

调查对象对问卷中问题的回答会受到各种因素的影响，一个问卷调查是否有效，在很大程度上取决于研究者能否剔除障碍因素、增强有利因素。在这些因素中，有一类会对调查对象产生诱导性影响，如调查者的语言与态度、问卷中问题的用词等，这些因素在问卷调查过程中必须被予以考虑。问卷中问题的排序有时也会对调查对象的回答产生诱导，如在某个市场调查中，问卷从一开始就询问调查对象对某一品牌产品的看法，并反复出现针对这一品牌产品性能、优点、与其他品牌产品的对比等问题，就会对调查对象产生调查者倾向于该品牌的暗示，影响调查对象的回答。

在关于问题设计的顺序效应方面，有一个非常经典的案例。在某次关于美国民众政治态度的问卷调查中，研究者设计了两道问题：您认为一个共产主义国家，比如苏联，是否应该允许美国的记者进入其境内采访，并将新闻发回美国？您认为美国是否应该允许共产主义国家，比如苏联的记者入境采访，并将新闻发回苏联？研究者发现，两道问题在问卷中的前后顺序不同，得到的结论明显不同。按照上文中两道问题的前后顺序询问调查对象，82%被调查的美国民众认为苏联等共产主义国家应该允许美国记者入境采访并发回新闻，75%的调查对象同意美国应该让苏联记者入境采访。但是当研究者改变了这两道问题的前后顺序时，只有55%的调查对象同意美国应该允许苏联记者入境采访，相应的有64%的调查对象认为苏联应该允许美国记者入境采访。与第一种排序相比，第二种排序的结果发生了明显的变化。这个案例非常清楚地反映出问题的排列顺序对调查对象的回答的潜在诱导性影响，这在心理学上被称为问题的"顺序效应"，尽管调查对象本身并未有意识地做出差别回答，但是调查结果的差异非常显著。

问卷中问题的排列顺序对问卷调查结果具有明显的影响，因此研究者在设计问卷时，应该有意识地考虑这方面的问题。一般而言，为了方便调查对象回答问卷问题，也为了便于研究者的后期分析，调查问卷中的不同问题多是按照下列几种方式进行编排的：

(1) 按照问题的内容或者主题进行排序。

将围绕同一研究主题的问题排列在一起，不同研究主题的问题通常不会混杂在一起。例如，某个针对流动人口在流入地生活状况的调查，涉及调查对象的个人基本特征、身体健康情况、家庭状况、个人就业与社会保障、居住方式、社会融入等方面。在设计问卷时，研究者多是将主题相同的问题放在问卷中的同一部分，然后按照问题设计的不同主题，将问卷划分成几大模块，使得问卷整体上看起来逻辑清晰、条理明确，不仅便于调查对象在接受问卷调查时阅读和理解问题，也便于问卷调查结束后研究者快速寻找到自己感兴趣的研究问题，并进行后期数据分析与处理。相反，将研究主题不同的问题混杂在一起，很容易造成调查对象思维混乱。如例5-6中显示的6道问题，主题各不相同，但是被杂乱交错地放在了一起。研究者首先询问调查对象的受教育程度，然后跳跃询问调查对象配偶的职业，然后再次改变主题询问调查对象的住房状况及租房费用，中间还穿插了关于调查对象工作合同签订状况的问题，这种排序使问卷整体的逻辑非常混乱，很容易干扰调查对象的答题思路，造成错答（如Q2，调查对象在没有仔细看的情况下很容易填答本人从事的职业，实际上其需要填答的是其配偶从事的职业），甚至让调查对象产生心理排斥感，拒绝继续回答。

例 5-6：问卷问题排序混乱示例

Q1. 请问您的受教育程度是：

(1) 未上过学

(2) 小学

(3) 初中

(4) 高中

(5) 中专/技校

(6) 大专及以上

Q2. 请问您配偶目前主要的职业是：

(1) 非技术工人

(2) 技术工人

(3) 办公室一般工作人员

(4) 服务行业人员

(5) 管理人员

(6) 农民、渔民

(7) 没有工作

(8) 其他，请说明____________

Q3. 请问您目前居住的房子的建筑结构类型为：

(1) 钢筋混凝土结构

(2) 混合结构

(3) 砖木结构

(4) 其他，请说明____________

Q4. 请问您的住房来源是：

(1) 自建住房

(2) 购买商品房

(3) 购买经济适用房

(4) 购买原公有住房

(5) 租赁公有住房 →跳答 Q6

(6) 租赁商品住房 →跳答 Q6

(7) 其他，请说明____________

Q5. 请问您工作合同的签订状况是：

(1) 已签有固定期合同，期限：____个月

（2）已签无固定期（长期）合同

（3）未签订劳动合同

Q6. 请问您上个月的租房费用为：____元

（2）按照问题的类型进行排序，一般将开放性问题放在问卷的最后位置。

个人基本特征问题一般被编排在问卷的开始部分，主要考虑是对于这部分问题调查对象比较熟悉，方便作答。但是，如果个人基本特征问题中涉及某些敏感的个人信息，如调查对象的联系电话、姓名、家庭住址等，则一般将这类问题放置在问卷的最后。因为一部分调查对象在看到这些敏感信息后很可能产生防备心理而拒访，影响问卷的回答率，而把这类问题放在最后，即使调查对象拒绝就这些问题进行回答，研究者仍能够收集很多有用的信息。

客观问题一般放置在前，主观问题一般放置在后，特别是询问调查对象对一些较为敏感的社会现象或事件的看法和态度之类的问题，在编排时位置要偏后，否则调查对象在回答之初就遇见这些问题，容易产生警惕和排斥心理，拒绝回答或者随便乱答，造成问卷数据偏差。

逻辑检验问题则一般要与被检验问题分开，但同时也要注意不能使人们的逻辑混乱。比如，在前文列举过的关于调查对象年龄信息的逻辑检验问题——研究者可以通过询问调查对象的属相或者是否经历过某些历史事件进行验证，这些检验问题要与询问调查对象年龄的问题分开编排，但是同时也要注意，这些问题的位置不能随便安排——比如安插在完全不相关的几道问题之间，使调查对象逻辑混乱。

（3）按照问题的难易程度进行排序。

一般而言，在编排不同的问题时，研究者应该遵循先易后难、由浅入深、循序渐进的顺序，将比较容易回答、调查对象比较熟悉或者感兴趣的问题放置在前，将比较难回答的问题放置在后，引导调查对象逐步深入。这个原则在社会科学研究的问卷调查中多有体现。如针对流动人口的调查，问卷一开始主要询问流动人口的个人基本特征，这些问题非常简单、易答，随后逐渐深入，询问流动人口流动的时间、流动的经历、在流入地的工作生活状况、未来的居留意愿、对目前遇到的问题或困难希望国家/政府做怎样的努力等，这样逐步引导调查对象进行回答。在关于某个产品的市场调查中，研究者最好也不要一开始就询问消费者对该产品质量改善的建议或者以后是否会继续购买该产品，而应该从消费者对该产品的消费历史或者获悉渠道等简单问题入手。

(4) 按照问题的时间顺序进行排序。

在某些调查中，研究者对调查对象某些方面的历史信息很感兴趣。比如在针对女性生育行为与意愿的调查中，研究者希望获得被调查女性以往的生育史信息；再如在关于流动人口的调查中，研究者对调查对象自第一次发生流动行为以来历次流动的时间、地点等信息很感兴趣。在涉及调查对象在不同时间点的行为时，研究者要考虑到时间差异对调查对象记忆和回答的影响。一般的原则是，不同时间的问题应该按照时间顺序进行连续性排列，由远及近或由近及远都可以，依具体情况而定。

另外有一些问题彼此之间不仅存在时间先后的关系，还存在内在逻辑联系。针对这部分问题，研究者不仅要注意时间上的排序，更重要的是不能违背不同问题之间的逻辑关系。比如在关于家庭的调查中，研究者关心的如果是被调查家庭的子女状况，则需要先询问调查对象是否生育过孩子、生育孩子的数量等问题，再逐一询问不同孩子的年龄、性别、上学状况等信息。否则，对于尚未生育子女的夫妻而言，询问孩子的信息这些问题是不适用的。

三、编码

编码部分是调查问卷中除问卷主体外最重要的一部分内容，因为编码的好坏直接关系到问卷调查数据的后期处理工作。从字面意思看，编码就是将问卷中的问题和调查对象的回答转化成字母或者数字等代码，方便问卷调查结束后数据处理人员进行录入工作和研究者进行统计分析。

一般而言，编码工作与问卷访谈并不同时进行。编码工作多是在问卷调查结束后，由研究者单独处理。在进行编码之前，研究者需要对不同问题的编码标准进行统一，比如关于职业类型的编码，多统一采用国家职业分类标准规范中的编码，地区编码则使用我国行政区域规划提供的各省编码。在编码工作开展前，对于不同问题编码规范的确定和统一是非常重要的。这些关于问卷编码标准的规定文件不仅有利于研究者迅速、准确地在统一标准下对问卷进行编码，同时也是研究者在后续数据分析工作中的重要参考资料。

对样本量较大、问卷内容较多的调查而言，编码尤为重要。直接对大型调查数据的相关资料进行手工汇总是非常困难和烦琐的。例如我国第一次全国人口普查，历时数年才完成数据资料的汇总工作。利用计算机对调查数据进行处理和分析，则会节省很多时间和人力，而问卷编码工作就是将纸面数据转化为计算机数据的关键步骤。

从对象上来看，问卷编码分为两部分：一部分是针对问卷中的问题进行编码，另一部分则是针对问题的答案选项进行编码。在通常情况下，问卷中的各个问题并不需要研究者在问卷调查结束后再专门编码，一般以 Q 接上问题的序号作为其编码，由数据处理人员直接录入计算机中，例如问卷的第 15 道题，可以编码为 Q15。如果问卷被划分成不同的部分，如 A 部分是调查对象基本信息、B 部分是婚姻观念、C 部分是就业与保障等，则 A 部分的问题可以直接编码为 A 接上问题的序号，如 A1、A2、A3……B 部分的问题可以直接编码为 B 接上问题的序号，如 B1、B2、B3……以此类推。在这种情形下，不同部分的问题编号均从 1 开始，加上前面的字母，即可唯一确定该问题在问卷中的位置。

问卷编码的重点在于对不同问卷问题的回答进行编码。这类编码依问题类型和回答方式的不同而略有差异。对于选择题，不同答案选项的编码即选项的数字序号。对于需要调查对象填答的问题（如“其他，请说明________”），如果是封闭式问题，则需要研究者进行编码，然后录入计算机中；如果是开放式问题，有两种处理方式，一种是不进行编码，直接将答案录入计算机中，另一种则是在调查结束后，由研究者对问题的答案进行粗略汇总、分类，然后再进行编码，后一种方式更为常用、有效，方便数据的录入与数据分析，但相对而言编码人员工作量较大，尤其是在大型的问卷调查中。针对与研究内容密切相关的问题或者研究者很感兴趣的问题，建议研究者采用开放式问题的第二种编码方式。

在编码的过程中，研究者需要注意以下几点。

（一）问卷问题回答的编码通常是阿拉伯数字

对于问题的编码，可以用英文字母或阿拉伯数字，但是很少用汉字，因为汉字输入相对较慢，而且在数据录入结束后导入专门的统计分析软件进行后期分析时，汉字往往不能被识别，这会给研究者的工作增添烦恼。例如，研究者在某项问卷调查中询问调查对象的性别时，可能的答案有男性或者女性，研究者可以提前设定选项（1）为男性，选项（2）为女性，在回答结束后进行编码时，男性编码为 1，女性编码为 2，即将选项序号作为编码，这样就完成了纸面文字数据与数字数据的转换，方便数据录入。在实际操作中，这类问题并不需要研究者进行额外的编码，因为编码与调查对象回答的选项序号是一致的，可以直接用选项序号代替编码，在这种情况下，就可以省去编码的步骤，数据录入人员在录入时可以直接录入调查对象的答案选项序号。

例 5-7：请问您的性别是：

（1）男　　（2）女

(二) 对某些特殊回答的编码

在问卷调查，尤其是社会科学研究的问卷调查中，很多问题是主观性的，或者即使是客观性问题，调查对象也由于各种原因并不确定问题的答案或者不想回答，在这种情况下，对问题回答的编码需要一些特殊的数字，以便在数据整理与分析时能够清晰识别。例如，可以将“不知道/不清楚/不适用”编码为数字“9999”，将“不愿意回答”编码为数字“8888”等。在具体编码过程中，这些含义特殊的数字可以由研究者自行确定，但是一定要在编码工作开展前就统一确定，并留存记录，方便以后使用数据的人员能够获知这些数字的准确含义。在这种情况下，针对特殊的答案选项，不建议研究者按照前文提及的以问题的答案选项代替编码，而应该对这些特殊选项单独设立比较特殊的数字编码，方便与其他选项相区别。

例 5-8： 某次社会调查中询问调查对象的未来职业发展预期状况

依您判断，未来几年内您在单位里得到提拔或升迁的机会有多大？

几乎肯定会 …………………………………………………………………… 1

很有可能 ……………………………………………………………………… 2

不太可能 ……………………………………………………………………… 3

几乎不可能 …………………………………………………………………… 4

[不适用] ……………………………………………………………………… 8

[不知道/不好说] …………………………………………………………… 9

在例 5-8 中，答案选项“不适用”和“不知道/不好说”在编码时需要特别注意，应该与其他四个选项区分开来，以防止研究者在进行数据分析时将 6 个选项同等处理，而使结论出现偏差。在这种情况下，考虑到问题的答案选项总共只有 6 项（不足两位数），可以将“不适用”编码为 8，将“不知道/不好说”编码为 9。

(三) 问卷编码的位数选择

在进行问卷编码时，编码的位数需要视具体情况而定，并不是固定的。对于封闭式问题而言，问题答案的数目是研究者事先就确定好的，编码的位数与答案选项的数目相关。如例 5-7，在询问调查对象的性别时，答案只有两种，最大数字“2”的位数是 1，那么编码的位数也是 1。但是对于开放式问题而言，问题的答案往往是不确定的，需要研究者在问卷调查结束、对回答进行粗略分析后确定编码的位数，或者根据以往的研究经验来确定编码的位数。例如，在询问调查对象的月收入时，研究者在调查前很难确定调查对象的回答是几位数的，但是有经验的研究者会根据以往研究设定编码的位数，如 7 位，因为月收入在 999 万以上的人极少，如果调查对象的月收入高于 999 万，可规定统一用编码"100000001"代替，"不适用"的回答可以编码为"888888888"，"不知道/不好说"的回答可以编码为"999999999"。另外，如果问题是多选题，且要求调查对象按照选项的重要性进行排序，那么编码的位数由选项的数目和允许选择的答案数目共同确定，即：编码的位数=答案数目的位数×允许选择的答案数目。如在例 5-9 中，编码的位数为 2×3=6。

例 5-9：在某次女性生育行为调查中询问调查对象对孩子效用的看法

您认为生孩子的好处是什么？（限选三项，并按照重要程度进行排序）

________、________、________

(1) 传宗接代	(2) 养儿防老
(3) 婚姻责任与义务	(4) 使家庭完整，增添家庭乐趣
(5) 为社会做贡献	(6) 人之常情
(7) 望子成龙，光宗耀祖	(8) 喜欢孩子
(9) 家庭纽带	(10) 满足心理需要
(11) 对父母有交代	(12) 消除社会舆论

（四）编码从数据录入人员角度出发，以方便其录入为原则

进行问卷编码，是为了将纸质版的调查问卷快速转变为可进行分析的电子版数据资料，而这一过程主要由数据录入人员负责完成。因此，编码工作需要遵循方便数据录入人员快速、准确完成录入工作这一基本原则。

为方便数据录入，有时候研究者会在问卷每一道问题旁边绘制记录编码的方格，方格的数目等于编码的位数，每个方格中填写一个数字，这样录入人员在录入的时候非常清晰，一目了然，不易出错。在例 5-9 中，研究者可以在题目旁边（一般为右侧）绘制 6 个小方格（"□"，见例 5-10），用来填写编码，这样数据录入人员就可以非常清晰地看到编码数字，省去寻找、分辨编码的时间。

例 5-10：例 5-9 中的问题更好的编码格式

您认为生孩子的好处是什么？（限选三项，并按照重要程度进行排序）

□□ □□ □□

________、________、________

(1) 传宗接代　　(2) 养儿防老
(3) 婚姻责任与义务　　(4) 使家庭完整，增添家庭乐趣
(5) 为社会做贡献　　(6) 人之常情
(7) 望子成龙，光宗耀祖　　(8) 喜欢孩子
(9) 家庭纽带　　(10) 满足心理需要
(11) 对父母有交代　　(12) 消除社会舆论

在进行编码时，研究者最好选用与问卷字体颜色不同的笔书写。在通常情况下，问卷一般采用黑色字体打印，那么在编码时研究者可以使用红色的笔，通过不同颜色的字迹突出编码的位置，同时应该注意书写的规范、清晰，以方便数据录入人员辨别，防止因为编码不清晰而给数据录入人员带来困难，造成数据录入的偏误。

四、结束语部分

结束语是问卷的最后一部分，用于提醒调查对象问卷调查已经结束，并感谢调查对象的配合与支持。除了在问卷设计时，研究者需要在问卷的末尾处标注“本次调查到此结束，非常感谢您的配合与支持”等类似的感谢语向调查对象表示感谢，调查者在问卷调查结束后，还应该在口头上向调查对象表示衷心感谢。在有些情况下，问卷调查组织人员还会为调查对象准备一些小礼品或者一定数额的现金，赠送给调查对象以示谢意。

问卷结束语除了向调查对象表示感谢外，还可征询调查对象对本次问卷调查的建议和看法（见例 5－11）。

例 5－11： 某份市场调查问卷的结束语

您填答完这份问卷后有何感受？

(1) 很有意义　(2) 可能有些用处　(3) 没有意义　(4) 不知道/没有回答

您还愿意参加我们后续研究的问卷调查吗？

(1) 不愿意　(2) 愿意

如果研究者采用的是访问问卷调查，在问卷结束语部分还可以设计相关问题，用来记录问卷调查过程开始及结束的时间、调查过程中遇到的问题、调查对象在问卷调查过程中的态度、调查对象对问卷的理解程度等。这些情况一般由调查者根据自己的判断自行记录在问卷上，不需要再询问调查对象（见例 5－12）。

例 5-12：某次访问问卷调查的结束语

本次问卷调查到此结束，非常感谢您的配合与支持!

【以下问题由调查者填写】

调查开始的时间：____时____分

调查结束的时间：____时____分

调查对象的态度如何?

(1) 合作　(2) 敷衍　(3) 反感

调查对象对问卷中问题的理解程度如何?

(1) 全部理解　(2) 大多数理解　(3) 理解一半

(4) 大多数不理解　(5) 全部不理解

第二节　不同类型问题的编排格式

问题题干的设计、答案选项的设置、用词的风格、提问的方式等都是问卷中问题设计的重要方面，但除此之外，问题在问卷中的顺序、不同类型问题的编排格式等也是影响问题回答质量的因素。接下来本节将主要阐述不同类型的调查问题在编排格式上需要注意的地方。

一、封闭式问题的编排格式

封闭式问题有很多具体的类型，不同类型的封闭式问题编排格式略有不同。本节主要针对最为常见的选择题、量表式问题和矩阵式问题以及条件式问题（跳答式问题）的编排格式进行介绍。

(一) 选择题

选择题包括单选题和多选题，编排格式受答案选项的长短与数量影响。

对于单选题而言，如果问题的答案选项较少（一般指不超过四项），同时选项较短，那么可以将问题编排在一行，然后另起一行编排回答，不同选项之间以空格隔开。如在例 5-13 中，两道单选题的答案都只有两个选项，同时选项较短，就可以编排成如下展示的格式。

例 5-13： 单选题举例

Q1. 请问您的性别是：

（1）男　　　　　（2）女

Q2. 请问您的户口性质是：

（1）农业户口　　（2）非农业户口

如果问题的答案选项较多，研究者则需要在版面大小和布局美观上进行权衡。在有些情况下，研究者为了节省问卷的版面和编印成本，习惯将某个问题的多个选项堆积在一起，这样视觉效果很差，容易使调查对象忽略一些选项，导致回答失真。如例5-14中，研究者想要获得关于调查对象职业的信息，但是职业的种类很多，导致该问题的答案选项非常多，同时研究者又希望尽可能地节省问卷空间，因此将很多选项堆积排列，杂乱无序，让调查对象眼花缭乱，这种编排格式并不建议在问卷中使用。

例 5-14： 某次关于流动人口状况的调查中询问调查对象职业信息的问题

您的主要职业是什么？

10 国家机关、党群组织、企事业单位负责人　20 专业技术人员

30 办事人员和有关人员　40 商业、服务业人员　41 经商　42 商贩　43 餐饮

44 家政　45 保洁　46 保安　47 装修　50 农、林、牧、渔、水利业生产人员

60 生产、运输设备操作人员及有关人员　61 生产　62 运输　63 建筑

70 无固定职业　80 其他不便分类的从业人员

如果是多选题，研究者除遵循以上原则外，还要注意问题的填答格式，尤其是当遇到排序类的多选题时。在排序类的多选题中，研究者应该在题目中指明问题的填答要求，并在题目后方编排与要求选择的答案选项数量相同的横线，以顿号或者分号相隔，要求调查对象按照重要性将选项分别填写在指定的横线上（见例5-15）。

例 5-15： 您选择××牌计算机的主要原因是什么？（限选三项，并按重要性进行排序）

________、________、________

（1）电池蓄电能力强　　　　（2）计算机外壳抗压性强

（3）显示屏质量好，画面清楚　（4）内存速度快

（5）外观漂亮　　　　　　　（6）品牌大，有保证

（7）价格比较实惠，性价比高　（8）其他，请说明____________

（二）量表式问题和矩阵式问题

量表是社会学常用的测量工具之一。如果问卷引用他人开发的量表，那么研究者在问卷中需要保留量表初始的版式。如果问卷使用研究者自行设计的量表，也有一些编排原则需要遵守：第一，在问卷中量表要尽量编排在一页；第二，量表中问题的答案选项应该按照等级或程度的递减或递增顺序进行排列（见例5－16）。

例5－16： 在工作中，您与下列各类人员打交道的频繁程度是？（每行单选）

	经常	有时	很少	从不	不适用
（1）顾客/服务对象	1	2	3	4	9
（2）客户/供应商	1	2	3	4	9
（3）各种来客	1	2	3	4	9
（4）上级领导	1	2	3	4	9
（5）下级同事	1	2	3	4	9
（6）平级同事	1	2	3	4	9
（7）上级部门/单位	1	2	3	4	9
（8）下级部门/单位	1	2	3	4	9
（9）其他单位	1	2	3	4	9

此外，如果问卷中涉及一系列类似的问题，可以将它们放在一起，以量表的形式编排。如在某次社会调查中，研究者关心调查对象的社会保障参加情况，因此需要询问调查对象各项社会保障的具体参与信息，但由于社会保障包含很多项目，每个项目单独成题会占据较大的版面，因此研究者将其总结成量表的形式进行询问，不仅节省问卷空间，而且布局美观（见例5－17）。

例5－17： 您是否享有下列保险或补贴？（每行单选）

	是	否	［不清楚］
（1）公费医疗	1	2	8
（2）基本医疗保险	1	2	8
（3）补充医疗保险	1	2	8
（4）基本养老保险	1	2	8
（5）补充养老保险	1	2	8
（6）失业保险	1	2	8
（7）住房或租房补贴	1	2	8

在设计量表式问题时，研究者应注意横标题与纵标题的安排。询问和了解的内容

应作为纵标题，问题的答案类别应放在表的上方，作为横标题。这种安排方式与人们的阅读习惯比较一致（见例 5－18）。

例 5－18：在您上学期间，发生过下面这些事情吗？（请在每一行适当的方框内打√）

	从来没有	有时候有	经常有
（1）老师缺课			
（2）学校停课			
（3）学生给老师提意见			
（4）学生违反校规			
（5）学生考试时翻书或偷看别人的答案			
（6）学生抄别人的作业			
（7）学生在课堂上捣乱			
（8）学生打架			
（9）有些学生欺负其他学生			

当问卷涉及类型相同或主题相近的问题时，研究者除了以表格形式编排外，还可以矩阵格式编排，如例 5－17 中的问题可以被改写成例 5－19 中的格式。矩阵式问题就是将相同类型的若干问题集中在一起，构成一个问题的表达方式。在很多情况下，矩阵式问题可以节省问卷版面，方便调查对象阅览。

例 5－19：您是否享有下列保险或补贴？（请在每一行适当的方框内打√）

保险/补贴类别	是否参加		
	是	否	不清楚
（1）公费医疗	□	□	□
（2）基本医疗保险	□	□	□
（3）补充医疗保险	□	□	□
（4）基本养老保险	□	□	□
（5）补充养老保险	□	□	□
（6）失业保险	□	□	□
（7）住房或租房补贴	□	□	□

但是，量表式问题与矩阵式问题容易使人产生单调的感觉，在一份问卷中不宜使用得太多，以防止调查对象产生视觉疲劳。同时，当编排为量表式或者矩阵式格式的一组问题数量很多的时候，研究者也要谨慎选择是否使用这种编排格式，因为问题设置行数较多会增加调查对象的阅读难度，容易发生看错行、看漏行的情况。

（三）条件式问题（跳答式问题）

条件式问题（跳答式问题）是指受其他问题的回答影响和限制的问题，即只有满足某种条件的部分调查对象才能回答的问题。例如，当询问女性对其子女受教育状况是否满意时，只有已生育过子女且子女接受了教育的女性才能回答这道问题。在实际的问卷调查中，条件式问题（跳答式问题）通常伴随着前文某个相关问题的跳答。在有计算机辅助的问卷调查，如互联网调查中，研究者通过事先编写程序，很容易准确实现问题的跳答。但是在书面问卷，尤其是自填问卷中，研究者在编制跳答时应该注意问题的格式和版式，以方便调查对象为原则进行设计。跳答指示应该紧随答案选项，可以明显提示访问员或者调查对象进行跳答。在设计问题的跳答时，研究者有两个易犯的错误：一是将跳答指示放在问题之后、选项之前。在这种情况下，跳答指示很容易被忽略或者遗忘。二是将跳答指示放在某个后续问题之前，而在后续问题与指示问题之间插入了一些别的问题。在这种情况下，调查对象在回答后续问题时需要回到前面去确认指示问题的回答，不仅浪费时间，而且很容易产生错误，因为调查对象很可能因为嫌麻烦而凭记忆进行选择。在跳答指示中，研究者应该避免这种类似的回溯性指示。

跳答指示用语应该避免使用否定句，直接用肯定句描述即可。跳答往往是因为调查对象选择了某项回答，而不是因为其没有选择某个特定的回答。同时，否定句在理解上不如肯定句明了和直接。

例 5-20：某次人口调查询问女性的相关生育行为

请问您是否曾经做过性别鉴定呢？

（1）做过但没选择 →

> 您为什么不进行性别选择？（可多选）
> （1）当时鉴定是男孩　（2）影响健康
> （3）找不到地方做　（4）就是喜欢女孩
> （5）管理严格　（6）第一胎顺其自然
> （7）男孩女孩无所谓　（8）其他，请说明__________

（2）做过并且选择

（3）没做过 →

> 您为什么没做性别鉴定？（可多选）
> （1）政策不允许　（2）没有途径
> （3）经济条件不允许　（4）觉得B超对身体有害
> （5）男孩女孩无所谓　（6）没有怀孕过
> （7）其他，请说明__________

例 5-20 中，跳答是用箭头和方框表示的，有时候跳答也可以用文字进行描述，这种情况多用于跳答的问题不相邻，用箭头指示容易使得卷面混乱的情况。如例 5－21 中，若调查对象在 Q1 中选择了选项（5），则需要跳答 Q3，但是 Q1 与 Q3 两个问题并不直接相邻，用箭头指示既不清晰又容易使版面混乱。

例 5－21：关于流动人口的某次调查中询问流动人口的劳动合同参与情况

Q1. 您与目前的工作单位签订劳动合同了吗？

（1）2009 年 1 月以前签的劳动合同，延续到现在

（2）原来签过合同，2009 年 1 月后重新签了劳动合同

（3）原来未签过合同，2009 年 1 月后签了劳动合同

（4）2009 年才到此单位工作，签了劳动合同

（5）没有签劳动合同 **（跳答 Q3）**

在某些情况下，条件式问题包含不止两个层次，如在针对育龄女性的问卷调查中，调查者先询问调查对象的婚姻状态，然后询问是否生育，再询问孩子数量，这种多层次的问题可以多次采用上述的版式编排，故被称为多重嵌套式问题。但是研究者在编制问卷的时候应该注意，这种多重嵌套式问题很容易使人产生版面混乱的印象，因此在问卷中不宜多用，尤其是在自填问卷调查中，当研究者需要调查对象自行填答时，更不推荐使用这种题型。对于多重嵌套式问题，一般不要超过三重，并且一定要指明问题的填答要求和填答方法，防止调查对象对问题理解不清、回答错误。

二、开放式问题的回答

开放式问题经常被用来询问调查对象关于某种社会现象或事件的看法、态度，或者针对某个社会问题的解决建议等。这类问题的回答内容往往是不确定的，答案的长短也是不确定的，因此研究者在编排开放式问题时应留下足够的空间供调查对象填答。空间大小取决于研究者对问题的设计，但是一般不会超过三行。开放式问题经常被放在问卷的末尾或者某一子模块的末尾。如在例 5－22 中，该问题就属于开放式问题，在问卷中被研究者放置在问卷的末端位置，并画有两条直线方便调查对象作答。这个问题在问卷的末端，后面还留有一定空白处，若调查对象的回答在两行内不能结束，那么他还可以在空白处适当延伸。

例 5－22：如果想提高您家的幸福程度，您认为政府或者社会最需要改进的一个方面或一项内容是什么？

____

____

第三节　问卷的排版及布局

问卷的结构是支撑问卷的骨架，问卷的布局则是问卷的外观。建造一栋大厦，稳固的结构必不可少，漂亮的外观亦能增加人们对它的好感。对于问卷调查而言，不仅问卷的结构是影响问卷质量的因素，问卷的布局、编排格式也对问卷质量具有重要的影响。一份编排合适、布局合理的问卷，不仅方便访问员调查，有利于调查对象理解和回答问卷，同时也有利于数据录入人员快速完成问卷录入工作。相反，如果调查问卷编排混乱、版面拥挤，不仅会给访问员（访问问卷调查）和调查对象（自填问卷调查）增添视觉负担，增加理解和填答障碍，在问卷调查结束后进行编码和录入工作时，也会给研究者造成困难，甚至降低数据录入人员的速度和准确率。由此可见，问卷的排版与布局也是在进行问卷设计时必须考虑的重要方面。

根据调查方式的不同，调查问卷可以被分成不同的种类，如电话调查问卷、邮寄式问卷、计算机辅助调查问卷等。不同类型的问卷的格式编排与布局存在一定的差异。如电话调查问卷，由于被访者并不直接接触问卷，而是由访问员通过电话对被访者逐题进行询问来展开调查，因此这种形式的调查问卷的排版与印制要求较低，只需要方便访问员快速、清晰地看到各个调查问题即可。计算机辅助调查中的调查问卷在排版上不需要节省空间，因此可以在不同问题之间留出足够的空白，方便被访者阅读。书面问卷，尤其是自填问卷，因为要求被访者自行填写，所以研究者需要审慎编排问卷格式、安排问卷的整体布局，同时还要兼顾问卷印制的成本，因此相对而言对问卷的编排要求最高。接下来本节将就书面问卷的编排与布局展开叙述。

问卷的版式设计是指将已经设计好的问题按照适当的顺序进行排列，并设计问题在问卷中的位置和格式。同时，问卷的版式设计还应该考虑到问卷的整体布局，包括字体的大小、纸张的颜色、空白位置的设计等。问卷的版式设计是问卷设计的最后一个环节，影响访问员、被访者和数据录入人员对问卷的理解，影响问卷调查数据的质量，因此值得引起研究者的重视。

问卷的版式设计应遵循一些基本的原则，如简洁、整齐、美观、便于阅读等。同时，研究者在设计问卷版式时，首先应考虑被访者的需要，然后考虑访问员的需要，最后考虑数据录入人员的需要，最理想的情况是能够同时满足这三个群体的需要。本部分接下来将就字体、空白的设置、页面设置、问卷的装订等具体细节展开讨论。

一、字体

在问卷编排中，针对字体的一条简单原则是字体应该足够大，而且印制清晰，容易阅读。有些研究者出于节省问卷空间和印刷成本的考虑，将问卷中的字体设置为很小的字号，以为这样在节省成本的基础上还可以使问卷版面更加紧凑，其实不然。因为过小的字号很容易导致人们视觉疲累，进而引发心理上的排斥感，而且字体排版过于密集，会增加访问员及被访者阅读和填答问卷的困难，有些时候甚至会使被访者看错行、看漏行等，出现回答的偏差。当然，问卷中的字体也不宜设置为过大的字号，字体过大会占据较大的版面，增加调查的印刷成本。因此，在问卷字体的选择上，研究者应该综合考虑版面与成本两个因素，选取较为合适的字体。

一般而言，问卷中的问题以五号字体印刷即可满足清晰阅读的要求，部分指示性文字可以加粗或倾斜或适当增大字号以突出显示，引起访问员、被访者和数据录入人员的注意。同时，问卷中的字体不应该采用过于华丽的字体类型，如幼圆、隶书等。这些字体在艺术创作或者展示中可以起到较好的美化效果，但不适用于问卷调查等学术研究。比较推荐的字体是宋体，该字体清晰易认，符合普通大众的阅读习惯。

字体的颜色视问卷纸张的颜色而定，一般问卷都采用白色 A4 纸张打印，这样字体就应该使用黑色。同时字体的颜色深度要适中，既不能太轻，也不能太重。太轻容易使得字体模糊，不宜阅览；太重可能造成笔画连片、模糊，同时给人造成的视觉冲击太强。研究者在这方面并不需要考虑过多，一般的专业复印店或者打印店都可以很好地满足以上印制要求。

二、空白的设置

如前文所言，一份问卷的版面设置不能过于紧密，当然更不可能在页面上全部排满文字，适当的空白可以使问卷看起来更加简洁、清晰，且便于阅读。尤其是在自填问卷中，空白的恰当安排和使用可以给被访者带来视觉上的愉悦，方便被访者作答。在访问问卷调查中，预留一些空白位置还可以方便访问员随时记录在访谈过程中遇到的问题等，方便研究者完善下一次的调查问卷。因此，研究者应该注重问卷中空白的安排和使用，不能过分追求问卷的紧凑和印刷成本的减少，但同时也要注意空白的大小和位置要恰当，避免问卷整体看起来过于散乱。

在开放式问题中，如前文所述，问题的回答是不确定的，因此要为调查对象留有足够的空间作答。在这种情况下，空白是必不可少的。如果问卷被划分成不同的子模块，每个子模块之间应该留有一行的空白，以提示调查对象问卷将进入下一部分。在问题的答案选项之间，空白也是十分必要的，可以隔离不同的选项，避免调查对象遗漏、忽略某些选项，或者因为看错而造成回答信息不准确。

三、页面设置

在通常情况下，调查问卷都是采用白色 A4 纸张打印的。在编排问卷内容时，不推荐将页面分栏、分成两列甚至更多列，一行一般只安排一个问题。这也符合现代人的阅读习惯，即从左到右、从上到下。将问卷分割成两列，不符合人们的日常阅读习惯，容易造成问题或者答案选项的遗漏。

针对问题在页面上的编排，有以下三点需要特别注意。

（1）同一个问题及其答案选项应该编排在问卷的同一页上。如果问题在问卷某一页的末尾，选项在下一页的开头，调查对象需要翻页才能作答，就很容易使调查对象遗漏该问题或者遗漏某些答案选项，特别是当某个问题的部分选项在某页的末尾处，另有部分选项在下一页的开头的情况下，调查对象很容易遗漏后者。

（2）在综合考虑问卷的排版与成本的前提下，可以将同一个问题下的几个较短的答案选项排成一行，较长的答案选项单独成行，不必因过于追求版面清晰而将每一个答案选项都单独成行。当然，过于注重版面的节省而将所有选项全部拥挤地排列在少数几行内的做法也是不可取的。例 5－23 就给出了过于追求节省版面的一种排版方式，调查对象在遇到这样的编排格式时，视觉上会非常混乱，很容易漏看问题或答案选项。

例 5－23：问卷排版不当举例

Q1. 您的性别是：男　女

Q2. 您目前的婚姻状态是：未婚　已婚有配偶　离婚　丧偶

Q3. 您的出生年月是：____年____月

Q4. 您的受教育程度是：小学及以下　初中　高中或中专　大专　本科　研究生及以上

Q5. 您的户口性质是：农业　非农业　其他，请说明__________

Q6. 您的户口所在地是：河北省　山西省　辽宁省
吉林省　黑龙江省　江苏省　浙江省　安徽省
福建省　江西省　山东省　河南省　湖北省

湖南省　广东省　海南省　四川省　贵州省

云南省　陕西省　甘肃省　青海省　其他，请说明________

Q7. 您家拥有下列哪些家庭电器？手机　洗衣机　电冰箱　彩电　照相机　空调　微波炉

Q8. 您家拥有下列哪些交通工具？普通自行车　电动自行车　摩托车　小货车　小轿车　面包车　大卡车

Q9. 您觉得您自己是：老北京人　新北京人　外地人

Q10. 您个人感觉最大的压力主要是：生活开销大

子女教育支出大　家里有老人需要照顾　工作/收入不稳定

没有熟人帮助　害怕生病住院　不知道未来怎么办　住房问题

比较好的编排方式应该是综合考虑节省版面与视觉效果两个因素，因此将例 5－23 中的 Q1～Q6 编排成例 5－24 中的格式则更好一些。问题与答案选项分别被安排在不同行，答案选项较多则适当增加所占行数，不同选项之间留存适当空白。这样，问卷整体看起来更加清晰、明了、舒适。

例 5－24：例 5－23 修改后的排版格式

Q1. 您的性别是：

（1）男　（2）女

Q2. 您目前的婚姻状态是：

（1）未婚　（2）已婚有配偶　（3）离婚　（4）丧偶

Q3. 您的出生年月是：____年____月

Q4. 您的受教育程度是：

（1）小学及以下　（2）初中　（3）高中或中专

（4）大专　　　　（5）本科　（6）研究生及以上

Q5. 您的户口性质是：

（1）农业　（2）非农业　（3）其他，请说明________

Q6. 您的户口所在地是：

（1）河北省　　（2）山西省　　（3）辽宁省　　（4）吉林省

（5）黑龙江省　（6）江苏省　　（7）浙江省　　（8）安徽省

（9）福建省　　（10）江西省　（11）山东省　（12）河南省

（13）湖北省　（14）湖南省　（15）广东省　（16）海南省

（17）四川省　（18）贵州省　（19）云南省　（20）陕西省

（21）甘肃省　（22）青海省　（23）其他，请说明______________

（3）研究者在问卷每页末尾处，或者在一个较长的问题之后不应该放置一个相对较短的问题，否则调查对象由于视觉上的惯性，很容易忽略这个较短的问题。

四、问卷的装订

在许多情况下，为了节省纸张，减少印刷成本，同时使问卷更加轻薄，问卷可以采用双面印刷的方式，印刷时采用白色的 A4 纸即可。如果问卷页数大于 1，还需要装订成册。装订时最好选用小册子的形式，即在册脊处装订。如果装订时仅将纸页叠合在一起，在左上角或者左侧装订，那么在访谈过程或者问卷的回收过程中，最后一页很可能会脱落，造成数据丢失，使整份问卷作废，这将造成研究数据的损失。

小结

◇ 调查问卷的整体结构和布局，不仅关乎问卷的卷面美观和印刷成本，而且会影响问卷调查的回答率和数据质量。

◇ 最常见的结构式调查问卷通常分为四部分，即说明词部分、问卷主体部分、编码和结束语部分。其中，主体部分最为核心且必不可少，其他三部分可以根据调查形式、调查对象等酌情调整，或保留或删减。

◇ 在对问卷进行排版时，不同类型的调查问题有不同的编排格式，研究者需要考虑问题的类型和篇幅、主题内容、答案选项的数量和长短等。

◇ 问卷的排版与布局需要注意选择合适的字体和字号、适当使用空白留存、对页面进行合理设置等。

思考题

1. 结构式问卷一般包括几部分？各部分的具体含义如何？
2. 不同类型调查问题的编排需要注意哪些地方？
3. 编制一份结构合理、布局美观的调查问卷，需要注意哪些方面？

第六章

客观性问题的提问策略

在问卷调查中，如何恰当地进行提问以降低调查对象的排斥和警惕心理，帮助调查对象准确把握问题的含义，一直是研究者在设计问卷时需要考虑的重要方面。问题的提问策略具体包括问题的提问方式、语言措辞、问题叙述形式等，提问方式不合理、语言措辞不当、问题叙述形式混乱等都会影响调查对象对问卷的接受程度和理解准确性，影响调查对象的回答。鉴于不同类型的问题特点各异，其提问策略也存在着一定的差异。

客观性问题是指针对已经发生或者正在发生的行为和事件进行询问的问题，具体调查内容涉及行为或事件发生与否，以及发生的时间、地点、内容、相关人物、原因和发生过程等方面，即"when、where、what、who、why、how"，可简记为"5W1H"。客观性问题囊括的主题非常广泛，任何涉及询问客观行为或事件、客观知识等的问题都可以被定义为客观性问题。在客观性问题的大类中，根据问题的调查内容是否具有敏感性，客观性问题可以被具体细分为一般性客观问题和敏感性客观问题。

一般性客观问题不涉及与社会整体伦理道德规范、法律法规等主流价值观相悖的行为或事实，也不涉及调查对象过于隐私的个人信息，调查对象在回答时不需要有所顾虑，担心其回答可能带来社会不良评价、个人隐私泄露等问题。例如，询问调查对象对某产品的消费及购买经历、个体的休闲娱乐活动安排等信息，都属于一般性客观问题。敏感性客观问题是指容易引起调查对象心理变化，进而影响其回答真实性的问题，包括：询问调查对象是否做出过某些与社会道德规范相悖或者违反法律法规的行为，如询问调查对象是否有某些犯罪行为；或者询问某些涉及调查对象个人隐私的问题，如询问调查对象的家庭资产；还有一类情况是询问调查对象某些不适宜公开讨论的话题，这类敏感性问题往往还同时与个人隐私有关，比如询问调查对象每周性行为的频率；等等。在有些情况下，这类问题的敏感性会由于地区文化、宗教信仰等方面的差异而有所不同，比如，在我国人们对关于性的话题的敏感性可能比在性观念相对开放的西方国家更强。

一般性客观问题和敏感性客观问题在调查过程中实施的难易程度不同，给调查对象造成的心理影响也不同，所以在提问策略及技术要求方面存在显著差异。因此，下面对这两类问题分别展开论述。

第一节　一般性客观问题的提问策略

一般性客观问题的敏感度不高，又都是针对客观发生的行为、事件的时间、地点、人物等信息以及与客观知识有关的内容等进行提问，一般不会引起调查对象的排斥心理，在调查问卷中属于相对比较容易调查、易获取调查对象真实回答的问题类型。但是，在某些情况下，如涉及记忆回溯性质的问题时，调查对象很可能由于事件发生太久、记忆不清而出现记忆遗漏或偏差，导致回答有误。因此，在对一般性客观问题的提问策略进行阐释之前，需要先明确这类问题在调查过程中所遇到的常见困境。

一、一般性客观问题的常见困境

在实际调查过程中，一般性客观问题容易出现偏差的原因主要有以下三类：（1）时间跨度设定不当，调查对象出现记忆遗漏或偏差，造成回答失真；（2）问题的语言措辞不够明确，概念界定不清；（3）调查内容专业性太强，给调查对象的回答增添难度。

（一）时间跨度设定不当，调查对象出现记忆遗漏或偏差，造成回答失真

出于研究需要，有时候研究者想要了解调查对象的一些历史性信息。在涉及询问已经发生过的行为或事件等回忆性问题时，调查对象很可能由于调查时间与事件发生时间相隔太久，或因调查对象的个体特征（如调查对象为高龄老人），而对被询问事件记忆不清，产生遗漏。或者，研究者对事件或行为发生的时间跨度设定不当，给调查对象进行准确回忆造成障碍，产生事件类型与时间跨度的不匹配问题，即回忆性偏差，增加问题的调查难度。

例 6-1：在去年，您与同事间的交往活动有哪些？（请回答相应活动的次数，若没有请填“0”）

A. 电话聊天　　（　　）次

B. 串门　　（　　）次

C. 在家里一起聚会　　（　　）次

D. 一起出游　　（　　）次

E. 相约外出聚餐　　（　　）次

F. 其他，请说明__________　　（　　）次

研究者希望了解调查对象与同事之间的社会交往状况，因而设计了例 6-1 中的问题。但是，在实际调查结束后，研究者会发现该问题在调查过程中很难得到调查对象的支持与配合，而且调查结果与其他权威数据以及研究者的理论假设存在很大差异。出现这种状况的主要原因就是问题中时间跨度的设计不合理。在例 6-1 中，研究者询问调查对象去年与同事的社会交往活动，该问题对时间跨度的设定过长，且调查内容主要是一些日常性活动，导致调查对象在回答时需要在较长的时间范围内去回忆一些本身很容易被遗忘的日常小事。这不仅给调查对象增添了回答难度，而且调查对象很容易出现记忆偏差，导致调查结果失真。有研究表明，在较长的时间跨度下，当事件发生的次数超过 5 次时，调查对象就倾向于估算而不是计数，在这个过程中很可能出现计算误差。

这种情况提醒研究者，在设计回忆性问题时，需要特别注意时间跨度的界定，时间跨度一般不宜过长，尤其是当询问日常生活琐事等容易被遗忘的行为时，更不宜设定过长的时间跨度。一般而言，在询问调查对象与日常生活有关的行为或事件时，如例 6-1 中询问调查对象与同事电话联系、聚餐、拜访、出游等日常行为，把时间跨度界定为“周”（7 天）或“月”（30 天）比“年”的效果要好。较短的时间跨度有利于调查对象进行回忆和计算，可以明显提高回答的准确性，同时也可以获得与以“年”为跨度同等含量的数据信息，调查效率更高；而以“年”为单位，由于时间跨度更长，极易出现因调查对象记忆不准而产生的偏差。

再如对工作状况的调查。一般而言，对工作状况的调查，时间跨度应该相对较长，比如一季度或者半年、一年，这有利于反映就业状况的平均趋势。然而为了权衡准确性，研究者在实际调查过程中多以周或月为单位，虽然时间跨度变短了，不符合失业率等指标的计算标准，但是提高了准确性。如在我国 2005 年全国 1%人口抽样调查中，对调查对象工作状况的调查即以“周”为单位——询问调查对象在调查前一周是否为

取得收入而从事一小时及以上的劳动。以调查前一周为时间跨度，在一定程度上不仅能够规避个体行为的波动性，而且便于调查对象回忆，提高回答的准确性，同样可以反映调查对象的就业现状。

但是，在另外一种情况下，如询问调查对象一些小概率且相对让人印象深刻的事件或行为时，研究者可以适当延长时间跨度，避免因为事件发生概率太小或者波动性太强，导致收集到的信息与实际情况不符，出现遗漏偏差。如研究者希望了解某个地区居民的癌症死亡状况，罹患癌症死亡在通常情况下属于小概率事件，因此研究者在设计问卷时就需要考虑适当延长时间跨度，争取能够真实反映该地区的癌症死亡状况。在这种情况下，以“周”或“日”为单位明显不合适，一般把时间跨度设定为“年”。除死亡外，关于生育、迁移等人口事件的调查，一般也以“年”为单位。如在我国历次人口普查登记中对女性生育信息的问询，调查时间界定为调查前一年内。

有时候，当研究者感兴趣的事件或者行为的发生具有周期性时，其在设计问卷时要尤为注意时间跨度的设定。在这种情形下，研究者应该对问题涉及的事件或行为发生的周期性规律具有一定了解，这种了解可以基于生活经验、文献研究、专家咨询等，在设计问题时需要将这种周期性纳入考虑范围内。如市场调查中对某些季节性产品销量的调查，在设定调查的时间跨度时就需要考虑销量的季节性变化，如在冷饮消费过程中，夏季是消费旺季，对其消费情况进行调查可以采用如下形式：

例 6-2：请问您在夏季，平均每天食用(　　)根雪糕。

总之，在设计回忆性问题时，研究者要注意对事件时间跨度的界定，并根据具体调查内容，选择适当的时间单位，减少因时间跨度不合适而造成的偏差。

（二）问题的语言措辞不够明确，概念界定不清

问题语言的准确性直接关系到调查对象对问卷的理解程度，研究者需要特别注意在问题描述中使用精练准确的语言，确保相关概念的界定清晰明确、不含糊，防止产生歧义。关于问卷中语言和措辞的准确性问题，本书在第二章和第三章中已经做了详细说明，这些原则和注意事项对一般性客观问题同样适用，故在此不再赘述。

（三）调查内容专业性太强，给调查对象的回答增添难度

在一般性客观问题中，有一类问题主要针对客观知识，描述和反映调查对象对某个领域知识的了解状况。这种类型的问题尤其需要研究者注意问题设计的语言和措辞，切忌语言过于专业化。当问题的专业性太强，甚至超出其知识范围时，调查对象难以

理解，将会导致问卷出现较高的拒答率；或者即使调查对象回答了，也存在较大程度的偏差。

例 6-3：某项关于全国范围内的家庭生理保健知识的调查

Q1. 下列哪项不是梅毒的传播途径？

（1）血液传播 （2）性接触传播 （3）垂直传播 （4）间接接触传染

Q2. 叶酸主要预防下列哪种畸形病发生？

（1）唐氏综合征 （2）神经管畸形 （3）小耳畸形 （4）多指

在现实生活中，许多调查对象对例 6-3 问题中过于专业的词汇，比如垂直传播、神经管畸形等的概念并不了解，难以回答这些问题。研究者在设计问卷时应该尽量避免这种问题的出现，假若研究者的目的就在于了解人们对这方面知识的掌握程度，也应该考虑使用更加通俗易懂的大众化表达方式或者通过举例加以说明的调查方式。Q1 中的“垂直传播”，可以改为更加通俗的说法——母婴传播，对“间接接触传染”选项可以举例说明，如共用毛巾、脸盆；Q2 中的“唐氏综合征”选项可以改成“先天愚型”，对“神经管畸形”选项可以进行举例说明，如无脑儿、脑膨出、脊柱裂、唇裂及腭裂等，“小耳畸形”包括无耳、耳廓发育畸形等。通过更加大众化的词汇、用语等对专业性词汇进行解释说明或替代，可以有效帮助调查对象理解把握问题的准确含义，并进行回答。

二、一般性客观问题的提问策略

一般性客观问题的调查内容主要是针对客观事件或行为的，因此敏感程度较低。但是，在调查过程中，由于理解和个体记忆的问题，调查对象的回答往往也会出现偏差。因此，在对这类问题进行提问时，调查者有必要借助一些技巧和手段，帮助调查对象理解问题或进行回忆，提高他们对问题的回答率和回答的准确率。

（一）辅助回忆法

辅助回忆法，顾名思义，即向调查对象提供一些辅助线索帮助其进行回忆，减少因记忆不清所造成的遗漏和偏差。问卷调查中常用的辅助回忆法有两种：一是列举法，二是关键线索辅助法。

列举法是指针对某个问题将调查对象所有可能回答的答案选项列出来，让调查对象在所列项目中进行选择。在使用列举法帮助调查对象进行回忆时，研究者需要注意所列项目必须具有穷尽性和互斥性，而且要慎重安排不同项目的排列顺序，防止由于选项顺序造成问题回答差异（关于答案选项的排列形式，本书在第三章已做详细介绍，在此不再赘述）。在实际调查中，如果需要展示的项目数较多，研究者可以选择通过卡片的形式进行展示，以此节约问卷篇幅。

使用列举法辅助回忆在实际的问卷调查中非常常见。如例 6-4 中，研究者对调查前一个月调查对象的业余时间安排非常感兴趣，为了防止调查对象由于时间关系记忆出现遗漏，研究者在设计这道问题时，选择以列表的形式将调查对象可能在业余时间从事的活动一一列举出来，这可以对调查对象起到提醒作用，辅助调查对象更准确、快速地回忆。

例 6-4：在上个月的业余时间，您一般会做什么？

	1 是	0 否
去文化中心	□	□
去电影院	□	□
去博物馆	□	□
去公园或广场	□	□
去购物	□	□
去剧院	□	□
去教堂	□	□
去朋友家	□	□
去酒吧/夜店	□	□
不去这些地方	□	□
喜欢待在家里	□	□

关键线索辅助法是问卷调查中另一种重要的辅助回忆法。该方法通过把某些重大社会事件、重要节日或调查对象人生经历的重要事件等作为参照和线索，辅助调查对象对过去进行回忆。这种方法发挥作用的机制就在于，人们对于越重要的事情，如高考、结婚、买房、孩子出生等，记忆越准确，因此这些背景信息可作为提问过程中的重要提示，帮助调查对象回忆起以前发生的某些事情，提高调查对象问题回答的准确性。这种方法在对回忆性问题的询问中应用非常广泛，如在市场调查中，询问调查对象在调查前一年购买某种产品的时间，可以用“五一劳动节”“十一国庆节”等重要节日作为参照，来启发调查对象回忆。

列举法和关键线索辅助法适用于不同的情境。在回忆性问题中，与人们记忆有关的误差主要来源于两种原因：一是记忆遗漏，二是记忆偏差。由较短时间引起的记忆偏差不同于纯粹的记忆遗漏，记忆遗漏会随着选择时间段长度的增加而增加，记忆偏差则是在访谈时间和事件发生时间之间较短间隔内因记忆错乱而发生的信息失真。调查中所发生的记忆遗漏问题，可以通过使用列举法，提醒调查对象所经历的事件、发生的各种行为等帮助解决。而因记忆错乱所发生的记忆偏差主要表现为把过去的事件记为当前发生的，或者相反。总之，当事件、行为所属时间对应错误的情况发生时，研究者适合使用关键线索辅助法来弥补和避免。

（二）确定适当的时间跨度

如前文所述，在涉及回忆性问题的设计时，对时间跨度的界定是研究者必须考虑的重要方面。此外，研究者还应该注意事件或行为的发生时间与调查时间的间隔，根据被调查内容，选择合适的时间跨度。在一般情况下，调查时间跨度越长，调查对象记忆出现偏差的可能性越大，回答的准确性越低。所以，如果研究者询问调查对象在很久之前发生的行为或事件，调查对象在很大程度上就可能由于时间太久、记忆不清，而出现记忆遗漏或偏差，从而导致问卷调查所得数据失真。如非必要，研究者应该避免询问调查对象很久之前的信息。因为询问时间跨度过长的信息，一来增加调查困难度，增加回答偏差，二来很久之前的状况并不能很好地反映调查对象的现状。但是如果这类信息为研究者的兴趣所在，甚至是调查的主题，研究者在设计问卷时就不能省略相关问题，而需要慎重考虑，通过一些技巧和手段（比如一些辅助记忆技术等）提高调查对象的回答准确率。

（三）重复访谈法（定界法）

顾名思义，重复访谈法是对相同的调查对象进行多次访谈，并将前次访谈的回答作为参照，在后期调查中提醒调查对象。目前，在问卷调查的实际应用中，研究者很少采用重复访谈法，因为这种方法不仅成本高，而且耗时长，效率较低。

为了改善重复访谈法的缺点，研究者提出了一种可以在实际调查中应用的改进方法——定界法。定界法是指以某个较早时期的问题为着手点，然后逐步询问研究者真正关心的时间点上或时间范围内的状况。如实施于某年 2 月份的外出就餐状况调查，在问题设置过程中，研究者可以询问调查对象在上个月的外出就餐情况，以此作为日期定界的起点，接着询问调查发生当月的情况。在个案访谈中，这种方法较常被使用，能够明显提高回答信息的准确性。但在结构式问卷调查中，考虑到问卷篇幅、问题顺序效应等问题，这种方法被使用得较少。

（四）问题分解法

问题分解法就是把一个问题分解为几个相关问题，各个问题之间存在一定逻辑顺序，既可以前后联系，发挥提示作用，又可以从多角度调查有关事实及行为，对统计分析起到重要的补充作用。

例 6－5：对超市购物的调查

Q1. 提起超市，请问您首先想到的是哪一家？（单选）

Q2. 请问您还会想起哪些超市？（多选）

Q3. 以下的一些超市您听说过吗？（多选，只问 Q1、Q2 回答中没有提到的超市）

超市名称	Q1	Q2	Q3
北京华联	1	1	1
家乐福	2	2	2
大润发	3	3	3
沃尔玛	4	4	4
联华	5	5	5
其他（请注明）__________	6	6	6

在例 6－5 关于超市购物的市场调查中，调查对象先是被询问印象最深的超市名称，随后进一步被询问其他有印象的超市，最后由调查者提醒某些未被提及的超市。这样层层推进，研究者可以描绘出调查对象对不同超市的印象深浅图。这种提问方式明显优于通过某一道独立的问题询问调查对象对不同超市的印象。问题的分解，有助于调查对象不断深入思考，回答更为全面和准确。

甚至，研究者还可以再设计关于超市购物的问题，进一步挖掘相关信息。调查对象在被询问相关超市购物经历时，可以在对超市购物行为进行回忆的过程中，弥补在前面遗忘的超市信息。

（五）使用二手资料

减少记忆错位、增加细节信息的另一种方法是使用二手资料帮助调查对象回答问卷。在问卷调查过程中，很多个人或家庭材料，如家庭支出记录、个人工作笔记、日常备忘录等可以作为参考，为问卷调查提供相关信息。如在有关人口的调查中，调查者在询问调查对象的具体出生年月日、户籍性质、家庭户规模等问题时，家庭户口本可以作为辅助资料，帮助调查对象回答。但研究者应该意识到，在实际调查中，调查对象往往没有强烈动机去查找相关记录，所以在问卷调查尤其是自填问卷调查中，这种方法极少被使用。在一般情况下，使用二手资料的方法在面对面的访问调查中相对更为常见，访问员在与调查对象建立比较信任的关系后，可以向调查对象寻求这方面的帮助。

第二节　敏感性客观问题的提问策略

敏感性客观问题是调查问卷中的常见题型，这类问题的调查难度往往较大，但又同时是研究者关注的兴趣点，因此，如何对敏感性客观问题进行提问以促进调查对象的配合一直是研究者和调查者努力的方向之一。在现代社会，人们关于人权、自由、隐私保护等的观念和意识日益强烈，对敏感性客观问题的询问更是成为问卷调查面临的“拦路虎”。虽然在实际调查过程中，敏感性客观问题的询问存在各种困难，但是研究者们充分发挥其智慧，设计出各种辅助技术和手段，不断改进和完善敏感性客观问题的提问方式和策略等。

一、敏感性客观问题的调查难点

在社会调查中，敏感性客观问题属于较为常见且回答难度较大的一类问题。尤其是在现代社会，伴随着人们隐私保护、个人自由等观念的增强，敏感性客观问题变得更加难以调查和处理。敏感性客观问题的回答面临的最大困难就是调查对象拒答或虚假回答，虽然这两个困难在所有类型问题的回答中都可能存在，但在敏感性客观问题的回答中更为严重。敏感性客观问题多涉及个人隐私或某些与社会主流价值观念、国家法律法规等相悖的问题，调查对象因有所担心、忌讳、反感等不愿意回答或直接虚假回答，导致问题的回答往往不能全面、真实地反映调查对象的状况。

根据具体调查内容，敏感性客观问题可以被划分为以下几类：（1）个人隐私类问题，这类问题主要涉及调查对象的个人信息，比如个人收入、年龄、家庭住址、联系方式等，调查对象往往出于不想泄露个人信息的目的拒绝回答；（2）与社会主流道德规范背离类问题，这类问题主要询问调查对象与社会主流价值观念、道德规范等相悖的行为或事实，如在公共场合的不文明行为、对他人的负面评价等；（3）违法乱纪类问题，这类问题的敏感性最强，如对偷税漏税、超速等问题的询问。

以上三类敏感性客观问题，敏感性逐渐增强，但是彼此之间也并非泾渭分明，比如违法行为往往同时也违背了社会主流道德规范。以下几个例子分别涉及了这三类敏感性客观问题。如例6-6、例6-7属于个人隐私类问题；例6-8、例6-9属于与社会主流道德规范背离类问题；例6-10、例6-11属于违法乱纪类问题。在回答这些问题时，尤其当这些问题在问卷中被编排在一起时，调查对象很容易产生排斥和厌恶心理，从而胡乱回答，甚至直接拒答。

例6-6：请问您的姓名是：________；您的手机号码是：________

例6-7：请问您上个月的收入是：________元

例6-8：请问您是否有过酗酒行为？

（1）是　　（2）否

例6-9：您和您的同事共同完成了一项重要任务，但是事后只有您的同事升职了，您是否会感觉到嫉妒和不舒服？

（1）是　　（2）否

例6-10：您是否曾经未付钱就带走超市中的商品？

（1）是　　（2）否

例6-11：您在驾驶过程中是否闯过红灯？

（1）是　　（2）否

二、敏感性客观问题的提问策略

虽然敏感性客观问题调查难度较大，但是在实际操作中，研究者依然可以采取一些方法来弱化问题的敏感性及其对调查对象的心理影响，降低问题拒答率，提高回答准确性。

（一）敏感性客观问题后置

在调查问卷中，对问题进行排序的基本原则是将敏感性客观问题放在后面（详见本书第五章）。如果在问卷的开始部分就询问调查对象敏感性非常高的问题，极易引起调查对象的警觉和排斥心理，大幅降低调查对象的合作意向，使调查出现很高的拒访率。因此，敏感性客观问题一般被放置于问卷的最后部分。在这种情况下，通过问卷前部分的询问，调查对象与调查者基本能建立起相对友善和信任的关系，这可以有效降低调查对象对敏感性客观问题的排斥和疑虑，减小其放弃回答问卷的可能性。即使在最后关于敏感性客观问题的询问过程中，调查对象确实强烈拒绝继续回答，问卷已回答部分也可以为研究者提供很多信息。

（二）转移法

从心理学角度看，相同的敏感性客观问题，人们在被问及自身状况时往往更加警惕，而对于被询问周围人的状况相对更加“迟钝”。转移法就是基于这种逻辑，转变问题的叙述角度，降低问题敏感性及其对调查对象的心理影响。

在某项大学生状况调查中，研究者想要了解在校大学生的诚信状况，并通过询问调查对象是否曾在考试中有过抄袭行为来反映。众所周知，考试抄袭是一种作弊、欺骗行为，不符合学校的要求规范和纪律，也与社会主流道德观念相悖，因此敏感性较高。有过这种行为的调查对象并不乐意向别人说出真实情况。假若研究者按照例 6－12 中的方式进行问题设计和提问，很容易引起调查对象的警惕、排斥心理，并造成虚假回答。

例 6－12：请问您在考试中抄袭过他人答案吗？

（1）有　　　（2）无

使用转移法可以在较大程度上避免这种困境。研究者可以将问题的叙述形式转变为第三人称，降低调查对象的警惕心理。因此，例 6－12 中的问题可被修改为例 6－13 中的形式。

例 6－13：请问在考试中，同学间是否存在抄袭他人答案的情况？

（1）有　　　（2）无

此外，例 6－12 中的问题也可以被改编成另外一种形式（见例 6－14）。

例 6－14：在考试过程中可能存在抄袭行为，请您对该现象的发生比例进行估算，并在下列直线的相应位置进行标示。

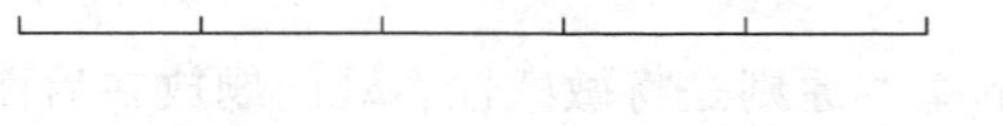

（三）“大众化”法

所谓“大众化”法，又称“人人”法，是指将所询问的敏感行为或态度“大众化”，采取人人都可能做出该类行为的叙述形式，降低调查对象可能因个人行为违规而产生的心理不适和警惕，提高真实回答的可能性。也就是说，在问题调查过程中，问题的叙述反映出此种行为是很常见的，不是小群体问题。出于从众心理，调查对象更能够接受违规行为，降低心理抵触性，比较容易回答其真实情况。

以闯红灯为例。闯红灯属于违反国家交通法规的行为，发生这种行为的人并不希望被别人知道。因此，在调查某地区闯红灯行为时，研究者可以采用“大众化”法降低问题的敏感性（见例 6－15）。

例 6－15：

Q1. 一些人可能因为紧急事情而闯红灯，一些人可能因长时间无其他车辆或行人通过而闯红灯，还有一些人因未看到指示灯而闯红灯，请问您是否闯过红灯？

（1）是　　（2）否

Q2. 请问，在哪种情况下闯红灯是可以被原谅的？

（1）因为紧急事情而闯红灯

（2）因长时间无其他车辆或行人通过而闯红灯

（3）因未看到指示灯而闯红灯

（4）哪种情况下都不能被原谅

（四）“模糊化”技术

“模糊化”技术，是指对问题进行模糊化处理，通过适当牺牲信息的精确性以获得信息的真实性。关于收入的询问是“模糊化”技术使用的典型案例之一。我国民众在调查中被问及收入时，有低报的倾向，为减小由调查对象主观意志而导致的误差，调查者就可以采用“模糊化”技术对问题进行处理——询问调查对象收入的区间而非具体数值，增加调查对象的心理安全感，降低调查对象虚报的可能（见例 6－16）。

例 6－16：请问您家庭上个月的月收入有多少？

（1）还没有收入　　（2）2 000 元以下　　（3）2 000～2 999 元

（4）3 000～4 999 元　　（5）5 000～7 999 元　　（6）8 000～14 999 元

（7）15 000～49 999 元　　（8）50 000 元及以上

但是，在使用这种技术对敏感性客观问题进行处理时，研究者需要慎重权衡通过问题所获信息的精确性与真实性，不能顾此失彼。

（五）嵌入式技术

问题的敏感性在一定程度上受其所处语境的影响。因此，在一份问卷中，研究者可以通过设置某些问题或选项来改变敏感性客观问题所处的语境，降低调查对象对于关键问题的关注度。最为常见的做法是将研究者关注的某道敏感性客观问题嵌入一系列敏感性客观问题中，且其中某些问题的敏感性比研究者所关注问题的敏感性更高，此时，前述敏感性更高的问题的影响，会使后续询问的焦点问题的相对敏感性降低，这样可以有效改善回答的准确性。

在例 6-17 中，研究者希望获知某地区有过超市行窃行为的居民的比例，该问题敏感性很强，研究者可通过设置敏感性更强的问题来相对弱化焦点问题的敏感性。

例 6-17：您是否曾经做过下列事（即使只做过一次）？

(1) 武装抢劫　是□　否□

(2) 强行闯入他人的家中、商店或其他的建筑物内　是□　否□

(3) 未经主人的允许将他人的车开走　是□　否□

(4) 没有付账就把商店的东西带走　是□　否□

嵌入式技术可以弱化焦点问题的敏感性，加强调查对象对调查的配合与支持，增加敏感性客观问题的回答率和回答准确性。但同时由于嵌入式技术设置了一些无关问题，会增加问卷的版面和调查成本，因此在一份问卷中，这种技术不宜过多使用，研究者在使用嵌入式技术时应加以权衡。

（六）指明问题具体时段

在询问某一敏感性问题时，研究者可以通过指明行为或事件发生的具体时段，降低问题敏感性，削弱敏感性行为的低报，提高回答效果。相比敏感性行为经常发生，在人们的印象中，这些行为“偶尔为之”更容易被原谅和接受，因此，在询问敏感性问题时设定具体时限，可以在一定程度上降低人们对真实回答的顾虑（见例 6-18）。但是需要注意的是，这种方法仅适用于询问与社会主流道德观念略有背离或者违反法律法规程度较轻的行为，对于敏感性极强的问题并不适用。

例 6-18：关于汽车安全带使用情况的调查

Q1. 请您回想一下，您最近一次进入汽车后是否系了安全带？

(1) 是　(2) 否

Q2. 请问您进入汽车后，一般是否系安全带？

(1) 是　(2) 否

在例 6-18 的 Q1 中，调查对象只被问及最近一次进入汽车是否系了安全带，相比

Q2 询问一般性情况，调查对象对 Q1 产生的警惕心理相对更低。

（七）随机化回答

随机化回答是问卷调查的一种特殊手法，既可以让研究者搜集到公众对敏感问题的态度，同时可以使个别调查对象保留隐私，该方法是进行敏感性问题研究的一种常用折中方法①。采用随机化回答技术可以在很大程度上为调查对象的回答保密，因而可以消除调查对象的疑虑和排斥，提高调查对象的信任度，增加回答的真实性。

随机化回答自 1965 年由沃纳提出后，一直被不断改进和完善。现在常用的随机化回答方法主要是：设计两道互相独立的问题，且问题答案选项共用，由调查对象随机抽取一道问题进行回答，调查者并不知晓调查对象回答的具体问题是什么。在调查结束后，研究者可以通过两道问题被抽中的概率、答案选项的分布比例等计算出其所关心的变量数值（见例 6－19）。

例 6－19：问题 A 为敏感性问题：“在过去的 12 个月中，您是否逃过课?”

问题 B 则是一般性问题：“您的生日在 8 月份吗?”

问题 A 和问题 B 共用相同的答案选项：“是”或“否”。

调查对象要回答哪个问题取决于一种概率机制：某盒卡片一共有 100 张，背面图案相同，其中 64%的卡片正面印有“A”，36%的卡片正面印有“B”。由于 A、B 卡片随机分布，A 卡片被抽中的概率为 64%，B 卡片被抽中的概率为 36%。调查对象抽取卡片，如抽到 A 卡片，就回答问题 A，如抽到 B 卡片，就回答问题 B。而且，当他明白自己回答问题 A 或问题 B 后，他必须将卡片重新放回卡片堆中。在整个过程中，由于卡片背面图案是一致的，调查对象也不必向调查者出示卡片，自己抽完看完后直接放回卡片堆中即可，到底抽到的是 A 卡片（回答问题 A）还是 B 卡片（回答问题 B），只有调查对象自己知道。这完全保证了调查对象回答问题的隐匿性，因为调查者是无法知道调查对象到底是在回答哪个问题的。但是，当所有人回答了问题之后，研究者又能根据概率机制计算出他所关心的敏感性问题（问题 A）被回答“是”的比例有多高。

假设在一个 1 000 人的有效样本中，其中 300 个调查对象回答了“是”，另外 700

① 统计模型及误差估计等内容介绍请见：陈根龙．随机化回答技术在敏感性问题调查中的一种应用．统计与决策，2007（3）：23－24．晓钟．随机化回答技术：沃纳（Warner）模型．中国统计，1989（7）：37－38.

个调查对象回答了“否”。按照概率发生机制，1 000 个人中应有 36%，即 360 个人回答问题 B，假定人们在一年 12 个月份内出生的时间分布是均匀的，那么对问题 B 回答“是”的调查对象人数大约是 30 人（30＝360÷12）。调查样本中回答“是”的调查对象实际为 300 人，则对问题 A（逃课）回答“是”的实际人数是 270 人（270＝300－30）。通过计算很容易获知，回答问题 A 的人数大约是 640 人（640＝1 000×64%），则在回答问题 A 的调查对象中承认逃过课的比例是 42%（42%≈270÷640×100%）。

例 6－19 是对随机化回答技术的简单举例，这种方法可以有效保证调查对象的回答信息是保密的，可以减少调查对象回答问题时的顾虑，得出关于敏感性客观问题的总体比例情况。但是，随机化回答技术操作较为复杂，对调查者的要求较高，同时利用这种技术会丧失群体内部的个体特征差异数据，如调查对象的性别、年龄特征，从而导致信息的丢失。

第三节　客观性问题的其他注意事项

客观性问题作为问卷调查中最常见的题型，是研究者获得调查信息的重要通道。除本章前两节提及的一般性客观问题和敏感性客观问题的提问策略以外，还有一些通用的注意事项需要研究者在设计和调查客观性问题时予以重视。

一、甄别调查对象知识水平，合理设定问题

在问卷调查，尤其是大型的全国性调查中，调查对象的文化程度各异，对不同领域的了解和理解程度也不同。如果问卷中的知识性问题所涉范围远超调查对象的知识水平，就会给调查对象造成心理负担，导致其夸大回答、随意回答，影响回答的准确性；或者调查对象不能理解或错误理解问题含义，造成回答失真。

例 6－20：某市场调查公司就电脑杀毒软件市场占有情况进行的调查

请问您是否使用过“云查杀”技术？

（1）使用过　（2）没有使用过　（3）不知道

在例 6－20 中，部分调查对象并不知道什么是“云查杀”技术，因此这部分人群中即使有些人使用过“云查杀”技术，也会因不了解情况而选择“没有使用过”，导致调

查结果出现误差。

因此，研究者在问卷调查中应尽量规避人为设置的各种知识性障碍，对专业性太强的词汇进行解释，或者使用普通大众都能理解的方式进行询问。如例 6－20 中的问题可被修改为如下形式（见例 6－21）。

例 6－21：请问您的电脑（计算机）使用的是下列哪款杀毒软件？

（1）360 杀毒软件 （2）瑞星杀毒软件 （3）江民杀毒软件

（4）卡巴斯基杀毒软件 （5）Avast 杀毒软件 （6）其他，请说明____________

二、使用关键汇报人

所谓关键汇报人（key reporter），是指直接相关负责人或了解全部信息的人。在问卷调查过程中，选择关键汇报人回答问题可以在一定程度上提高效率，但同时也应注意到关键汇报人提供的信息可能存在偏差，研究者需要在后续调查中对重点关注信息进行确认。

针对家庭、企事业单位等机构组织的调查往往会使用关键汇报人，以利用较低的成本得到更多的数据信息。比如，在市场调查中调查某公司产品的销量，公司的普通员工对这类问题可能并不非常了解，如果调查者仅选择普通员工进行询问，很可能得到有偏差的结果，但是如果选择对公司的产品销售信息非常熟悉和清楚的销售主管作为关键汇报人进行回答，调查者就可以得到更为真实的信息，且调查一位主管比调查多名普通员工的成本更低，效率更高。再如，在关于家庭状况的调查中，研究者可以设定家庭中的丈夫或者户主作为关键汇报人，对家庭的整体信息进行回答。

需要注意的是，在使用关键汇报人进行调查时，研究者需要在问卷调查的方案设计中进行说明，或者在问卷设计中利用问题对汇报人的身份进行识别，以方便在调查后对问卷信息的可信度做进一步的深入分析（见例 6－22）。

例 6－22：对家庭收入状况的调查，应选择户主进行询问，若户主不能回答，可选择对家庭信息掌握清晰的关键人员进行调查，并须明确以下信息。

请问，您与户主的关系是：

0. 户主 1. 配偶 2. 子女 3. 父母 4. 岳父母或公婆

5.（外）祖父母 6. 媳婿 7. 孙子女 8. 兄弟姐妹

9. 其他，请说明____________

三、作为筛选条件识别调查对象

某些有关行为、事件以及知识等的客观性问题，不受人们主观意志的影响，可以在询问问卷调查主体问题之前被作为排除或筛选条件使用，便于研究者剔除不符合条件的调查对象，降低调查成本。这类筛选条件可以被分为两类，一类是排除性问题，另一类是筛选性问题。

排除性问题一般是一些事实性问题，可以帮助研究者剔除不符合调查条件的对象。如在某次市场调查中，当研究者不希望调查在某些特殊行业工作的人群时，就可以利用排除性问题把从事这些行业的群体剔除出去（见例 6－23)。之所以需要利用排除性问题将某些特殊人群剔除出调查范围，主要是考虑到如果在调查样本中存在这些相关行业的从业人群，其对调查问题的看法、评价等有别于普通大众，就会影响调查结果的可信度。

例 6－23： 请问您自己或者您的家人、亲朋好友中，有人在下列机构工作吗？

(1) 超市、商店、百货商场及其他零售场所 }
(2) 报社、电台、电视台及其他新闻媒体机构 } 终止访问
(3) 广告公司、市场研究机构 }
(4) 以上都没有 ——→ 继续访问

有时候，问卷中并不会出现“终止访问”字样，而是由问卷访问员根据调查对象的回答决定是否剔除，这主要是防止调查对象由于看到“终止访问”等内容而有意隐瞒真实职业，从而达到参与调查得到奖励或拒绝调查以避免麻烦的目的。

在问卷调查过程中，有时候在排除性问题之后，研究者还需利用筛选性问题最终确定有效样本（主要是通过一些行为、事实性问题的询问来实现）。例如，在以本地家庭中40周岁及以上常住人口为调查对象的问卷中，研究者通过以下问题筛选确定最终调查对象。

例 6－24：

Q1. 本户人口大多数时间是居住在这个房子里，还是居住在其他地方的房子里？

(1) 大多数时间居住在其他地方的房子里

(2) 大多数时间居住在这个房子里

Q2. 大多数时间居住在其他地方的家庭，主要居住的房子是在本村或本社区吗？

(1) 是　　(2) 否

（选择“否”的不符合调查条件，向回答者表示感谢，并询问下一家户；选择“是”的，继续询问）

Q3. 住在这一户的人口中（包括在外上学或者打工住在集体宿舍的人）是否有年龄在 40 周岁及以上的人［阳历（公历）1971 年 7 月 1 日或者阴历（农历）1971 年 5 月 9 日之前出生的人］？

（1）是　　（2）否

（如果没有适龄调查对象，则结束调查；如果有，请随机选择一人作为调查对象）

研究者在设计初始筛选问题时，要注意用时的长短，尽量采用简短、直接的问题提问。

小结

◇ 客观性问题是指针对已经发生或者正在发生的行为和事件进行询问的问题，可分为一般性客观问题和敏感性客观问题。

◇ 一般性客观问题出现偏差的原因主要有记忆遗漏或偏差、概念界定性偏差和理解性偏差。在调查过程中调查者可借助于辅助回忆法、确定适当的时间跨度、重复访谈法（定界法）、问题分解法以及使用二手资料提高问题回答的准确性和问题的回答率。

◇ 敏感性客观问题因调查对象的担心、忌讳或反感而不愿意回答或直接虚假回答。研究者可以采取敏感性客观问题后置、转移法、“大众化”法、“模糊化”技术、嵌入式技术、指明问题具体时段、随机化回答等方法降低问题的敏感性，提高回答率。

◇ 研究者在调查客观性问题时，还需甄别调查对象知识水平，合理设定问题，并由调查者指导填答或由关键汇报人填答。在调查过程中，调查者要注意对调查对象的筛选。

思考题

1. 在问卷设计过程中，如何使用一般性客观问题提高回答的准确性？

2. 围绕有关遵守交通规则的调查内容，设计调查问卷，注意敏感性客观问题该如何设计。

第七章

主观性问题的测量及提问策略

相对于客观性问题，主观性问题的调查难度更大，因为主观性问题针对的客体范围更加广泛，从具体的事物到抽象的概念，都可以作为主观性问题的客体。所谓主观性问题的客体是指调查对象的态度、倾向、意愿、感受、看法等的承载对象，如询问调查对象对我国养老保险制度的看法，“我国养老保险制度”就是调查对象看法的承载对象，即该主观性问题的客体。主观性问题的客体不仅涉及范围广，而且在很多情况下难以被清晰界定。如上例中对于调查对象对养老保险制度的看法的询问，养老保险制度在这里的具体含义是什么呢？我国不同区域以及城乡之间养老保险制度存在差异，问题中的养老保险制度是指我国农村地区的新农村养老保险制度还是城镇地区的企业职工基本养老保险制度？问题并没有对“养老保险制度”这一概念界定清楚。如何对主观性问题的客体进行清晰、一致的界定是研究者在设计这类问题时面临的常见困难之一。

主观性问题调查难度大的另一个原因是这类问题本身着力点的特殊性。主观性问题针对调查对象的主观意向、看法、态度等，而个体的主观看法很容易受到个体特征、提问语境等的影响，而使得主观性问题的回答失真、出现偏差。

正是基于主观性问题不同于客观性问题的独特特征，研究者在对主观性问题进行设计、测量和提问时，更需要注重对相关策略的应用。本章将对主观性问题的类型、测量技术及注意事项、利用定性访谈调查主观性问题等进行详细阐述。

第一节　主观性问题的类型

知其然，亦须知其所以然。主观性问题的特殊性，是对这类问题采用特殊测量和提问策略的基础，因此有必要对主观性问题的内涵、类型和特征进行说明，从本质上把握这类问题的特性，从而有针对性地选择适宜的测量技术和提问策略。

一、主观性问题概述

客观性问题主要是对客观事件发生的时间、地点、内容和相关人物等内容进行调查，其问题的选项设置以客观事实为准绳，通过使用一些策略和技巧来帮助或促使调查对象提供真实、准确的信息。而主观性问题是对调查对象态度、意愿及行为预期的调查，是对调查对象心理认知及主观感受的研究，这类问题易受语境、调查对象心理状态以及认知水平等因素的影响。所以，在主观性问题的调查过程中，调查者尤其需要注意使调查对象对问题表述具有一致的理解方式，能够依照相同的标准回答同样的问题。

例 7-1：请问您如何评价自身的健康水平?

(1) 极佳　(2) 很好　(3) 好　(4) 一般　(5) 差

在例 7-1 问题的实际调查中，不同的调查对象对健康的理解存在差异，比如：有些人关注健康的外在形式，认为不生病就算健康；另外一部分人可能还注重主观感觉，认为除了身体不生病外还需要感觉精力充沛等才算健康。此外，在回答问题时，不同调查对象对相同选项的理解也可能存在差异。如选项“(4) 一般”，一部分调查对象所说的“一般”实际是身体健康欠佳，未达到正常水平的意思；而另一部分调查对象则认为“一般”表述的是一种中间状态——个体身体健康处于好与差的中间水平。在设计主观性问题时，针对例 7-1 中出现的问题，研究者可以考虑提供一些背景描述或者进行比较的标准，方便调查对象按照相同的理解方式提供信息，如例 7-1 可被修改为例 7-2 的形式。

例 7-2：相对于生活可以自理这个标准来说，请问您如何评价自身的健康水平?

(1) 极佳　(2) 很好　(3) 好　(4) 一般　(5) 差

在主观性问题答案选项的设计中，研究者需要遵循逻辑一致性原则，即确保每个选项按照一定的逻辑顺序被排列和组织，切忌逻辑混乱。否则，不仅不利于调查对象进行回答，而且会给调查完成后的数据分析造成障碍。

例7-3：整体来看，您对×××商场服务水平的评价如何？

(1) 很满意 (2) 有些满意 (3) 满意 (4) 不满意

在例7-3问题的选项设置中，选项"(2) 有些满意"表达的含义是比选项"(3) 满意"稍差一些的否定意思，与问题其他选项的排列逻辑相反，按照上述形式排列选项，会对问题的信度产生明显影响。

二、主观性问题的分类

主观性问题测量的内在逻辑主要是基于社会认知心理学中的态度-意愿-行为的认知模式而得到的——态度与意愿相关联，意愿则直接影响行为。基于此，主观性问题按照其调查主题可以被划分成三类：认知类、评价类和行为意愿类。其中，认知类问题主要被用于衡量调查对象对事物的认知程度、态度等，评价类问题主要被用于测量调查对象对事物的喜好及满意程度等，行为意愿类问题主要被用于询问与调查对象自身行为可能性有关的情况。

（一）认知类问题

认知类问题主要被用于调查对某类事物、事件等的了解和认识程度，如某项针对环境污染问题的调查，可以询问调查对象是否听说过这些污染、是否关心环境污染、对环境污染严重性的看法、环境污染对调查对象自身造成的危害等（见例7-4）。

例7-4：请您根据提问，逐项回答表中所列各项有关环境问题的题目：

	1. 您是否听说过该类污染？	2. 您是否关心该类污染问题？	3. 您是否认为该问题目前已经很严重？	4. 该类污染是否对您造成实际危害？
A. 空气污染	(1) 是 (0) 否	(1) 是 (0) 否	(1) 是 (0) 否	(1) 是 (0) 否
B. 地表水污染	(1) 是 (0) 否	(1) 是 (0) 否	(1) 是 (0) 否	(1) 是 (0) 否
C. 地下水污染	(1) 是 (0) 否	(1) 是 (0) 否	(1) 是 (0) 否	(1) 是 (0) 否
D. 土壤污染	(1) 是 (0) 否	(1) 是 (0) 否	(1) 是 (0) 否	(1) 是 (0) 否

（二）评价类问题

评价类问题主要被用于询问调查对象的喜好、满意程度或赞成、认同情况，这类问题的调查客体可以是具体的物品，如手机、计算机等商品，也可以是某个社会事件或某种现象。

例 7-5：在针对某商品的满意度调查中，研究者可以设置如下问题

Q1. 以下哪一项最能描述您对××商品的总体看法？

非常糟糕								非常好
1	2	3	4	5	6	7	8	9

Q2. 与其他同类商品比较，您对××商品的总体看法如何？

(1) 非常差　(2) 较差　(3) 较好　(4) 非常好

评价类问题也可被用于品牌形象测试，如例 7-6 所示。在品牌形象测试中，研究者针对每个品牌从多方面进行测试，考察该品牌在消费者心目中的定位、形象等，有助于确定问题所在，改善产品品质。

例 7-6：请您根据下面的描述，谈谈您对某品牌手机的看法，并在认同或不认同的相应选项上标示。

	非常不认同	不认同	中间状态	基本认同	非常认同
外观时尚	□	□	□	□	□
功能全面	□	□	□	□	□
经久耐用	□	□	□	□	□

（三）行为意愿类问题

行为意愿反映调查对象对未来某种行为的预期和倾向，因此，行为意愿类问题可以被用来测量调查对象实施某项行为的可能性。如在商品满意度调查中，研究者可通过对个体某些相关行为发生的可能性、频率等的调查，开展对消费者行为的研究，见例 7-7 和例 7-8。

例 7-7：在未来一个月内，您的家庭会外出旅游吗？

(1) 会　　(2) 不会

例 7-8：如果条件允许，您有多大可能性去购买一部新手机？

完全不可能									非常有可能
0	1	2	3	4	5	6	7	8	9

第二节 主观性问题的测量技术

主观性问题的特殊性要求使用特殊的技术和手段去测量和询问这类问题，方能获得准确而真实的信息。在实际问卷调查过程中，研究者对主观性问题的测量主要依靠量表进行。

一、量表的构成及测量尺度

量表是对抽象概念或主观现象进行定量化测量的一种有效工具，主要是利用文字、数字符号等反映测量对象的特征。如在居民消费心理的相关调查中，研究者如果想测量品牌对消费者购买行为的影响，可设置如下问题对品牌的作用进行调查。

例 7-9：有关消费者品牌意识的调查

Q1. “品牌对消费者是否购买该产品会产生很大影响”，请问您是否认同这个表述？

(1) 非常认同 (2) 认同 (3) 中立 (4) 不认同 (5) 非常不认同

Q2. “我喜欢尝试新品牌”，请问您是否认同这个表述？

(1) 非常认同 (2) 认同 (3) 中立 (4) 不认同 (5) 非常不认同

Q3. 对于 NW 这一新品牌的产品，请问您在未来一个月中，有多大的可能性去购买？

完全不可能								非常有可能
1	2	3	4	5	6	7	8	9

(一) 量表的构成要素

量表主要由三个基本要素构成，分别是测量客体、数字或符号，以及分配数字或符号的法则（即测量尺度）。

测量客体，指测量的对象，也就是研究者在调查过程中想要了解的内容、主题等。研究者对客体的测量可以从多方面展开，在具体问题设置中可以对测量主题进行分解、细化，全方位、多角度地对主题进行测量。例 7-9 中的测量客体就是“品牌对消费者的影响”，主要是从对品牌的认知、评价、购买意愿等方面进行调查。

数字或符号，主要被用于表征测量客体的属性存在与否、态度及行为意愿强弱和频繁程度等内容。在量表设置过程中，研究者一般采用列举的方式把各种可能的回答显示出来，便于回答者根据自己的情况选择相应选项。

分配数字或符号的法则，即测量尺度问题，通常包括定序尺度、定距尺度和定比尺度三种形式。在实际操作中，研究者应根据具体调查内容和主题选择相应的测量尺度。

（二）量表的测量尺度

1. 定序尺度

在定序尺度的测度中，研究者仅仅对不同选项或等级按照程度强弱进行排序，不涉及比较各个等级之间的具体差异，这种测量尺度为研究者提供的信息比较有限。如例 7-10 询问消费者对某种口味酸奶的喜爱程度，就是定序尺度在实际调查中的应用。

例 7-10：请问您对××口味酸奶的喜爱程度是：

（1）非常喜欢　（2）比较喜欢　（3）一般　（4）不太喜欢　（5）非常不喜欢

2. 定距尺度

定距尺度借助数字，给每一个评级选项分配一个数字，并利用数字大小表明不同等级之间的差异程度，但这种差异仅体现出数字的绝对差异。例 7-11 的某项商业调查，针对消费者对不同口味饮料的喜爱程度进行测量，用 1 到 10 分表示调查对象的喜爱程度，每个取分之间相差 1，其中 1 表示非常不喜欢，10 表示非常喜欢。若某个调查对象给樱桃口味的饮料打分为 8，给雪梨口味的饮料打分为 4，则表明该调查对象对樱桃口味饮料的喜爱程度明显高于雪梨口味饮料，但是这只能说明调查对象对两种饮料的喜爱程度相差 4 分，并不能说明调查对象对前者的喜爱程度是后者的两倍。

例 7-11：请根据您的喜爱程度，对各种口味的饮料进行打分，10 分最高，1 分最低：

口味	喜爱程度（打分）
樱桃口味	
黄桃口味	
草莓口味	
葡萄口味	
原味	

3. 定比尺度

相比定序尺度和定距尺度，定比尺度测量中的数值既能表明差异的绝对程度大小，又能体现差异的相对程度大小。例7－12测量消费者购买汽车的意愿，利用数字表明调查对象在未来一年中的购买意愿，不同选项不仅可以进行大小比较，而且可以分析相对差异，如选择80％的调查对象的购买意愿是选择40％的调查对象的两倍。

例7－12：在未来12个月中，您有多大的可能性去购买一部新车？

完全不可能										非常有可能
0％	10％	20％	30％	40％	50％	60％	70％	80％	90％	100％

二、量表的分类

量表可以对调查对象的主观特征，如态度、观点、评价、接受程度以及感受等进行有效测量。在实际应用中，研究者一般是把测量结果量化在由两极和（或）中间点所构成的测量体中。根据具体组织形式的不同，量表可被划分为比较量表和非比较量表。

（一）比较量表

比较量表主要涉及对事物的直接比较，一般使用定序或定距的测量尺度，侧重调查相对关系。例如，询问消费者喜欢可口可乐还是百事可乐，就是一种关于喜爱程度的简单排序问题，也是最简单的一种比较量表。常见的比较量表有配对比较量表、等级顺序量表、“常量和”量表等。

1. 配对比较量表

配对比较量表是一种常用的态度测量工具，在实际应用中，该测量方法要求调查对象根据一定的标准，对一系列对象进行两两比较，并从中做出选择。在例7－13的市场调查中，研究者想要获得消费者对不同品牌牙膏喜爱程度的信息，并希望消费者对不同品牌进行两两比较，在这种情形下使用配对比较量表非常适宜。

例7－13：请对下列每一对牙膏品牌进行比较，并请指出您更喜欢其中哪一个品牌，在选中品牌后的方框中打钩。

（1）佳洁士□　　竹盐□

（2）高露洁□　　佳洁士□

（3）佳洁士□　　云南白药□

(4) 竹盐□　　　　高露洁□

(5) 云南白药□　　　　竹盐□

(6) 竹盐□　　　　中华□

(7) 高露洁□　　　　云南白药□

(8) 中华□　　　　高露洁□

(9) 云南白药□　　　　中华□

(10) 中华□　　　　佳洁士□

调查结束后，研究者可将调查结果整理成表格的形式（见表7-1），表中每一个单元格的数值表示该行对应的品牌与该列对应的品牌进行比较的结果，其中“1”表示调查对象更喜欢这一列的品牌，“0”表示调查对象更喜欢这一行的品牌，“—”表示调查对象未进行对比。将各个单元格中的数值进行行列加总得到的合计栏的数值，表明对应行列的品牌比其他品牌更受调查对象喜爱的次数，如第一行的加总为1，表示与其他品牌相比，高露洁牌牙膏被偏爱的次数为1。

表7-1　调查对象对品牌配对比较的结果

	高露洁	佳洁士	云南白药	中华	竹盐	合计
高露洁	—	1	0	0	0	1
佳洁士	0	—	1	1	1	3
云南白药	1	0	—	1	0	2
中华	1	0	0	—	1	2
竹盐	1	0	1	0	—	2
合计	3	1	2	2	2	10

在实际调查过程中，研究者可以选择一定规模的调查对象进行调查，并将每个调查对象的回答进行汇总，得到次数矩阵和比例矩阵（用合计频数除以样本量），来对品牌进行深入的比较分析。

在利用配对比较量表时应注意，该量表仅是一个顺序量表，只能比较各品牌的相对位置，不能被用于直接判断二者之间的绝对差异。同时，这种评价方法对比较对象的数量有一定的限制，对象越多，比较的结果越不准确。一般而言，比较对象不应超过10个。

2. 等级顺序量表

等级顺序量表是将比较对象按某一标准进行排序，一般是将等级1设定为最喜爱的事物，将等级2设定为第二喜爱的事物，以此类推，将最后一个等级设定为最不喜爱的事物。如在例7-14中，消费者被要求通过打分衡量其对不同品牌彩色电视机的喜爱程度。

例 7-14：以下是一些彩色电视机的品牌名称，请将它们按您所喜爱的程度排序（其中1表示您最喜欢，5表示您最不喜欢）。

索尼（　　） 康佳（　　） TCL（　　） 海信（　　） 松下（　　）

等级顺序量表易于设计和使用，回答者比较容易掌握回答方法。但研究者在选项的设计中需要特别注意，如果选项没有包含调查对象的选择项，或者某些选项超出了调查对象的选择范围，就会对调查结果产生影响。在例7-14中，如果某一调查对象从不使用彩色电视机或者不了解选项中的某几个品牌，那么他/她可能为了完成调查而随意地进行排序，提供一些对实际研究无意义的信息。同时，研究者在使用等级顺序量表时还应该注意其局限性，这种量表是一种相对粗略的定序比较量表，它既无相应单位又无绝对零点，只是把事物按某标准进行简单排序，不具有等距性，对考察事物间的差异作用有限。

3. “常量和”量表

“常量和”量表是指根据某一标准在各测量客体上分配一个具体数值，并且分配数值之和等于一个常数，该常数一般为100。在“常量和”量表中，研究者通过分配相应数值，可以得到不同客体之间的差异程度，某客体得分越高，说明该客体在调查对象心中越重要，反之，则越不重要。在“常量和”量表中，所分配的数值是依据定比尺度计算得到的，所以得分“0”是有意义的，表明该属性不具有任何重要性；10分和12分之间的差值与48分和50分之间的差值的意义是相同的；某属性的分值是另一属性分值的两倍，则说明该属性的重要性是另一属性的两倍。例7-15是一项针对某品牌洗面奶属性的调查，研究者想要知道消费者更加看重该产品的哪些属性和特征，因此采用“常量和”量表，把100分分配给6种属性，以反映每种属性在消费者心目中的相对重要性。

例 7-15：请您对××品牌洗面奶的不同属性进行打分，总分为100分，分数越高，重要性越强。

属性	分值
控油	
保湿	
价格	
香味	
去污	
滋养	

在对"常量和"量表的结果进行分析时，研究者可以对所有调查对象赋予各属性的分值求平均数，来反映各属性在调查对象心中的平均受重视程度。

（二）非比较量表

非比较量表是采用一定的评分标准对某一问题进行评价。这种评价不涉及对象之间的互相比较，所以操作简单，容易理解，在调查问卷中使用广泛。非比较量表可被划分为连续评分量表和分项评分量表。

1. 连续评分量表

连续评分量表也称图示评分量表，研究者将评价分值标示在由两极及中间点所构成的一个图示中，让调查对象进行选择。连续评分量表有三种常见形式，下面以例 7-16 对某超市的评价测量为例，进行说明。

例 7-16： 请您对××超市进行整体评价，并将相应分值标示在图示中。

【形式 1】

最差————————————I————————————最好

【形式 2】

最差————————————I————————————最好

0　10　20　30　40　50　60　70　80　90　100

【形式 3】

最差　　　很差　　　不好不坏　　　很好　　　最好

————————————I————————————

0　10　20　30　40　50　60　70　80　90　100

形式 1 只有两个极端和一个中间状态，所提供的信息很少，并且不确切，研究者难以对数据进行进一步统计分析。形式 2 和形式 3 在两个极端中间设置了多项分界点，有利于调查对象根据自身情况做出具体的选择，并且能够体现出细致的差异，提供更翔实的信息。

连续评分量表在问卷调查中因易于构建而得到广泛应用，尤其是在计算机辅助调查过程中应用得越来越普遍。

2. 分项评分量表

分项评分量表有多种类型，主要包括李克特量表、语义差异量表和斯塔波量表等。

(1) 李克特量表(Likert scale)。

李克特量表也叫累加量表(summative scale),是最常用的定距量表,常被用于测量观念、态度或意见等。在使用李克特量表前,研究者需要构造大量的陈述或说法(statement),并采用5级记分制测量调查对象对这些说法同意的程度。例7-17是某项针对儿童的调查中使用的量表,该量表意在测量儿童的现代化观念,研究者设计了多个语句,并要求被调查儿童对这些说法的同意程度进行打分,以此来反映儿童的现代化观念。

例7-17: 请你对下表中的说法进行打分,1分表示"非常不同意",2分表示"不同意",3分表示"说不准",4分表示"同意",5分表示"非常同意"。

你同意下列说法吗?(请在相应的数字位置打钩)					
	非常不同意	不同意	说不准	同意	非常同意
1. 因为爸爸妈妈爱我,所以我要听他们的话	1	2	3	4	5
2. 我长大后一定要离开家乡去闯天下	1	2	3	4	5
3. 制订计划是我生活中的一件很重要的事	1	2	3	4	5
4. 我们有钱应该存进银行,因为银行是可以被相信的	1	2	3	4	5
5. 学校的事情应该听老师的,我最好不提出意见	1	2	3	4	5
6. 有电视机的最大好处是可以看到动画片	1	2	3	4	5
7. 孩子的尊严不如父母的尊严重要	1	2	3	4	5

李克特量表的构造主要有以下四个步骤:

第一,收集相关资料,并编写围绕研究问题的陈述或说法;

第二,选取部分正向表述、部分负向表述,以避免大部分调查对象只选中间点;

第三,随机抽取一个小样本进行预调查,根据预调查结果对量表进行信度和效度分析;

第四,根据分析结果,去除显著影响量表信度和效度的陈述或说法,对量表进行修改,并最终定稿使用。

(2) 语义差别量表(semantic differential scale)。

语义差别量表也是一种定距量表,主要被用于测量某种事物、概念或实体在人们心目中的形象。例7-18针对某报纸传媒的评价调查就使用了语义差别量表,回答者被要求对该报纸在不同方面的表现进行打分,以第一行为例,分数越低,表明该报纸的报道越客观。相反,分数越高,表明该报纸的报道越主观。调查对象可以根据自身情况在每一属性行的相应分值上进行标示。

例 7-18：请您对××报纸的各项特征进行打分，7 分最高，1 分最低。

请根据您对××报纸的整体印象，在以下每一个标尺上勾选出一个适当的数字								
客观	1	2	3	4	5	6	7	主观
公正	1	2	3	4	5	6	7	偏袒
诚实	1	2	3	4	5	6	7	欺骗
及时	1	2	3	4	5	6	7	过时
有价值	1	2	3	4	5	6	7	无价值
可信任	1	2	3	4	5	6	7	不可信任

在构建语义差别量表时，表示属性极端取值的形容词被分布在评分量表的两端。但是，为了避免调查对象由于阅读和填答惯性造成的回答偏误，在一般情况下，负面的形容词或短语会时而出现在量表左端，时而出现在量表右端，这样可以有效降低调查对象在回答过程中因未仔细阅读标示内容直接评分而造成偏差的可能性。

在某些情况下，语义差别量表还可以同时对多项内容进行测量，如在对社区管理及其实施效果进行评价测量时，研究者就可以采用这种量表形式，从居委会的工作职能、工作范围、工作效果以及与小区居民的关系等方面设计量表题目（见例 7-19）。

例 7-19：请您对社区居委会的工作进行评价（请在适当的数字上画○）：

（1）干部的文化素质————————————高 7—6—5—4—3—2—1 低

（2）居委会对居民的态度——————————友好 7—6—5—4—3—2—1 不友好

（3）居委会成员的工作能力——————————强 7—6—5—4—3—2—1 弱

（4）小区生活环境的改善——————————有效 7—6—5—4—3—2—1 无效

（5）在小区组织的活动———————————很多 7—6—5—4—3—2—1 很少

（6）与居民之间的关系———————————疏远 7—6—5—4—3—2—1 接近

构造语义差别量表主要有两步：

第一，确定描述或评价测量对象时使用的重要属性，如例 7-18 中对报纸的评价可以包括客观、公正、诚实、及时等，要尽量确保既不遗漏测量对象的重要属性，又不包括与测量对象无关的属性。在确定好属性用词后，研究者需要确定与之语意相反的形容词，如例 7-18 中的主观、偏袒、欺骗、过时等。

第二，将每对属性形容词分别置于一系列有 7 个刻度的标尺两端，将正反形容词之间的差距分成 7 个等级，中间一级表示态度中立，并要求调查对象根据对测量对象的第一印象，在每一个标尺上圈选相应的答案。

语义差别量表的编制和使用都相对比较简单，并且它可以清楚有效地描绘和比较调查对象对测量对象主观评价的差异，因此被广泛应用于对品牌、产品形象、广告效果等方面的市场调查中。但这种量表存在一个明显的缺点，限制了其使用范围，即在该量表的设计中，对属性形容词及其反义词的确定往往非常困难，需要研究者有丰富的实际经验。

(3) 斯塔波量表 (Stapel scale)。

斯塔波量表也是一种定距量表，这类量表要求调查对象对某一描述选择一个适当的数字，用于指出该说法对事物属性描述的准确程度，数字越大，表明描述越准确，反之，描述越不准确。例 7-20 即为利用斯塔波量表测量消费者对某商场的评价的实例。在该量表中，研究者设置了“商品高品质”和“糟糕的服务”两个属性短语，如果调查对象认为短语能够准确描述该商场，则被要求给这一短语赋予较大的加号数字，否则，就选择一个减号数字。短语对该商场描述越不准确，减号数字越大。在例 7-20 中，若调查对象认为该商场的商品品质非常高，可以选“+5”；若调查对象认为该商场商品品质非常低，则可以选“-5”。

例 7-20：请您对××商场进行描述：

某商场

+5	+5
+4	+4
+3	+3
+2	+2
+1	+1
商品高品质	糟糕的服务
-1	-1
-2	-2
-3	-3
-4	-4
-5	-5

斯塔波量表的优点在于不需要对形容词或短语进行预测试，就可以确保评价的差异化，并且可以被用于电话调查中。

在实际应用中，研究者可以对斯塔波量表进行适当变形，构建同时测量多属性的量表形式，如例 7-21 中对工作感受的测量。

例 7-21：对于下表中的每一个词，请您从量表中选择一个适当的数字来描述您的工作，并将该数字写在对应词前面的横线上。

完全不是1	2	3	4	5	6	7完全是

________容易的	________技术性的	________烦人的
________有意义的	________低报酬的	________紧张的
________重要的	________风险性的	________令人满意的

构造斯塔波量表的主要步骤与构造语义差别量表类似，包括如下两步：

第一，确定测量对象的重要属性。

第二，调查对象对每一个属性词进行打分，数字越大，表明该属性词的描述与测量对象符合程度越高。

斯塔波量表与语义差别量表相比，其优点是不需要对正反两种属性描述进行比较，但其编制比较复杂。

第三节　量表的其他注意事项

本章第二节主要针对主观性问题的常用测量技术——量表技术的构成、测量尺度以及量表的类型等进行了详细介绍。但除此之外，在利用量表技术进行对主观性问题的测量时，还有一些注意事项需要引起研究者的重视。

一、确定评价问题的数目

在量表设置过程中，如果评价内容过多，或者陈述项目太多，就会超出调查对象的承受能力，迫使其随意回答，使测量效果下降。所以，在问卷设计过程中，对评价项目应该尽可能精减，研究者要选择重要的项目进行测量，并且要保证每一个与测量客体有关的问题都有足够的题目进行测量。有的研究者根据经验认为，测量题目最好不要超过 30 个，数量再多就会增加调查难度，影响实施效果。

二、均衡选项数目

量表问题中所提供的不同表述方向的选项数目应该是均衡的，即肯定选项和否定选项数量应是对等的，这有利于解决统计分析过程中可能出现的有偏分布问题。但有时候在特殊情况下，研究者也可以设置不均衡的选项，如在测试用户对售后服务的满意程度时，调查目的是了解用户对哪方面服务项目有更迫切的需求，获得进一步改善的方向，因此研究者在编写选项时，可适当减少代表不重要方面的选项，而把代表重要方面的选项设置得更详细一些。

研究者在应用不均衡选项时，一定要慎重，在调查目的不明确、未做预调查检验的情况下，最好不要使用这种不均衡测量方式，因为这种测量方式会给调查对象带来不必要的提示信息，降低调查的准确性。

三、适当设置选项分值的数量

在量表测量中，为了清晰显示选项间的差异，研究者一般使用 5 分制，有时候为了做得更细致一些，也可采用 7 分制，或者更多级选项。

在设置分级选项时，研究者需要考虑调查对象的辨析能力以及各等级之间的差异程度：选项设置过多，会使得各选项之间的差异降低，不利于回答者加以区别、选择；选项设置过少，各选项之间的差异太大，会牺牲测量精度。一般而言，5 分制或 7 分制是最常用的分制设置形式。

在设置分级选项时，研究者还应该考虑调查方式的限制，不同的调查方式适用不同的分制设置形式，如电话调查最好不要超过 5 分制。

在量表问题中，为杜绝模棱两可的回答，有研究者提出使用偶数分制，取消中间选项，如采用 6 分制，迫使回答者在两者之间做出选择，避免出现中间态度的选项，如例 7－22 所示。

例 7－22：请您对某品牌产品的外观设计进行评价，根据您的评价在相应的选项上标示。

（1）极好 （2）很好 （3）好 （4）差 （5）很差 （6）极差

上述例子仅设计了 6 级选项，未设计中间态度，如一般或中立态度。这样的设计，在实际操作中将有助于研究者区分回答者的态度差异，避免出现因不善于表达意见、态度等情况，而造成选项过于集中于中间状态的问题。

四、选择合适的数字或形容词来界定量表

利用某个确切的形容词来描述量表的测量内容，可以帮助调查对象以相同的方式

理解各个选项，但在很多情况下，寻找这些形容词来界定量表是非常困难的。此时研究者可以使用数字和两个不同方向的极端形容词进行替代，尤其是在电话访谈调查中，使用数字标示的量表有助于回答者准确记忆并选择相应选项，提高回答的可能性。

第四节　利用定性访谈调查主观性问题

在主观性问题的调查中，研究者除了可以利用量表进行有关态度、意愿、感受、评价等方面的测量以外，还可以利用定性访谈的方式对主观性问题进行调查。

一、定性访谈

定性访谈是指由访问员提前设定研究主题，在访谈过程中，访问员围绕该主题与调查对象通过聊天、谈话等形式进行交流以了解相关信息。

在利用定性访谈方式测量主观性问题时，访问员可以借助开放式问题询问调查对象针对某个事物、某种现象或某个事件的态度、意愿和感受等，在访谈过程中，由调查对象用自己的语言向访问员表达自己的主观性认知，访问员只需完整记录调查对象所说的内容，并在适当时机进行追问。

但在调查过程中，访问员不应仅仅获得喜欢/不喜欢、愿意/不愿意等简单的信息，而应在对方回答的基础上继续追问更深层次的态度、意愿、感受以及原因等方面的内容。

例 7－23： 对家人外出打工的态度调查。首先，要确定调查对象的家人是否有外出打工的情况，若有，再继续询问有关态度的问题。

提问：您对某某家人外出打工有什么想法？

回答：没想法，挺好的。

提问（继续追问）：挺好的是指有什么具体方面的好处吗？您能说得具体些吗？

回答：可以增加家庭收入。

访问员还可以围绕收入继续询问外出打工者的工资水平以及家庭基本收支状况等，以调查更丰富的信息。

提问：除了增加收入，还有其他的好处吗？

这时，调查对象可能会说出其他方面的好处。访问员要完整记录相关信息，这些信息可以为最终报告的写作提供丰富的素材。

除了调查外出打工的好处，研究者更感兴趣的是调查对象对外出打工这件事的态度——是支持还是反对。如果支持，原因是什么？如果反对，原因是什么？这都需在访谈过程中详细询问。

一般来说，开放式问题强调自发性，强调调查对象内心想法的自然表露，不需诱导性提问，但不排除在调查过程中使用继续追问，如上述案例中的“有什么具体方面的好处”“支持的原因”“反对的原因”等。所以，利用开放式问题调查主观性问题，获得的信息量较大，同时，访谈得越深入，信息的质量越有保证。

二、定性访谈的注意事项

定性访谈的主要方式就是提问、挖掘和记录。提问，就是把需要调查的内容表述给调查对象，由调查对象自己做出回答；挖掘，就是针对调查对象给出的信息，继续追问有价值的内容，使之回答的信息更具体、更全面；记录，就是把调查对象所提供的信息完整记录下来，便于调查结束后研究者对这些定性材料进行深入分析。为了更好地做好定性访谈，注意事项如下。

（一）明确访谈组织者的角色

访谈组织者在定性访谈过程中仅扮演引导员、发问者、聆听者的角色，根据调查主题，把调查内容表述给调查对象，并在对方回答的过程中进行适当引导，使之围绕调查主题对相关内容做出更具体、更深入的解读。访谈组织者要善于倾听，一般来说，在访谈过程中，访谈组织者说话的时间不应超过总时长的5%。在访谈过程中，访谈组织者要做好聆听、思考和提问，要由最初问题所引发的答案形成后续问题，继续追问、挖掘深入的信息。

（二）可以借助于一些简短的提问引导调查对象进行深入思考

在访谈过程中，为了获得深入的信息，访谈组织者可以利用一些简短的提问引导调查对象继续思考，给出更丰富的信息，如：“这是什么原因造成的?”“这是怎么回事?”“您能举个例子说明一下吗?”“您这样说指的是什么?”这些提问，一方面表明自己很注意倾听对方的谈话，给对方以尊重，使之乐于更进一步地回答相关问题；另一方面能达到获得深层次的、有价值的信息的目的。

（三）要注意引导式访谈中技巧的应用

在定性访谈中，访谈组织者不应被动地接收信息，还需利用一些技巧引导访谈围绕主题进行，避免跑题。同时，访谈过程中不能出现打断调查对象谈话、对当前所说内容不感兴趣、急于完成访谈的现象，这些现象将不利于与调查对象建立良好沟通关系。

例7－24：有关大学生选择专业的调查①

提问：您主修什么专业？

回答：工程学。

提问：为什么选择工程学？

回答：我有个叔叔在1981年获得了最佳工程师奖。他是负责新市民中心的工程师。

提问：您叔叔真了不起。您和他谈过您想成为工程师这件事吗？

回答：谈过，他说他进入工程界是十分意外的事。

提问：那您的主要兴趣是和您叔叔一样在公共工程方面，还是在工程学的其他分支上？

回答：我比较偏向于电子工程，特别是电脑，我从高中开始自己摸索做电脑，我的长远计划是……

到此，例7－24中的访谈才真正回到了有关调查对象选择何种专业的主题上来。第一次，访谈组织者通过“您和他谈过您想成为工程师这件事吗”并没有将焦点转回到相关主题上。第二次，访谈组织者通过直接询问主要兴趣，使调查对象开始回答选择专业的问题。

话题的转换应注意合乎逻辑性，不要显得唐突、冒失，给人一种急于完成任务的感觉。

例如，“刚才我们讨论了您的母亲，现在我们再谈谈您的父亲”②，这种话题转换方式显得唐突，会给人造成不敬的感觉，阻碍了双方良好访谈关系的建立，故可以采用以下形式：

“您说您的母亲不太关心您在学校的表现，那您的父亲会比较关心您在学校的表现吗？”

---

① 巴比．社会研究方法：第10版．邱泽奇，译．北京：华夏出版社，2005：305.

② 同①.

小结

◇ 主观性问题是围绕调查对象的态度、倾向、意愿、感受、看法等所设计的调查题目。该类问题易受调查对象个体特征、提问语境等因素影响，在设计与调查过程中研究者需要对主观性问题的客体进行清晰、一致的界定。

◇ 主观性问题根据调查主题的不同可被划分为认知类、评价类和行为意愿类三类问题。在实际问卷调查过程中，研究者对主观性问题的调查可通过量表和定性访谈的方式进行。

◇ 量表主要由测量客体、数字或符号，以及分配数字或符号的法则三个基本要素构成。具体有配对比较量表、等级顺序量表、“常量和”量表、连续评分量表和分项评分量表等类型。在量表设置过程中，研究者需要确定合理的评价问题的数目和评价选项的数目，适当设置选项分值的数量，选择合适的数字或形容词来界定量表。

思考题

1. 如何设置量表的测量尺度？
2. 在量表设置过程中，我们该如何确定评价选项的数目？
3. 请围绕一个调查主题设计量表。

第八章 问卷评估

本书之前的章节介绍了调查问卷设计的原则、方法、特殊问题的提问策略，以及在安排问卷结构和布局时需要注意的问题。但是，完成了一份调查问卷的初稿之后，在开展正式调查之前，还有一个重要的步骤，即对调查问卷进行评估。

问卷评估主要围绕三个方面展开：首先，确保问卷中的问题在调查对象能够回答的能力范围和愿意真实回答的范围之内。如果调查对象在填答问卷时看不懂问题，或者由于问题过于敏感而感到不适或尴尬，在填答问卷时有所保留或不愿意配合调查，那么问卷就达不到收集真实信息的目的。其次，研究者要确定调查问卷的测量结果具有稳定性和一致性，即问卷要具有信度。最后，研究者还要保证调查问卷的问题能够准确测量想要测量的对象及内容，即问卷要具有效度。

本章将主要介绍如何在开展正式调查之前围绕这三个方面对问卷进行评估。第一节阐述评估问卷的一些常用的综合性方法，第二节对测量问卷信度和效度的常用方法及提高问卷信度和效度的常用手段进行介绍。

第一节 评估问卷的综合性方法

常用的评估问卷的综合性方法有专题小组讨论、深度访谈和预调查三类。

一、专题小组讨论

研究者可能在某个特定领域内研究经验丰富，但是他们所掌握的知识依然会存在一定局限，在问卷设计时考虑的问题可能有所遗漏。开展专题小组讨论，从他人的经验和观点中收集新的信息、拓宽思路，能够使研究者对其想要了解的现象有更深的理解，也能够使研究者了解到不同个体对问卷问题的不同解读，促使研究者将问题设计得更具体明确，以对现实状况进行更有效的测量。

专题小组讨论是社会调查、研究中一种常用的方法。在开始设计问卷之前，甚至是在聚焦研究问题之前，专题小组讨论可以帮助研究者确定研究主题和研究问题；在完成问卷的初步设计后，针对问卷初稿进行的专题小组讨论可以帮助研究者深化对问题的认识，有效地总结问卷的不足，提高问卷的质量。一方面，该方法能够让研究者了解到现实状况的复杂性，并进一步有效地评估问题中有关调查对象的现实的预设是否与事实相符或相近。另一方面，对问卷问题的讨论能评估问题中的词语或术语的潜在假定，即研究者可以通过专题小组讨论发现问题中所使用的词语或术语的含糊性，以及人们对其的不同理解，从而对问卷的问题进行修改，使得问题的表述更加通俗易懂，保证调查对象对问题的理解具有一致性。

例 8-1：研究者希望对人们的就医状况开展研究并设计了问卷进行调查。问卷中的一个问题是询问人们在过去一年里的看病次数。在专题小组讨论会中，研究者希望能了解人们可能会想到的看病的不同形式，并仔细检查所设计的问题的具体措辞是否会导致歧义。

针对例 8-1，专题小组讨论会可能会对什么是看病进行探讨，小组成员会对什么是看病给出自己的理解并进行讨论。例如：电话咨询医生算不算看病？去打免疫针算不算看病？接受心理医生的医疗服务算不算看病？但是，像人们到医院挂号求诊这一行为属于看病是不会被质疑的。由此可见，专题小组讨论能帮助研究者认识到现实状况的复杂性和调查对象对术语的多种可能理解。最后，研究者可以根据讨论的结果修改问题，尽可能地使调查对象对问题有一致的理解。

利用专题小组讨论对问卷进行评估有以下几点注意事项：

第一，既然专题小组讨论的目的是评估调查问卷，那么研究者在开始讨论之前就必须准备一份调查问卷初稿；另外，研究者还需要制定一份需要讨论的主要问题清单，包括所要调查主题的现实状况、调查目标、要调查的信息以及术语等内容。对于这些需要探讨的问题及在小组讨论过程中提出的新问题，小组成员都要注意相互交流经验和看法。

例 8-2：可以列出以下问题清单，以供小组成员逐个讨论问卷问题时使用：

（1）句法繁杂。

（2）含有调查对象可能不熟悉的术语。

(3) 术语或措辞模糊或不准确。

(4) 一题两问（即一个题目中包含了两个可能无法同时回答的问题）。

(5) 问题的假设可能不适用于调查对象。

(6) 答案没有涵盖所有可能的情况。

(7) 答案选项有所重叠（即选项未能互斥）。

(8) 调查对象难以记起回答该问题所需的信息。

(9) 调查对象极有可能不知道答案。

(10) 语句具有误导性、煽动性。

第二，在进行专题小组讨论之前，研究者要确定一位或几位记录员，对具体的讨论内容和过程进行记录。研究者也可以对讨论过程进行录音或者录像，这样可以使得讨论过程不受不参与讨论的记录员影响，从而避免小组讨论被干扰而影响问卷评估效果，同时方便研究者在专题小组讨论结束后对讨论结果进行整理，并且可以回放需要回顾的关键片段。

第三，研究者在选择参与专题小组讨论的成员时，也要注意成员的人数和结构。专题小组的成员人数最好控制在5至8人的范围内。如果小组少于5人，小组讨论就会类似于个别访谈，而不是大家一起对问卷进行讨论，可能会使小组讨论失去意见及看法的多样性，或者导致大家都无话可说的尴尬局面；如果小组超过8人，讨论过程就很可能会因为人数过多而混乱，主持人将很难控制讨论的进度，并且在讨论过程中难以听到每位组员的意见和看法，小组讨论难以达到最佳效果。从专题小组的人员构成上看，一般来说，应该尽量邀请那些对所讨论的议题有丰富的研究经验或深入看法的人。同时，要注意组成一个异质性较大的小组，即最好邀请有不同背景、不同特征的人参与到专题小组讨论中。因为，专题小组讨论的目的是获得对问题的不同看法和认识，而不是获得一个有代表性的样本。

例8-3：专题小组讨论想要评估的问卷关注的是一般人群的消费方式，比如对于购买奢侈品的看法。那么全部由高收入者或低收入者构成的小组与混合型的小组相比，其讨论的情况和结果肯定是不同的。高收入者可能比较愿意购买奢侈品，认为奢侈品是一种地位、身份的象征，希望在问卷中增加有关奢侈品偏好等更加详细的问题；低收入者则可能根本就不愿意购买奢侈品，觉得奢侈品的性价比低，并且认为购买奢侈品是一种炫耀的行为，因此问题中并不需要涉及有关奢侈品的选项。而针对一般群体的问卷需要兼顾有这两种意见的人群，在问题的设计上取得平衡。

但是，对于某些敏感性问题，如果小组成员之间的背景或经历的差距过大，他们就会因为观念不同、有所顾忌而不愿发言，导致讨论达不到预想的效果。

除此之外，专题小组讨论最好由一位经验丰富的主持人组织，并控制整个讨论过程的节奏，这样能够使专题小组讨论更加有效。在具体的专题小组讨论过程中，主持人一方面要尽量使整个讨论过程让参与者感到轻松，增进小组成员的沟通交流，并且让每个成员都可以自由发言、说出自己真实的看法；另一方面要时刻注意让讨论围绕主题进行，要使小组成员的讨论在各抒己见和紧扣议题之间取得平衡，避免让个别成员主导讨论的过程。

专题小组讨论必须参考问卷题目设计的基本原则，要考虑到以下几个方面的问题：

(1) 问题是不是基本涵盖了研究者想要调查的内容？问卷的长度是否合适？目标群体是否有足够的精力与耐心完成问卷？

(2) 目标群体是不是具备足够的知识，能够看懂并且回答问题？

例 8-4：对于一项针对普通居民的生殖健康知识掌握程度的调查，专题小组的成员由于基本上都不了解与皮下埋植避孕有关的生殖健康知识，因此提出不应该把非常具有专业性的医学问题放在调查中，比如以下问题：

皮下埋植避孕方法的主要副作用是什么？

A. 失败率高

B. 盆腔感染

C. 月经紊乱

D. 白带增多

除了医生、生殖健康咨询师等比较了解生殖健康知识的专业人士，或是因使用过皮下埋植避孕而对该方法有所了解的人，一般调查对象可能根本就不了解这类避孕方法，更无法选择正确的选项。

(3) 问题或选项中的名词或术语是不是可能导致多种理解方式，使得调查对象对所提的问题有不同的理解？

例 8-1 所举的有关就医情况的例子中，专题小组讨论可能会涉及以下几个讨论问题：过去一年中的哪些事情可以算作看病？如果询问去年到医院就诊的次数，调查对象能否说出确切的数字？要是直接给予不同的次数类别，如“没有”“1～3 次”“3～5 次”等，调查对象是不是会觉得更容易回答？

第四，研究者依据专题小组讨论的结果，对调查问卷初稿的问题进行逐题评审、修改。

专题小组讨论对于获取大量有关调查问题设计的信息来说，是投资很小、回报很高的方法。但专题小组讨论只是评估问卷过程的开端，虽然专题小组讨论有助于研究者发现某些关于措辞和专业术语使用方面的问题，但研究者仍然需要结合其他方法对问卷的设计进行进一步检验。

二、深度访谈

相比于专题小组讨论，深度访谈是更接近实际调查的一种问卷评估方式；但与本节后面将介绍的预调查不同的是，深度访谈更加注重被访者对问题的认识与思考的过程。

进行深度访谈的人员必须非常熟悉研究目标和初步设计好的调查问卷，一般他们不会是普通的访问员，而可以是研究者、访问员的高级督导或者是心理学家，因为这些人能更好地察觉出被访者回答问题的方式与研究者期望的方式间可能存在的差距。深度访谈对于被访者也有一定的要求，选择的被访者必须是调查问卷的目标群体（即正式调查中的调查对象），具有一定的代表性，否则深度访谈将达不到有效评估问卷可能存在的问题的效果，甚至会将研究者引导至错误的方向。此外，应当选择自愿接受访谈的人作为深度访谈的被访者，因为访谈过程通常会持续好几个小时，这些被访者必须有足够的耐心，具备对调查活动的责任感、奉献精神。在一般情况下，研究者会给这些愿意接受访谈的被访者支付报酬。

在深度访谈中，一般有三种方法可以被用于了解被访者的认知过程：

第一种方法是"发声思考（think-aloud)"式访谈，也就是让被访者将自己对某个问题的理解、在记忆中搜寻和整理问题所需要的信息以及把信息转化为答案的过程都说出来。如果访谈能够顺利完成，研究者就能很好地了解被访者思考问题、组织答案的过程，进而了解这一过程是否符合设计该问题的初衷和预期。使用这一方法的不足之处在于，不同的被访者完成这一过程的能力差异很大，一般来说逻辑比较清晰、表达能力强及受过高等教育的人能够清晰地表达自己的想法及思考过程，而针对一般人进行的问卷调查就很难用这种方法进行问卷评估。此外，要是对每个问题都用"发声思考"式访谈方法要求被访者讲出思考过程的话，往往会耗费过长时间，且被访者所描述的回答可能会因为需要将思考过程表达出来而影响其回答后续问题的方式，除此之外，被访者所描述的对问题的思考也很可能不是其在正常的填答问卷情况下或是第一次看到问卷问题时的反应。

第二种方法是，在每一个问题或简短的系列问题之后，向被访者询问一些结构性的后续问题，即马上要求被访者回答一系列与问题思考过程相关的问题，而不同于由被访者自由陈述的"发声思考"。例如，在每个问题之后，研究者可以：让被访者自己说明对问题的理解并界定术语；询问被访者对问题的问法有没有什么疑问；如果问题要求提供数字或者是经计算的答案，就要询问被访者是如何得出这一数字的；如果问题要求完成某个评价任务，例如要求被访者给上司的决策能力评分，就要让被访者谈谈他们所经历的选定答案的过程，说明给出这一分数的例子或依据。

例 8－5：询问被访者有关锻炼身体的情况

问题：在过去的一周中，您有几天锻炼了身体？

追问：您认为怎样的活动属于锻炼身体？您认为散步、做家务算不算锻炼身体的活动？您是怎样计算出锻炼的次数的？您有考虑到持续时间的长短吗？

这种方法的优点在于，被访者在答题后马上回顾其思考过程，回忆起来更容易也更准确，而且结构性的访谈提纲使一般的人都能够阐述自己对问题的思考过程。这一方法的缺点是，这样的做法扰乱了正常的调查流程，使得调查过程变得不太真实，而且用结构性的问题重复提问有可能会使被访者产生厌烦情绪。

第三种方法是，先以普通的调查方式向被访者提问，当问卷完成后，再回到之前的问题，与被访者就回答的思考过程和问题进行讨论。与前一种方法相比，这种方法更好地模拟了实际调查的过程，并且被访者对于问卷后续问题的回答并不会因为在答题过程中被访谈打断而受到影响。但是，让被访者完成整个调查后再回过头来重新回顾问题、重建之前答题时的思考过程并不现实，而且花费时间较多。

与专题小组讨论相比，深度访谈花费的时间更多，但是能在被访者理解和实际回答的层面上认识到问卷设计存在的具体缺陷，帮助研究者更好地探究如何让人们一致地理解问题并以一致和准确的方式来回答问题。

三、预调查

虽然专题小组讨论和深度访谈能对问卷问题的措辞、理解和作答过程等方面进行有效的评估，但这两种方法依然没有很好地模拟在真实条件下进行问卷调查的过程。在专题小组讨论或深度访谈中进行的对调查对象的访问和调查对象的回答，并不能完全代表实地调查或电话访谈的真实情况，因此，在实施最终调查前，利用预调查（试调查）在实际调查过程中检验问卷的质量是很有必要的。

预调查的样本选取通常不需要经过严格的抽样过程。预调查一般以针对目标群体的小规模问卷调查的形式进行，但是对于样本的选择仍然要尽量覆盖各类目标群体，以发现问卷在设计过程中，难以从理论上、讨论中发现的缺漏。在通常情况下，预调查的规模较小，因此研究者可以在每份问卷上花费更多的时间开展更进一步的访谈，以了解目标群体的真实状况和想法，与调查对象的讨论可以帮助研究者更好地修改和补充问卷。此外，预调查的开展也可以用来训练没有调查经验的调查者。让经验丰富的调查者在进行预调查时带领一些对调查并不熟悉的调查者，一方面能够使后者对实际的调查工作有一个初步的了解和熟悉的过程，另一方面也能帮助记录在调查过程中发现的问题。

（一）问答式问卷的预调查

通过对问答式问卷进行预调查来评估问卷的优点在于，每一个问题，特别是问卷中有可能妨碍或影响调查结果的细节性问题，如不一致的选项排序、错误的跳答提示、不适当的选项设置等，都会经过实际的检验，因此关注预调查的过程以及了解调查者和调查对象双方的感受尤为重要。

利用预调查对问答式问卷进行评估主要有以下三种方法。

1. 对调查过程进行行为编码

这一方法是对调查的过程进行评估。一个问题得到回答的最理想状态是所有的调查者用同样的方式、逐字地念出问题，然后调查对象给出符合问题要求的答案。在这一过程中，至少可以对四方面进行评估，分别是调查者是否逐字地念问题、调查对象有没有在问题念完前抢答或提问、调查者在调查中有没有对调查对象的答题进行引导、调查对象给出的答案是否符合题意。根据实际情况，也有可能出现调查者需要重复问题、调查对象需要调查者解释或澄清的情况。在调查过程中出现不符合理想状态的状况越多，问题存在缺陷的可能性就越大。

如果是电话调查，一般来说会有录音，那么研究者能够比较方便地完成这种方式的评估；如果是当面调查，对调查过程进行录音一般要征求调查对象的意见，如果没有录音，最好再找一个人同时对调查过程进行行为编码。表 8-1 是行为编码表的例子。

表 8-1　　行为编码表

问题	跳答	题意未改变	念错	被打断	重复问题	追问	被要求解释
Q1							
Q2							
Q3a							
Q3b							

注：“跳答”和“题意未改变”列标注“0”（符合要求、正确跳答或题意表达正确）或“1”（没有按照要求跳答、不应该跳答的反而跳答或题意发生改变）；“念错”“被打断”“重复问题”“追问”“被要求解释”列均填写数字，即表示该事件发生的次数。

资料来源：福勒. 调查问卷的设计与评估. 蒋逸民，译. 重庆：重庆大学出版社，2010：118.

2. 向调查者提问或开讨论会

这是从调查者那里获取有关调查问题的信息的直接方法——在预调查之后召开会议，请调查者来交流有关调查问题的看法和碰到的情况。这种调查之中的调查，其反映的问题和内容也可能是五花八门的。较有效率的做法是在会议前确定要讨论的内容或在会议前让调查者填一份有关预调查的感受和经历的评估表（见表 8－2），内容包括评估逐字念题的困难程度、调查对象是否有理解不一致的情况、是否大部分调查对象给出的答案不符合要求等。可以在讨论会上就评估表中被反映有缺陷的问题进行讨论，若是预调查进行过行为编码，也可以将行为编码的结果在调查者讨论会上拿出来讨论。

表 8－2　调查者对预调查的评估表

问题	题干难念	调查对象难以理解问题	调查对象回答有困难	其他
Q1				
Q2				
Q3a				
Q3b				

注：1＝不符合/没有这一问题；2＝一般/可能存在这一问题；3＝符合/存在这一问题。

资料来源：福勒．调查问卷的设计与评估．蒋逸民，译．重庆：重庆大学出版社，2010：124.

3. 向调查对象提问或开讨论会

这类似于之前介绍的深度访谈中的最后一种形式，就是在预调查结束后向调查对象追问有关问题，以判断他们对于问题的理解是否存在不一致。或者是用类似于与调查者开讨论会的方式，与调查对象开讨论会，让他们谈谈自身对问卷问题的看法以及自身接受调查的经历和感受。

（二）自填问卷的预调查

当调查使用的是自填问卷时，行为编码和开调查者讨论会的评估方法都难以进行。因此，对于自填问卷的预调查评估，有效的方法就是在调查对象填写问卷后，研究者就调查问卷对调查对象进行一次简短的访谈，它类似于深度访谈中的最后一种形式。

另外一种可能的评估方法是在问题的后面让调查对象回答几个有关问题设置或答题时是否感到困难的问题。这样的办法对于没有研究者观察的预调查，如邮寄调查的预调查而言确实是较实用的办法；但是如果自填问卷的调查过程是可以被观察到的，那么研究者可以通过观察调查对象填写时的状况来间接评估问卷。例如，如果调查对象花了很长时间来回答一个问题，那么可能是因为其不能很好地理解问题的题干或选项，也可能是因为问题的措辞过于专业；如果一个需要被跳答的问题出现很多跳答错误，那么可能是因为跳答的逻辑判断有问题，或是因为问题的跳答提示设置得不够明显，也有可能是因为问卷的排版或结构有问题。

（三）对预调查的数据的利用

尽管预调查的样本并不是精心设计的抽样所得，在数量和代表性上都有一定的局限性，但是，如果预调查的样本与研究总体的特征相近，那么分析预调查的数据对于评估问卷就比较有意义，就可以获得众多有用的信息。

（1）在一份编排合理的问卷中，符合问卷编制要求的问题不会出现经常被忽视不答的情况。如果大部分或者相当数量的调查对象没有回答某些问题，那么研究者就应重新评估问题的措辞和设置该问题的必要性。出现大量漏答也有可能是因为问卷的排版设计不合理，使得大部分人忽略了这一问题。

（2）通过计算那些被设置成跳答的问题的回答率来判断是否要对问题的设置进行修改。如果在预调查中，某些设置了跳答选项的问题的后续问题基本都没有被回答，那么研究者就要考虑是否真的有必要设置后续问题。研究者也可以尝试修改前设问题，设法引出更多要回答后续问题的答案。

（3）通过分析主观量表的答案分布可以判断是否需要修改问题。在预调查的结果中，答案在量表上的分布越广泛，量表提供的信息量就越大；如果所有答案都相同，这个问题就没有提供任何信息。也就是说，通过分析量表的答案是否集中在个别类别上，研究者可以判断是否需要修改问题或答案选项来扩大从问题的结果中获得的信息量；对于没有提供有用信息的问题，研究者可以考虑删除。

例 8-6：针对试讲课程的评估问题

从总体上看，您认为这位老师上的课怎么样？

A. 这是我上过的最差的课

B. 这位老师上的课不好也不差

C. 这是我上过的最好的课

如在例 8-6 中，如果几乎所有的调查对象都选择 B，这个问题就几乎没有提供任何信息，研究者就需要对这一问题进行重新设计。研究者可以将问题改为对于课程吸引力的评价，将选项改为量表的形式，由调查对象在 1（完全没有吸引力）至 5（非常具有吸引力）中选择，如例 8-7 所示。

例 8-7：从总体上看，您认为这位老师上的课对您的吸引力如何？请在以下合适的数字上画圈：

完全没有吸引力　　　　　　　　　　　　　非常具有吸引力

1　　2　　3　　4　　5

（4）对于开放性问题，预调查的结果还能提供有用的信息。开放性问题提供的是辅助性的信息，难以编码，并且内容五花八门；但如果在预调查的结果中，开放性问题的答案较为集中，少数几个答案就可以覆盖大多数人所表达的意思，那么研究者可以考虑将这类问题转化为选择性问题，方便编码和分析。除此之外，研究开放性问题的答案也有利于研究者了解问题是否得到了想要的答案类型，有利于其进一步考量问题的措辞和设置。

如果研究者通过使用专题小组讨论、深度访谈、预调查这些方式评估了问卷，那么对于修改以后的问卷，最理想的情况是再做一次预调查进行评估，以确保在第一次预调查中发现的缺陷和问题得到了纠正。

第二节　问卷的信度和效度评估

一、信度与效度之间的关系

调查问卷的信度即可靠性，是指采用同样的问卷调查方法对同一对象进行调查时，其结果的稳定性和一致性，即问题或量表能否稳定地测量所测变量。效度，即测量工具或手段的有效性和正确性，在问卷调查中是指问卷能够准确测出所需测量的事物的程度。

例如，用于测量身高的身高测量仪，A第一次赤脚站上去测量的结果是170厘米，他下来后立马又站上去，测量的结果变成了179厘米，两次的测量结果差异过大，因此测量就不具有信度。又如，研究者想要了解调查对象的具体年龄，在问卷中却用询问对方的身高的问题来询问，通过这一问题不可能得到研究者想要的答案，该问题就不具有效度。

信度和效度的共同点是它们都以相关系数来表示大小，都是运用问卷调查技术开展科研工作的可靠性保证。但是，保证问卷的信度并不一定能够保证效度，调查问卷可以每次都产生相同的结果而具有信度，但是其调查的内容可能完全不符合调查的目的，即没有效度。例如，A准备用一台体重秤来测量自己的体重（实际体重是54公斤)，如果A第一次测量结果为50公斤，走下体重秤再马上站上去，显示的结果还是50公斤，那么这台体重秤具有信度（因为对同一事物的前后两次测量结果完全一致）而不具有效度（A的实际体重为54公斤，而非体重秤测量出来的50公斤）。

图8-1以图解的方式形象地解释了信度与效度的差别。靶心是想要测量的目标，具有良好信度的问卷结果并不能保证它是在靶心上的，其注重的是结果展现出一种密集的点状形态；具有良好效度但没有信度的问卷结果则是想要测量的结果松散地围绕在靶心的周围。信度较低可以被认为是随机误差较大导致的，而效度较低则是系统误差导致的，缺乏信度或效度的调查都是难以达到调查目的的。

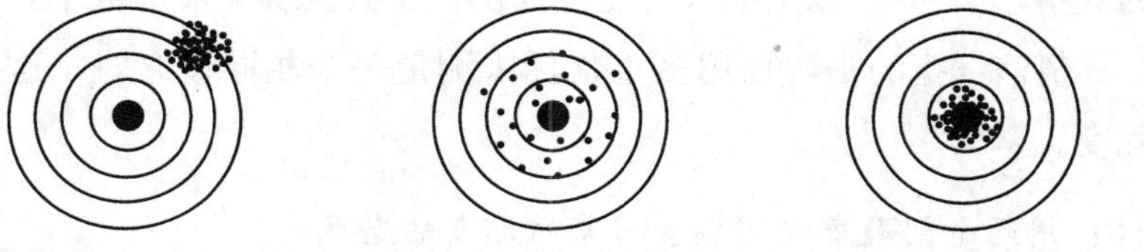

图8-1 信度和效度的比喻

资料来源：巴比．社会研究方法：第10版．邱泽奇，译．北京：华夏出版社，2005：141.

信度和效度的提高在某些特殊的情况下也会产生矛盾。有时候当效度提高时，会比较难以确保信度；相反，有些时候当信度提高时，会导致难以掌握效度。这一现象在某个概念过于抽象、缺乏方便观察的对象的情况下容易出现。当测量目标相当明确、便于观察时，信度最容易达到。

比如，“疏离”是一个抽象且高度主观的概念，是一种陌生、冷漠、孤立无援、与人很疏远的感觉，而且这种感觉经常扩散到个人生活的许多层面，例如社会关系、自我感觉等。如果直接向调查对象询问其在生活中是否有疏离感，调查对象就会从各自的理解出发回答问题，而导致问题的信度很低。如果建立量表来测量，由于“疏离”本身高度主观，难以设置具有效度的量表，因此调查问卷的效度很低。通过问卷中的题目可能可以得出具有信度的测量值，但也有捕捉不到该概念的主观本质的风险。

二、对问卷信度的评估

抽象地说，信度评估就是看用测量相同内容的调查问卷重复测量同一位调查对象，得到研究可接受的误差范围内的研究结果的可能性的大小。就如同使用身高测量仪测量一个人的身高，第一天测量了某人的身高，如果不对身高仪进行调整，那么在第二天的同一时间，用同一台身高测量仪再次测量这个人的身高，结果应该与第一天是相同的，或者两次结果之间的差异在可接受的范围内，如仅相差 0.2 厘米。如果结果相差三四厘米，在正常测量的情况下，很可能是身高测量仪出现了问题，因此该身高测量仪的测量结果不具有信度。

信度又可被分为稳定性信度、代表性信度和等值信度三种类型。稳定性信度指的是，在不同的时间用同一问卷或指标进行测量，获得相同结果的程度。代表性信度指的是，在用同一问卷或指标测量不同的子群体时，会得到该群体在那个概念上的相同结果的程度。比如当直接问一个人的年龄时，不到 20 岁的人可能会倾向于提供超过其真实年龄的数字，而 40 岁以上的人可能会提供低于其真实年龄的数字，这就不具有代表性信度。等值信度指的是，在用多重指标来测量一个相同概念时，这些指标得到相同结果的程度。

例 8-8：用两个问题来询问调查对象对朋友的态度

Q1. 您对您的朋友好不好？

(1) 很好　　(2) 比较好　　(3) 一般　　(4) 不太好　　(5) 很不好

Q2. 您是否愿意在您的朋友非常需要您帮助的时候提供帮助？

(1) 很愿意　　(2) 比较愿意　　(3) 一般　　(4) 不太愿意　　(5) 很不愿意

如果调查对象对两个问题的回答差异很大，如第一题选择的是对自己的朋友很好，但是第二题选择的是不太愿意帮助朋友，那么这两道题对于调查对象对朋友态度的测量就不具有等值信度。

(一) 测量信度的具体方法

那么如何才能测量问卷的信度呢？下面将介绍四种常用的信度评估方法。

1. 重测信度法

假定在一定时间内，同一批调查对象的某方面的状况没有改变，研究者可以通过对每个调查对象用同一份问卷在不同时间进行两次测量，再对两次测量的结果做相关分析或差异的显著性检验，来评价问卷信度的高低。相关系数越接近 1 或者差异越小，问卷的信度就越高。

使用这种方法测量问卷的信度需要注意以下问题。首先，测量结果与两次测量的时间间隔有关，间隔时间的长短难以把握。在通常情况下，时间间隔越长，受周围环境的影响越大，两次测量得到的相关系数越小；如果时间间隔过短，那么调查对象可能会受记忆的影响，第二次阅读、思考题干的时候可能不会再像第一次那样进行判断或回忆，而会直接填写第一次调查所填写的答案。其次，第一次调查可能会对调查对象产生影响，使得第二次测量结果的不同不是源于信度过低，而是源于真实情况发生了改变。

例 8-9：关于父母照料儿童的问题

上个月，您是否抽出过专门的时间陪伴您的子女？

（1）是　　　　　　（2）否

在第一次调查的时候，调查对象可能之前并没有考虑到要抽出专门的时间来陪伴和关心子女，选择的是第二项“否”。而在接受调查之后，调查对象可能意识到自己对于子女的关心不够、陪伴的时间不够多，因此开始注意抽出专门的时间陪子女出游、跟子女谈心。那么，在第二次接受调查的时候，调查对象由于实际状况已经发生了改变，所以在填答问卷时选择的是第一项“是”。因此，前后两次调查结果的差异并不源于问卷的信度不够，而是源于第一次调查对调查对象的行为、心理产生了影响，从而导致第二次填答的结果不同。

另外，还存在对于这种方法本身假设的质疑，即这种方法假定调查对象的状况没有改变而重复进行测量。这一假定或前提条件过强，调查对象的真实状况即使不受第一次填答问卷的影响，也很有可能在两次填答间隔内发生变化。

2. 复本信度法

复本指的是根据相同的设计说明，分别独立编制的两套平行问卷，也就是具体题目不同但是目标相同、内容相近的两份等价问卷。两套平行问卷可以让同一位调查对象先后填写，其所得分数的相关系数可以被用来评估问卷的信度。复本信度的高低反映了两套互为复本的问卷等价的程度，而不是反映一套问卷本身受随机误差影响的大小。

复本信度法虽然解决了重测信度法中调查对象状况可能发生改变的问题和记忆效应，但是这个方法仍有缺陷。首先，构造两份等价的问卷费时费力，并且很难保证这两份问卷之间是完全等价的。其次，测量的内容很容易受练习的影响，复本信度也很难克服练习效应。

研究者如果能够测量重测复本信度，也就是在不同的时间里进行两个等值的复本测验，那么得到的问卷的信度（相关系数）比单一的重测信度或复本信度都更加准确、可信。

3. 折半信度法

这种方法主要适用于评估一些问卷的测量项目的内部一致性。当问卷没有复本而且测量不可避免地会受到时间的影响而只能测量一次时，研究者也可以用这种方法。

使用折半信度法评估问卷的具体操作过程是：在调查阶段使用原有的问卷进行调查，当调查完成后，在进行信度测量阶段，将问卷内的题分开（例如按奇偶数来将题分为两类），各作为题数相等的一套问卷，分别求出两套题目的总分，然后再计算两套题总分的相关系数①。这两者的相关系数越高，则说明问卷的折半信度越高。

在应用这种方法时，研究者需要注意，用于计算相关系数的两半问卷应该测量的是同一种特质，也就是说，对于那些在结构上多维的问卷，研究者需要分别计算各个维度内部的折半信度来评估该维度上题目的信度。

例如，测量员工工作满意度的量表就是一种多维结构，包括在工作中对能力的发挥、工作成就感、个人提升、公司政策和实践、薪酬满意度、同事关系、创造性的发挥、公司福利等，研究者需要对每个维度分别进行测量，最后加总得到综合的满意度评价。但是，这些维度考察的是不同的方面，是比较独立的，因此，在包含各个维度的整个量表内部考察一致性是不适宜的，研究者需要分别计算每个维度的折半的相关系数，考察该维度的问题的信度。

4. 同质性信度法

同质性信度法②也称内部一致性信度法，是考察问卷中所有具有同样特质的题目间的一致性。折半信度法是求问卷两部分之间的一致性，因此折半信度实际上是同质性信度的一种，可以作为同质性信度的粗略估计指标。

研究者在对问卷的同质性信度进行测量前，需要检查问卷中的每个问题是否都是同方向的，即题目间的相关系数是否是正向的，如果有的题目测量的内容与其他题目

---

① 对问卷的题目折半会造成对整个问卷信度的低估，为此研究者需要对折半信度进行校正。

当两部分调查结果的得分方差相等时，使用的校正公式为斯皮尔曼-布朗（Spearman-Brown）公式：$R=\frac{nR_{ab}}{1+(n-1)R_{ab}}$（其中，$R$ 为校正后的折半信度，R_{ab} 为问卷两部分之间的相关系数，n 为原问卷相对于拆分后的问卷的长度的倍数，折半信度的 $n=2$）。

当两部分结果的得分方差不相等时，使用的校正公式为弗拉纳根（Flanagan）公式：$R=\frac{4R_{nm}\sigma_a\sigma_b}{(\sigma_a^2+\sigma_b^2+2R_{nm}\sigma_a\sigma_b)}$。（其中，$R$ 为校正后的折半信度，σ_a 和 σ_b 分别表示这两部分问卷的测量结果的标准差）。

② 同质性信度法采用克伦巴赫（Cronbach）alpha 系数来评估，系数取值在 0 到 1 之间。一般来说，克伦巴赫 alpha 系数如果不超过 0.6，则问卷的同质性信度不高，达到 0.7～0.8 时则表明问卷具有相当的信度，如果问卷的克伦巴赫 alpha 系数在 0.8 以上，那么问卷的信度非常好，具有极高的使用价值。克伦巴赫 alpha 系数越高，问卷的同质性越好，信度越高。

克伦巴赫 alpha 系数：$\alpha=\frac{n}{n-1}\left(1-\frac{\sum_{i=1}^{n}S_i^2}{S_x^2}\right)$（其中，$n$ 为问卷的题目数量，S_i^2 为调查对象在第 i 题得分的方差，S_x^2 为调查对象问卷总得分的方差）。

的方向是相反的，就应当先将这道题的得分反向，再计算问卷的信度。

例 8-10：用量表来测量婚姻关系时，有以下问题：

		完全不符	比较不符	一般	比较符合	完全符合
1	我佩服我的爱人	1	2	3	4	5
2	我对婚姻十分满意	1	2	3	4	5
3	我和爱人做事默契	1	2	3	4	5
4	我和爱人经常吵架	1	2	3	4	5
5	我和爱人意见一致	1	2	3	4	5
6	我和爱人思想情感沟通顺畅	1	2	3	4	5
7	爱人时常因他（她）自己的问题而责怪我	1	2	3	4	5

在研究者用通过该量表得到的调查数据结果计算同质性信度前，由于第 4 题和第 7 题的题干与其他题目是反方向的，所以研究者需要对这两道题的数值进行反向处理，将结果为“1”的改成“5”，结果为“2”的改成“4”，以此类推之后，再评估量表的信度。

（二）提高信度的常用方法

常见的影响信度的因素有：问卷的长度、题目的难度、答卷的时间、测验的程序步骤等。因此，针对这些影响因素，问卷信度的提高有以下几种常用方法。

1. 用多重指标来测量一个变量

研究者可以通过对某一概念的不同层面进行测量，在各个层面建立其自己的指标，来降低误差的影响。研究者如果担心一个指标不够全面，可以使用多个指标，这样就不太可能出现同样的缺陷，而且会比使用一个指标更加稳定。对于某些经常需要测量的内容，研究者可以借鉴现有的成熟量表，这些量表一般来说已经过多次实践检验，具有较高的信度，并且成熟量表的使用者比较多，也方便今后与其他调查的结果进行比较。

例如，对于员工工作满意度的测量，就已经有较为权威和常用的明尼苏达满意度量表（Minnesota Satisfaction Questionnaire，MSQ）。该量表分为长式量表（共 21 个分量表，120 道题）和短式量表（共 3 个分量表，20 道题），可以被用来测量员工的内在满意度（intrinsic satisfaction）、外在满意度（extrinsic satisfaction）和一般满意度（general satisfaction）。由于长式量表题目过多，员工如没有足够的耐心和细心填答量表，就会影响测量的结果，因此调查大多采用短式量表。

例 8-11：明尼苏达满意度短式量表（MSQ 1977 Short Form）

1=对我工作的这一方面非常不满意；

2=对我工作的这一方面不满意；

3=不能确定对我工作的这一方面是满意还是不满意；

4=对我工作的这一方面满意；

5=对我工作的这一方面非常满意。

您对工作这一方面的满意度如何？	非常满意	满意	一般	不满意	非常不满意
1. 能够一直保持忙碌的状态	5	4	3	2	1
2. 独立工作的机会	5	4	3	2	1
3. 时不时地做一些不同事情的机会	5	4	3	2	1
4. 在团体中成为重要角色的机会	5	4	3	2	1
5. 我的老板对待他/她的下属的方式	5	4	3	2	1
6. 我的上司做决策的能力	5	4	3	2	1
7. 能够做一些不违背我良心的事情	5	4	3	2	1
8. 我的工作的稳定性	5	4	3	2	1
9. 能够为其他人做些事情的机会	5	4	3	2	1
10. 告诉他人该做些什么的机会	5	4	3	2	1
11. 能够充分发挥我能力的机会	5	4	3	2	1
12. 公司政策实施的方式	5	4	3	2	1
13. 我的收入与我的工作量	5	4	3	2	1
14. 职位晋升的机会	5	4	3	2	1
15. 能自己做出判断的自由	5	4	3	2	1
16. 自主决定如何完成工作的机会	5	4	3	2	1
17. 工作条件	5	4	3	2	1
18. 同事之间相处的方式	5	4	3	2	1
19. 工作表现出色时，所获得的奖励	5	4	3	2	1
20. 能够从工作中获得的成就感	5	4	3	2	1

其中，1～4 题、7～11 题、15～16 题和 20 题构成了内在满意度分量表，5～6 题、12～14 题和 19 题构成了外在满意度分量表，两者相结合测量的是一般满意度。经过多次测验，明尼苏达满意度短式量表的内在满意度分量表的克伦巴赫 alpha 系数为0.82～0.86，外在满意度分量表的克伦巴赫 alpha 系数为 0.70～0.82，完整量表（一般满意度量表）的克伦巴赫 alpha 系数为 0.85～0.91。该量表的克伦巴赫 alpha 系数很高，一般可以不用再次测验，不过如果要将该量表用到中国的情境中，研究者最好重新对其进行测验。

但是，研究者在使用已有成熟量表的时候，需要具体问题具体分析，注意实际应用的对象差异性、地区差异性和时代变化性等。例如，在应用明尼苏达满意度短式量表测量员工的工作满意度时，如果测量对象是流水线上的普通工人，那么有关“告诉他人该做些什么的机会”的问题可能就不是测量其工作满意度的合适的问题。

2. 适当增加问卷的长度

在其他条件相同的情况下，假定调查对象回答前后题目的感受和心态是相同的，那么用于测验的问卷越长、题目越多，信度越高。其原因在于：问卷越长，其内容取样就越有可能有代表性，而且在一定程度上排除了偶然因素的影响。但是，这一点是建立在调查对象在回答问卷前面的问题和回答后面的问题时所具有的耐心和仔细程度是相同的这一假设的基础上的。而在真实情况下，问卷长度的增加与信度的提高并不成正比。因为，问卷长度的增加，会使得调查对象回答问题的时间增加，调查过程被打断的风险加大，由调查对象不耐烦导致的注意力不集中、出现错误的可能性提高，反而增加了调查时可能碰到的偶然因素。因此，当问卷信度较低时，适当延长问卷的长度，问卷信度提高得较明显；当问卷本身的信度较高时，增加问卷长度对信度的提高作用比较小。

3. 问卷题目的难度要适中，要有区分度

这一点对知识测验、智力测验的问卷而言极为重要。如果问卷题目难度过大，调查对象的得分会集中在低分区；如果题目过于简单，调查对象的得分则集中在高分区。这两种情况都使得分数的差异减小、范围变窄。特别是当题目过难时，调查对象可能会随意、胡乱作答，从而降低问卷的信度和效度。

在针对一般居民的有关食品卫生安全问题的知识测试中，包含不常见的专业名词、化学名词的题目就不应当大量出现，如例 8-12 的错误示范。

例 8-12：有关食品卫生安全问题的知识测试

Q1. 食用没有煮熟的四季豆导致中毒的原因是什么？

（1）含有皂素　　（2）含有秋水仙碱　　（3）含有龙葵素

Q2. 下列哪类物质属于必需脂肪酸？

（1）牛磺酸　　（2）棕榈酸　　（3）油酸　　（4）α-亚油酸

这类测试的目的往往是了解一般居民对食品卫生安全问题的掌握情况，并非专业的食品化学知识测验。因此，题目中不常见专业术语的增加反而会使调查对象在答题时感到困惑或由于看不懂的内容太多而不耐烦。

4. 调查的时间要充分

一份问卷应该保证绝大多数调查对象在规定时间内能完成问题的填答。如果时间过短，调查对象就不能认真、从容地填答所有的题目。在受到催促的情况下填答问卷，调查对象会由于紧张或焦急而不仔细看问题就直接圈选答案，因此问卷的结果不能反映调查对象的真实情况。如果大部分调查对象都不是在认真填答的情况下完成问卷的，那么问卷的信度与效度将同时受到影响，最终数据统计的结果就不能反映真实情况，反而会对研究者了解实际情况产生误导。

5. 问卷调查的程序要统一

在调查过程中，研究者除了要保证每份问卷的题目一样外，还要做到整个调查过程，包括指导语、答题的方式（是问答式的还是自填式的）、发放和回收问卷的方法，以及调查的时间长短都要统一，这是保证问卷信度的重要条件。

例如，一份自填式知识测验类问卷，如果包含A卷（选择题）和B卷（填空题），分别要求调查对象在10分钟和5分钟内完成，那么在不同地点进行的问卷的发放和回收方法都应该相同，即在A卷发放出去10分钟之后回收，然后再发放B卷，在5分钟之后回收。在不同地方、不同时间进行这一问卷填答时，研究者都应该遵循这一过程，不能为了贪图方便而在有的时候将A、B卷同时发放，在15分钟之后再一同回收问卷。

6. 测验的时间间隔要适当

这一因素只对重测信度和在不同时间测量的复本信度有影响，其余的信度测量不存在时间间隔问题。两次测量的时间间隔过长，真实状况在间隔期间发生改变，会导致问卷答案的差异，但这种差异不能说明问卷信度低；两次测量的时间间隔过短，调查对象会受到记忆的影响，在第二次作答的时候为了使自己的答案看起来一致而偏向于选择第一次的选项，这种一致也并不能说明问卷具有较高的信度。

但是，问卷光有信度是不够的。就如同一台运作良好的身高测量仪，测量一个穿了5厘米高的鞋子的人的身高，虽然前后两次测量出来的结果相同，测量具有信度，但这并没有反映真实情况，只是重复了错误而已。进行问卷调查的目的就是准确反映调查对象的真实状况，因此问卷还需要具备有效性和正确性，即问卷要有效度。

三、对问卷效度的评估

问卷调查的目的就是获得高效度的测量和结论，效度越高，说明该问卷的调查结果越能达到问卷调查的目的。

对问卷效度的测量要考虑两个方面的问题：问卷测量的目的和问卷对测量目标的精确度和真实性要求。鉴别效度须明确测量的目的与范围，考虑所要测量的内容并分析其性质与特征，检查测量的内容是否与测量的目的相符，进而判断测量结果对所要测量的特质的反映程度。

从性质看，效度是一个具有相对性、连续性和间接性的概念。效度的相对性是指，任何问卷的效度都是对一定的目标来说的，只有将问卷用于与问卷调查的目标一致的调查对象的时候，对其效度的评估才有意义，因此，在评估效度时必须考虑调查的目的。效度的连续性是指，问卷的效度只有程度上的不同，而没有“完全有”或“完全没有”的差异。效度的间接性是指，效度不是可以被直接测量得到的，而是从已有的证据推理而来的。

（一）评估效度的具体方法

常见的效度类型包括表面效度、内容效度、结构效度和效标效度，下面将对这些效度及其对应的检验方法进行介绍。

1. 表面效度

表面效度是最容易达到，也是最基本的效度类型。其考察的问题是：从表面上看，某个指标是否确实能够测量某个概念？一般人会认为对该问题的测量与对这一问题的定义相符吗？比如，对于大学生的数学能力，很少人会用 10 以内的加减乘除来测量，因为，人们仅靠常识就能知道，这不是一个对大学阶段的人的数学能力的有效测量工具。再如，针对未婚者的幸福感的考察，就不可能在问卷中添加有关婚姻关系的测量题目，因为未婚者根本就没有经历过婚姻，因此不可能对其在婚姻中的感受给出回答。

对于表面效度的主要考察方法是逻辑分析法，也称专家法，一般是请相关领域的研究者或专家评判问卷的题目是否符合测量的目的和要求，是否很好地代表了想要测量的内容。数学运算能力测试不能只限于加法，还应有减法、乘法、除法，对于学过高等数学的大学生来说还有微积分、线性代数等。对于未婚者幸福感的考察，可以从与父母长辈的关系、与同学或同事间的相处等方面进行。

2. 内容效度

内容效度也称内在效度或逻辑效度，实际上是表面效度的一种特殊类型，指的是调查问卷的问题与调查目标之间是否契合，也就是指调查问卷所选择的问题是否完全符合调查的目的和要求。

比如要测量一个大学生的数学能力，如果目标是测量其初等数学的水平，那么测试应该包括研究空间形式的几何学和研究数学关系的代数学；但是如果目标是测量其高等数学的水平，那么测试应该包括解析几何、线性代数、微积分、概率论与数理统计等方面。这里所要考虑的内容效度就比表面效度更进一步，除了考虑到大学生的数学水平不应该用简单的 10 以内的加减乘除来测量外，还考虑到调查目标、研究内容的内在需要，即到底是测量大学生的初等数学水平还是测量其对高等数学的掌握程度。

对问卷的内容效度的评价主要依赖研究者的经验判断，研究者一般要考虑三个方面的问题：首先是问卷所测量的方面是否真的需要测量，其次是问卷所包含的问题是否覆盖了需要测量的各个方面，最后是问卷题目所涵盖维度的构成比例是否恰当。例如，要对某个人的生活习惯进行调查，研究者在覆盖了有关饮食结构、吸烟、喝酒和锻炼等方面后，还要注意合理地设置各个维度的题目的数量，不能在吸烟习惯方面设置较为详尽的题目（询问了过去是否吸烟、过去平均每日吸烟数，以及现在是否吸烟、现在平均每日吸烟数），而对喝酒的习惯只用“平时是否喝酒”这一题目来进行测量。

3. 结构效度

结构效度也被称为建构效度，是指调查问卷对某一特质或者理论概念进行测量的程度，其关心的问题是问卷在实际上能否证实或解释某一理论的假设、术语或概念。如果研究者能够根据理论的假设设计问卷，并通过该问卷测量得到调查对象的实际分数，同时利用因子分析等方法，得出问卷能够有效地解释调查对象的该项特质的结论，那么问卷就有较好的结构效度。

对于研究者来说，确定问卷的结构效度可以用下面几种方法。

一是在确定问卷的内容效度的同时，评估结构效度。由于有些问卷对所测内容或行为范围的定义和解释类似于对理论概念的解释，因此内容效度高的问卷，其结构效度也较高。

例如，要研究有关夫妻婚姻幸福度的问题，研究者为婚姻幸福度这一主要测量内容构建了量表并且要评估其效度。如果有理论认为，与婚姻幸福度较低的夫妻相比，婚姻幸福度较高的夫妻不太可能欺骗对方，那么研究者就应当将是否欺骗伴侣的问题放入对婚姻幸福度的测量中。如果婚姻幸福度测量正如预期的那样，与是否欺骗伴侣有关，那么这道题目就具有内容效度和结构效度。但是，如果调查的结果显示，夫妻无论其婚姻幸福度高低都存在欺骗伴侣（包括善意的谎言）的情况，那么这道题目的内容效度和结构效度就值得讨论了，或者研究者可以增加问题，以更进一步地对欺骗的频率进行考察。

二是采用趋同效度法，也即相容效度法，就是考察新编制的问卷与某个已知的能有效测量相同特质的调查或问卷之间的相关系数。如果两者相关程度较高，就说明新的问卷有较高的效度。例如，某公司要测量员工的满意度，希望用自己设计的更符合公司特点的员工满意度问卷，但是不知道问卷的效度如何，该公司就可以同时用新设计的问卷和权威的、常用的问卷（如明尼苏达满意度量表）对员工的满意度进行测量，然后对两份问卷测量的结果进行相关分析。如果相关程度高，那么新设计的问卷具有较高的效度。又如，想要知道某人的受教育程度，如果通过直接询问本人得知的最高学历与查阅学校记录得知的并不相同，比如，调查对象声称自己具有高中学历，其自报的毕业学校却没有该调查对象的学习记录，那么这一调查的效度就很低。

三是采用区别效度法，它是指对同一个概念加以测量的多个指标不但会产生一致的结果，而且在测量相反的概念时，会得到相反的结果。研究者如果能同时运用趋同效度法和区别效度法，那么对于问卷的效度将更有把握。例如，研究者想要测量大众对婚前性行为的看法。如果问卷中有10道测量对婚前性行为持保守态度的题目，结果调查对象对这10题的回答结果都相近，那么问卷具有趋同效度；如果在同一份问卷中又加入10道测量对婚前性行为持开放态度的题目，持保守态度的测量题目会得到一致的结果，而且与持开放态度的测量题目都呈负相关，那么持保守态度的测量题目就具有区别效度。

四是利用因子分析来考察问卷的结构效度。因子分析的主要功能是从问卷的全部变量中提取一些公因子，各公因子分别与某一群体的特性高度关联，这些公因子即代表了问卷的基本结构。通过因子分析，研究者可以考察问卷能否测量出研究者设计问卷时假设的某种结构。

考察问卷的结构效度的最大作用是可以用来验证假设，但其也有明显的局限性，特别是当调查结果不能验证原来的概念或假设时，研究者不能确定是理论有错误，还是调查问卷本身缺乏内容效度，不能够有效地测量想要测量的目标，抑或是问卷缺乏结构效度，在问卷设计上存在问题。

4. 效标效度

效标效度又称准则效度，是指通过问卷得到的数据和其他被选择的某种外部参照变量的值的关联程度。这种外部参照变量又被称为效标，是常用的一种公认比较可靠或权威的测验结果，其与所得问卷测量结果的相关系数越高，问卷的效度就越高。效标效度实际上就是用一种已知的有效标准去检验另一个新的测验的有效性。

根据时间跨度的不同，效标效度可以被分为同时效度和预测效度。同时效度是指效标结果与问卷结果是可以同时得到的，例如对研究生入学考试卷的效度的考察可以用学生在大学期间的成绩做效标。预测效度是指测验分数和相对应的未来某项特质的相关程度。例如，大学的入学英语分级考试的作用就是调查不同学生现有的英语水平，预测学生未来的英语学习能力，以根据学生英语学习能力的不同来确定其能适应的英语教学的难度，因此，如要检验某入学英语考试的预测效度，可用参加该次考试的学生的第一学年的平均英语成绩作为效标分数，然后计算这批学生的入学英语成绩与效标分数的相关系数。相关系数越高，则说明入学英语考试的预测效度越高。

问卷效标效度的评估方法常用的有相关法和区分法两种。相关法，就是求出调查问卷分数与效标之间的相关系数，所得的结果就是效标效度。区分法，就是检验调查问卷的结果能否有效地实现将目标群体从其他群体中区分出来，这一区分结果应当同根据效标将目标群体从其他群体中区分出来的结果相同。比如，研究者可以先用效标区分出两组不同的群体，再依据这一区分来计算调查结果的 t 值，用来检验问卷分数的差异是否显著，若差异显著，说明该问卷能够有效地区分由效标定义的群体，如果差异不显著，那么问卷就不具有效标效度。研究者也可以先依据效标区分出两组不同的群体，再通过计算两组问卷答案分布的共同区的百分比来判断，重叠越多，说明按效标划分的不同群体的分数差异越小，即调查问卷的效标效度越差。

（二）影响效度的因素

所有与测量目的无关而又会带来误差的因素都会影响问卷调查的效度，有些因素的影响较为明显，有些因素的影响却不易察觉。影响调查的效度的因素有调查本身、样本的性质、效标的性质等。

1. 调查本身

问卷的指导语不明确、问题的编制不符合调查目的或者调查环境太差等，都会影响问卷的效度。比如在询问一名女性与公公婆婆的关系的时候，如果她的公公婆婆就坐在边上，这名女性可能就不愿意透露其与公公婆婆之间的矛盾，回答的结果可能就不能反映真实的状况。因此，严格地按照问卷编制的原则设计问卷，并且在调查过程中尽量避免外来因素的影响对提高问卷的效度尤为重要。

例如，要测试大学生的英语听力水平，就需要测试的环境较为安静。嘈杂的环境会让学生听不清听力录音的内容，而被迫随意选择答案选项或回答问题。在这种情况下，测试并不能真实地测量调查对象的英语听力水平，因为无论各个学生实际的英语水平差异有多大，在进行测试的时候都遭到了干扰，正确率都很低。即便听力水平较高的学生也会因为听不清听力录音的内容而随意选择答案选项，因此测试不具有效度。

2. 样本的性质

同一份问卷对于不同样本群体的效度有很大的不同，因此在做效度分析时，研究者必须选取具有代表性的被调查群体。例如对于女性曾怀孕次数的调查，女性本人所提供的信息将明显优于其丈夫所提供的信息，即将该问题用于询问女性将更加有效度。

此外，样本群体的异质性对于测验效度而言是非常重要的。如果其他条件相同，样本在需要调查的方面的共同点越多、越同质，问卷填答结果的分布范围就越小，问卷的效度就越低；样本内部异质程度越高，结果的分布范围越大，通过问卷调查能够获得的信息越多，问卷的效度就越高。效度群体的性质包括年龄、性别、受教育程度、智力水平、职业等，研究者根据这些性质可以区分出不同的群体，使问卷对某一性质下的不同群体具有预测能力。例如，一项针对大学生的恋爱行为和恋爱观的调查，就需要样本在大一至大四各个年级都有分布。如果样本都集中在低年级组，那么很有可能大部分填答问卷的学生没有什么恋爱经历，导致调查结果无法反映大学生群体的真实情况。

3. 效标的性质

在衡量效标效度的时候要注意，效标的可靠性以及效标与问卷的相关性也会影响问卷效度，因此在对问卷的效标效度进行考察的时候，对于效标的选择要格外慎重。

（三）提高效度的常用方法

针对影响问卷效度的可能因素，有以下几种方法可以提高问卷的效度。

第一，要明确调查的目的和通过问题所想要得到的信息。问卷内容要符合调查的目的，问题要清楚明了、方便理解，题目的难度和区分度要合适。

例 8－13：一项对老年人健康状况的调查要了解老年人的认知能力，研究者在调查时可以询问以下问题：

Q1－1 我现在说三样东西的名称： 桌子，苹果，衣服 请您按顺序重复这些东西的名称：	**第一次回答正确的有（对每一样东西的回答单选）：**	
桌子	1. 对　0. 错　8. 无法回答	□
苹果	1. 对　0. 错　8. 无法回答	□
衣服	1. 对　0. 错　8. 无法回答	□
注：若老人第一次回答有错，需向老人重复上述三样东西的名称并请老人重复，直到完全正确为止（最多可重复6次，若重复6次仍不正确填7）。		
Q1－2 重复次数（第一次完全正确填0）。	________次	□

而如果调查是针对普通成年人（青壮年）进行的，就不适合用例 8－13 中的题目。

第二，题目和指导语不要有暗示性，如果是知识测试类的问卷，问题答案的措辞和安排就要合理，不能让调查对象可以容易地猜到标准答案或研究者倾向的答案。在市场调查中，例 8－14 的暗示性就比较明显。

例 8－14：很多顾客说 A 牌微波炉比 B 牌微波炉的质量要好，您是不是也这样认为？

(1) 是　　　　　　　　(2) 不是　　　　　　　　(3) 不清楚

还有一些问题的暗示性不是很明显，但是仍然会诱导调查对象选择某个选项，如例 8-15 所示。

例 8-15： A 厂商的售后服务要在顾客反映问题后的两周才能够答复，您对此事的看法如何？

(1) 满意　　　　　　　　(2) 不满意　　　　　　　　(3) 无所谓

第三，样本的选择和调查时的情况也会影响问卷的效度。要选择具有代表性的样本，样本异质程度越大，通过调查所能得到的信息越多，问卷的效度就会越高。在调查过程中，研究者还要重视调查问卷的回收率和问卷的质量，尽量保证足够多的有效样本规模。

第四，对于效标的选择要格外谨慎，认清并排除会混淆或威胁调查结果的无关干扰变量。

第五，适当增加问卷的长度，对于提高问卷的效度也会产生有利影响。因为问卷的题目数量的增加能够使得测量更加接近想要的结果，受到可能导致误差的因素的影响变小。但问卷长度的增加对信度的影响更加明显。

在过去的各种类型的问卷调查中，有不少信度或效度比较低的问题。为了能够追踪变化或将新的调查结果与以往的研究结果进行比较，研究者在后续的调查中保留过去曾用过的某些问题无可厚非。然而，如果研究者在问卷中反复使用这些可能存在低信度或低效度的问题进行测量，无论这些问题的使用历史有多长，都会使研究停滞不前。从长远的角度看，使用一份经过系统的评估并且符合高信度和高效度标准的调查问卷，才能搜集到真实、有用的资料，才能促成一项有意义的研究。当然，从实践的观点看，一份好的问卷除了要有足够的信度和效度外，还应该具备实用性，即问卷调查的经济性。如果问卷本身的信度和效度已经很高了，那么再增加问卷的长度只能略微提高问卷的信度和效度，但会耗费大量的财力和调查时间，这时研究者就没有必要再增加问卷的长度了。

小结

◇ 常用的评估问卷的综合性方法有专题小组讨论、深度访谈以及预调查三种。预调查的样本选取通常不需要经过严格的抽样过程，一般采用针对目标群体的小规模问卷调查的形式进行，但是对于样本的选择仍然要尽量覆盖各类目标群体。

◇ 在借用已有的问卷问题或成熟量表的时候，研究者需要具体问题具体分析，注意实际调查的对象差异性、地区差异性和时代变化性等。

◇ 调查问卷的信度即可靠性，是指采用同样的问卷调查方法对同一对象进行调查时，其结果的稳定性和一致性，即问题或量表能否稳定地测量所测变量。效度，即测量工具或手段的有效性和正确性，在问卷调查中是指问卷能够准确测出所需测量的事物的程度。

思考题

1. 采用深度访谈法来对问卷进行评估的优点和缺点分别有哪些？
2. 问卷的信度和效度之间存在什么关系？
3. 请列举几种提高问卷问题的信度的常用方法。

附录

问卷示例

一、2005 年全国 1%人口抽样调查问卷（表格）

调查对象：

本调查小区全部人口，包括：

1. 2005 年 10 月 31 日晚居住在本调查小区的人
2. 户口在本户，2005 年 10 月 31 日晚未居住在本户的人

本户地址：　　　　县（市、区）　　　　乡（镇、街道）　　　　村（居）委会　　　　调查小区

H1.户编号	H2.户别	H3.本户应登记人数	
________号 □□□	1.家庭户 2.集体户 □	2005年10月31日晚居住在本户的人数：______人 □□	户口在本户，2005年10月31日晚未居住在本户的人数：______人 □□
H4.本户2004年11月1日至2005年10月31日出生人口	H5.本户2004年11月1日至2005年10月31日死亡人口	H6.住房用途	H7.建筑层数
男______人 女______人 □ ¦ □	男______人 女______人 □ ¦ □	1.生活住房 2.兼作生产经营用房 3.无住房（结束） □	1. 平房 2. 六层及以下楼房 3. 七层及以上楼房 □
H8.本座住宅建筑结构	H9.本座住宅建成时间	H10.住房间数	H11.住房建筑面积
1.钢筋混凝土结构 2.混合结构 3.砖木结构 4.木、竹、草结构 5.其他结构 □	________年 □□□□	________间 □□	________平方米 □□□

H12.本住房中是否有其他合住户	H13.是否饮用自来水	H14.住房内有无厨房	H15.主要炊事燃料	H16.住房内有无厕所
1.是 2.否	1.是 2.否	1.本户独立使用 2.本户与其他户合用 3.无	1.燃气 2.电 3.煤炭 4.柴草 5.其他	1.独立使用抽水式 2.邻居合用抽水式 3.独立使用其他式样 4.邻居合用其他式样 5.无

H17.住房内有无洗澡设施	H18.住房来源	H19.购建住房费用	H20.月租房费用
1.统一供热水 2.家庭自装热水器 3.其他 4.无	1.自建住房 2.购买商品房 3.购买经济适用房 4.购买原公有住房 5.租赁公有住房 } H20 6.租赁商品住房 } H20 7.其他（结束）	________万 ________千元 （结束）	________元

个人项目表：　　每个人都填报

R1.姓名	R2.与户主关系	R3.性别	R4.出生年月	R5.民族
姓________ 名________ 0 1	0.户主 1.配偶 2.子女 3.父母 4.岳父母或公婆 5.祖父母 6.媳婿 7.孙子女 8.兄弟姐妹 9.其他	1.男 2.女	（________周岁） 出生于： ________年 ________月	________族

R6.户口登记地情况	R7.调查时点居住地	R8.离开户口登记地时间
1.本乡(镇、街道) 2.本县(市、区)其他乡(镇、街道) 3.其他县（市、区）： ________省（市、自治区） ________市（地） ________县（市、区） 4.户口待定→R12	1.本调查小区 2.本乡(镇、街道)其他调查小区 3.本县(市、区)其他乡(镇、街道) 4.其他县（市、区）： ________省（市、自治区） ________市（地） ________县（市、区） 5.国外	1.没有离开户口登记地→R11 2.半年以下 3.半年至一年 4.一年至二年 5.二年至三年 6.三年至四年 7.四年至五年 8.五年至六年 9.六年以上 （3~9：R7圈3~5，结束）

R9.离开户口登记地的原因	R10.户口登记地类型	R11.户口性质	R12.有几个兄弟姐妹	R13.身体健康状况
01.务工经商 02.工作调动 03.分配录用 04.学习培训 05.拆迁搬家 06.婚姻嫁娶 07.随迁家属 08.投亲靠友 09.寄挂户口 10.出差 11.其他	1.乡 2.镇的居委会 3.镇的村委会 4.街道	1.农业 2.非农业	（30周岁及以下人填报） 兄弟________人 姐妹________人	1.身体健康 2.基本能保证正常的生活工作 3.不能正常工作或生活不能自理 4.说不准

1周岁及以上人填报	5周岁及以上人填报	6周岁及以上人填报		
R14.一年前常住地	R15.五年前常住地	R16.是否识字	R17.受教育程度	R18.学业完成情况
2004年11月1日常住地： 1.省内 2.省外 ______省	2000年11月1日常住地： 1.省内 2.省外 ______省	1.是 2.否	1.未上过学→R19 2.小学 3.初中 4.高中 5.大学专科 6.大学本科 7.研究生及以上	1.在校 2.毕业 3.肄业 4.辍学 5.其他

15周岁及以上人填报				
R19.上周工作情况	R20.行业	R21.职业	R22.上周工作的单位或工作类型	R23.就业身份
10月25—31日是否为取得收入而从事了一小时以上的劳动： 1.是 上周工作时间： __________小时 2.在职休假、学习、临时停工或季节性歇业未工作 3.未做任何工作→R26	填写单位的完整名称： ________________ 填写单位生产的主要产品或从事的主要业务： ________________	填写个人所做工作的具体内容：	1.土地承包者→R25 2.机关团体事业单位 3.国有及国有控股企业 4.集体企业 5.个体工商户 6.私营企业 7.其他类型单位 8.其他	1.雇员 2.雇主 3.自营劳动者 4.家庭帮工 （2—4）→R25

R24.签订劳动合同情况	R25.收入情况	R26.上周未工作原因	R27.三个月内是否找过工作	R28.能否工作
1.已签固定期合同 期限_________个月 2.已签无固定期（长期）合同 3.未签订劳动合同	上个月的月收入（或按年收入折算）是 _________元 →R29	1.在校学习→R30 2.丧失劳动能力→R29 3.离退休 4.料理家务 5.毕业后未工作 6.因单位原因失去原工作 7.因本人原因失去原工作 8.承包土地被征用 9.其他	1.在职业介绍机构求职 2.委托亲友找工作 3.参加招聘会 4.应答或刊登广告 5.为自己经营做准备 6.其他工作 7.未找过工作	如有工作机会能否在两周内开始工作 1.能 连续未工作时间： ______个月 2.不能

R29.参加社会保险情况			R30.主要生活来源	R31.婚姻状况	R32.初婚年龄
失业保险 1.参加 2.未参加	基本养老保险 1.参加 2.未参加	基本医疗保险 1.参加 2.未参加	1.劳动收入 2.离退休金、养老金 3.失业保险金 4.最低生活保障金 5.下岗生活费 6.内退生活费 7.财产性收入 8.家庭其他成员供养 9.其他	1.未婚（结束） 2.初婚有配偶 3.再婚有配偶 4.离婚 5.丧偶	（______周岁） ______年 _______月

<table>
<tr><td colspan="2">15至64周岁妇女填报</td><td colspan="2">15至50周岁妇女填报</td></tr>
<tr><td>R33.生育子女数</td><td>R34.存活子女数</td><td colspan="2">R35.2004年11月1日至2005年10月31日的生育状况</td></tr>
<tr><td>生育过：
男______人
女______人</td><td>现在存活：
男______人
女______人</td><td>1.未生育（结束）
2.有生育
生育时间是：______月
婴儿性别：1.男
2.女</td><td>（生育两个以上孩子的第二个孩子的状况）
生育时间是：______月
婴儿性别：1.男
2.女</td></tr>
<tr><td>□ ┆ □</td><td>□ ┆ □</td><td>□ ┆ □□ ┆ □</td><td>□□ ┆ □</td></tr>
</table>

二、跳答类问题示例①

C1.1 您在怀孕期间是否会提前探知将要出世的孩子的性别？

(1) 视难易程度而定

(2) 肯定会→

(3) 不会

> 62.2 您能从哪里知道？
> (1) 本村 (2) 邻村 (3) 本县其他乡镇
> (4) 本省外县 (5) 外省

C1.2 在目前男孩多女孩少的情况下，您担心自己的儿子以后找不到媳妇吗？

(1) 担心 (2) 不担心 (3) 没想过 (4) 不适用

> 90.2 您为什么不担心儿子以后找不到媳妇？
> (1) 当地很富有，很少有儿子找不到媳妇的
> (2) 家庭情况好，不愁找不到媳妇
> (3) 儿子条件好，不愁找不到媳妇
> (4) 在当地找不到媳妇，可以到外地找媳妇
> (5) 其他，请说明________

C1.3 您是否接受自己的女儿招上门女婿？

(1) 不接受 (2) 接受 (3) 其他，请说明________

> 92.2 您为什么接受？
> (1) 这个很正常 (2) 没有儿子
> (3) 只要女儿愿意就好 (4) 其他，请说明________

C1.4 您是否接受自己的儿子去做上门女婿？

(1) 不接受 (2) 接受 (3) 其他，请说明________

> 93.2 您为什么接受？
> (1) 这个很正常 (2) 儿子很多 (3) 家庭条件不好
> (4) 只要儿子愿意就好 (5) 其他，请说明________

---

① 引自2009年中国人民大学人口与发展研究中心流动人口调查。

C1.5 您还打算要孩子吗？

(1) 打算 (2) 不打算 (3) 其他，请说明________

(1) 打算 →

94.1 您期望下一个孩子是？
(1) 男孩
(2) 女孩
(3) 无所谓

(2) 不打算 →

94.2 您家为什么不打算要下一个孩子？(可多选)
(1) 养不起（经济上） (2) 身体不允许
(3) 没有更多精力 (4) 现在的孩子情况就很好
(5) 想提高生活质量 (6) 无论男女培养成才最重要
(7) 政策不允许 (8) 其他，请说明________

C1.6 您是否曾经做过性别鉴定？

(1) 做过但没选择 →

95.1 您为什么不进行性别选择？(可多选)
(1) 当时鉴定是男孩 (2) 影响健康
(3) 找不到地方做 (4) 就是喜欢女孩
(5) 管理严格 (6) 第一胎顺其自然
(7) 男孩女孩无所谓 (8) 其他，请说明________

(2) 做过并且选择

(3) 没做过 →

95.3 您为什么没做过性别鉴定？(可多选)
(1) 政策不允许 (2) 没有途径
(3) 经济条件不允许 (4) 觉得 B 超对身体有害
(5) 男孩女孩无所谓 (6) 没有怀孕过
(7) 其他，请说明________

三、2018 年中国老年社会追踪调查（CLASS）问卷（居民问卷）

1. 村/居编码：[____|____|____|____|____|____|____|____]

2. 个人编码：[____|____|____|____|____]

3. 村/居全称：

省/自治区/直辖市名称：______________________

地级市/区名称：______________________

县级市/区/县名称：______________________

乡/镇/街道名称：______________________

村/居委会名称：______________________

4a. 督导记录：被访者居住的地区类型：	**4b. 访问员记录：被访者居住的社区类型：**
1. 市/县城的中心城区 2. 市/县城的边缘城区 3. 市/县城的城乡接合部 4. 市/县城区以外的镇 5. 农村 6. 其他（请注明：______________）	1. 未经改造的老城区（街坊型社区） 2. 单一或混合的单位社区 3. 保障性住房社区 4. 普通商品房小区 5. 别墅区或高级住宅区 6. 新近由农村社区转变过来的城市社区（村改居、村居合并或“城中村”） 7. 农村 8. 其他（请注明：______________）

5. 老年人是什么类型：

仅 2014 年接受过访问的跟踪样本…… 1

仅 2016 年接受过访问的追踪样本…… 2

2014&2016 年均接受过访问的追踪样本 … 3

2018 年新增样本 ………………………… 4

（1～3）→ **被访老年人当前状态：**

1. 接受访问　2. 死亡（填答死亡问卷）

3. 搬出本街道/乡镇到本省其他地方

4. 搬迁到本省以外的地方　5. 拒访

6. 无法确认（请注明：__________）

6. 访问员（签名）：__________　**编号：**[____|____|____|____|____]

7. 督导审核（签名）：__________　**编号：**[____|____|____|____|____]

8. 地方终审（签名）：__________　**编号：**[____|____|____|____|____]

9. 现场复核类型：1. 入户复核　2. 电话复核　3. 未复核

10. 复核（签名）：__________　**编号：**[____|____|____|____|____]

注：如果 2014 年的被访者因为死亡、搬迁、拒访等原因无法进行访问，请填写此封面。

尊敬的先生/女士：

中国老年社会追踪调查是一个全国性的社会调查项目，2014 年我们开展了首次调查，2016 年开展了第二次调查，此次是在前两轮基础上开展的第三轮追踪调查。我们将在调查中向您了解有关您的健康、家庭状况、社会背景以及经济状况等信息，整个过程大约需要四十分钟的时间。调查是为了解老年人的生活状况和存在的问题，为政策制定和改进提供重要的事实依据。

本次调查由中国人民大学人口与发展研究中心和老年学研究所联合设计、执行，对全国各地数百个社区的一万多户家庭进行抽样调查。经过严格的科学抽样，我们选中了您作为调查对象。您提供的信息对于我们了解老年人的有关情况和制定相关政策，具有十分重要的意义。

您对于各个问题的真实回答对于我们的工作十分重要，我们承诺：仅组织调查的研究人员可以接触其中有关个人身份的信息，对于这些信息我们会严格保密，调查结果也将仅用于学术研究，感谢您的支持与配合！

中国人民大学人口与发展研究中心

2018 - 10 - 01

请记录当前时间：［___|___］月［___|___］日［___|___］时［___|___］分

A 部分：个人基本信息

A1.【访员记录】性别：

男 ………………………………………………… 1

女 ………………………………………………… 2

A2. 您是哪一年出生的？（记录公历年。如果被访者以农历、生肖或其他方式报告自己的出生年，请换算成公历后再记录）

［1｜9｜____｜____］年［____｜____］月 **（月份高位补零）**

A3. 您的文化程度是：

不识字 ………………………………………………… 1

私塾/扫盲班 ………………………………………………… 2

小学 ………………………………………………… 3

初中 ………………………………………………… 4

高中/中专 ………………………………………………… 5

大专 ………………………………………………… 6

本科及以上 ………………………………………………… 7

A4. 您的民族是：

汉 ………………………………………………… 1

蒙 ………………………………………………… 2

满 ………………………………………………… 3

回 ………………………………………………… 4

藏 ………………………………………………… 5

壮 ………………………………………………… 6

维 ………………………………………………… 7

其他（请注明：________） ………………………………………………… 8

A5. 您目前的婚姻状况是：

已婚有配偶 ………………………………………………… 1

丧偶 ………………………………………………………… 2
离婚 ………………………………………………………… 3
未婚 ………………………………………………………… 4→**跳问 A6**

A5-1 您的配偶是哪年出生的？（记录公历年。如果被访者以农历、生肖或其他方式报告出生年，请换算成公历后再记录；如果配偶已去世或离婚，则填最近一次婚姻的配偶的信息）

[1|9|____|____] 年 [____|____] 月 **（月份高位补零）**

A5-2 您的配偶的文化程度是：

不识字 ………………………………………………………… 1
私塾/扫盲班 ………………………………………………… 2
小学 ………………………………………………………… 3
初中 ………………………………………………………… 4
高中/中专 …………………………………………………… 5
大专 ………………………………………………………… 6
本科及以上 ………………………………………………… 7

A6. 您是否有宗教信仰？

是 ………………………………………………………… 1
否 ………………………………………………………… 2→**跳问 A7**

A6-1. 您主要信什么教？

佛教 ………………………………………………………… 1
道教 ………………………………………………………… 2
基督教 ……………………………………………………… 3
天主教 ……………………………………………………… 4
伊斯兰教 …………………………………………………… 5
其他（请注明：________） ……………………………… 6

A6-2. 您是从哪一年开始有宗教信仰的？ ________年

A7. 您的政治面貌是？

共产党员 …………………………………………………… 1
民主党派（含无党派人士） ……………………………… 2
群众 ………………………………………………………… 3

A8. 请问您家现在与您常住（同吃同住，包含您本人）在一起的一共几个人？

[____|____] 人（**高位补零**）如果被访者独居→**跳问 A10**

A9. 和您同吃同住的都有哪些人？（多选）

配偶 ………………………………………………………… 01
未婚伴侣 …………………………………………………… 02
儿子 ………………………………………………………… 03
女儿 ………………………………………………………… 04
父母 ………………………………………………………… 05
配偶的父母 ………………………………………………… 06
兄弟姐妹 …………………………………………………… 07
女婿 ………………………………………………………… 08
儿媳 ………………………………………………………… 09
孙子女或其配偶 …………………………………………… 10
外孙子女或其配偶 ………………………………………… 11
曾孙子女或其配偶 ………………………………………… 12
曾外孙子女或其配偶 ……………………………………… 13
保姆 ………………………………………………………… 14
其他（请注明：________） …………………………… 15

A10. 您的户口属于？

农业户口 …………………………………………………… 1
非农业户口 ………………………………………………… 2
由农业户口改为统一居民户口 …………………………… 3
由非农业户口改为统一居民户口 ………………………… 4
其他（请注明：________） …………………………… 5

B 部分：健康和相关服务

B1. 您觉得您目前的身体健康状况怎么样？（不可代答）

很健康 …………………………………………………… 1
比较健康 ………………………………………………… 2
一般 ……………………………………………………… 3
比较不健康 ……………………………………………… 4
很不健康 ………………………………………………… 5
无法回答 ………………………………………………… 9

B2. 跟同龄人相比，您觉得您的健康状况怎么样？（不可代答）

要好很多 ………………………………………………… 1
要好一些 ………………………………………………… 2
差不多一样 ……………………………………………… 3
要差一些 ………………………………………………… 4
要差很多 ………………………………………………… 5
无法回答 ………………………………………………… 9

B3. 和去年相比，您现在的健康状况有什么变化？（不可代答）

变好了 …………………………………………………… 1
差不多没变化 …………………………………………… 2
变差了 …………………………………………………… 3
无法回答 ………………………………………………… 9

B3-1. 您现在的身高是____厘米/公分

B3-2. 您现在的体重是____公斤（如被访者回答的是“斤”，请访问员自己换算为“公斤”）

B3-2-1. 您曾经达到过的最高体重是____公斤（如被访者回答的是“斤”，请访问员自己换算为“公斤”，不包括怀孕时期）

基本活动能力评估

B4-1. 您能自己打电话吗?

不需要别人帮助（包括自己查号和拨号） …………………… 1
需要一些帮助 ………………………………………………… 2
完全做不了 …………………………………………………… 3

B4-2. 您能把自己收拾得干净整齐吗（比如梳头、剃须、化妆等）?

不需要别人帮助 ……………………………………………… 1
需要一些帮助 ………………………………………………… 2
完全做不了 …………………………………………………… 3

B4-3. 您能自己穿衣服吗?

不需要别人帮助 ……………………………………………… 1
需要一些帮助（至少自己能完成一半） …………………… 2
完全做不了 …………………………………………………… 3

B4-4. 您能自己洗澡吗（淋浴或者盆浴）?

不需要别人帮助 ……………………………………………… 1
需要一些帮助 ………………………………………………… 2
完全做不了 …………………………………………………… 3

B4-5. 您能自己吃饭吗?

不需要别人帮助 ……………………………………………… 1
需要一些帮助（比如切/掰食物等） ………………………… 2
完全做不了 …………………………………………………… 3

B4-6. 您能自己吃药吗?

不需要别人帮助（能在适当的时间服用适当的剂量） … 1
需要一些帮助（如准备药物、提醒服药等） ……………… 2
完全做不了 …………………………………………………… 3

B4－7. 您有小便失禁的现象吗？

没有 ………………………………………………………… 1

偶尔有（少于每天一次） ………………………………… 2

经常有（至少每天一次，或使用导尿管） ……………… 3

B4－8. 您有大便失禁的现象吗？

没有 ………………………………………………………… 1

偶尔有（少于每天一次） ………………………………… 2

经常有（至少每天一次，或使用灌肠器） ……………… 3

B4－9. 您能自己上厕所吗？

不需要别人帮助（能自己到厕所、穿/脱衣服、擦拭/清理身体并离开） ………………………………… 1

需要一些帮助（自己能完成诸如擦拭/清理身体等活动） … 2

完全做不了 ……………………………………………… 3

B4－10. 您能自己从床上移到床边的椅子上吗？

不需要别人帮助 ………………………………………… 1

需要一些帮助 …………………………………………… 2

完全做不了 ……………………………………………… 3

B4－11. 您能在室内走动吗？

不需要别人帮助（可使用手杖、拐杖等助行用具） …… 1

自己使用轮椅，不需要帮助 …………………………… 2

卧床不起 ………………………………………………… 3

B5. 您现在需要别人在<u>生活起居</u>上（如吃饭、洗澡、穿衣、上厕所）提供帮助吗？

需要 ………………………………………………………… 1

不需要 …………………………………………………… 2→**跳问 B6－1**

B5－1. 您是从什么时候开始需要别人在<u>生活起居</u>上帮助您的？（记录公历时间）

［___|___|___|___］年［___|___］月 **（月份高位补零）**

B5－2. 过去12个月，有没有人照料您的生活起居？

有 …………………………………………………………… 1

没有 ………………………………………………………… 2→**跳问 B6－1**

B5－3. 过去12个月，主要是谁照料您的生活起居？（按照主次列出前三位）

01. 配偶 02. 儿子 03. 儿媳 04. 女儿 05. 女婿 06. （外）孙子女或其配偶 07. 其他亲属 08. 朋友、邻里 09. 保姆、小时工 10. 志愿者或非营利机构人员 11. 居委会/街道工作人员 12. 其他人（请注明：________）

人选	A. 与您的关系	B. 多久提供一次帮助？ 1. 几乎天天 2. 每周至少一次 3. 每月至少一次 4. 一年几次 5. 几乎没有	C. 您对帮助满意吗？（不可代答） 1. 很不满意 2. 比较不满意 3. 一般 4. 比较满意 5. 很满意 9. 无法回答
1. 第一位	[___|___]	[___]	[___]
2. 第二位	[___|___]	[___]	[___]
3. 第三位	[___|___]	[___]	[___]

日常活动能力评估

B6－1. 您能上下楼梯（台阶）吗？

不需要别人帮助（可使用拐杖等助行用具） …………… 1

需要一些帮助 …………………………………………… 2

完全做不了 ……………………………………………… 3

B6－2. 过去12个月，您有没有摔倒过？

没有 ……………………………………………………… 1

有一次 …………………………………………………… 2

至少有两次 ……………………………………………… 3

B6－3. 您能不能在外面行走？

不需要别人帮助（可使用拐杖等助行用具） …………… 1

需要一些帮助 …………………………………………………… 2
完全做不了 ……………………………………………………… 3

B6-4. 您能自己乘坐公共交通工具（如公交车、地铁）吗？

不需要别人帮助 ……………………………………………… 1
需要一些帮助 …………………………………………………… 2
完全做不了 ……………………………………………………… 3

B6-5. 您能自己外出购物吗？

不需要别人帮助 ……………………………………………… 1
需要一些帮助（如需要别人陪同） ………………………… 2
完全做不了 ……………………………………………………… 3

B6-6. 您能管理自己的钱财吗？

能 ………………………………………………………………… 1
不能 ……………………………………………………………… 2

B6-7. 您能提起 10 斤（5 公斤）重的东西吗？

能 ………………………………………………………………… 1
不能 ……………………………………………………………… 2

B6-8. 您能自己做饭吗？

不需要别人帮助 ……………………………………………… 1
需要一些帮助（自己仅能完成部分劳动） ………………… 2
完全做不了 ……………………………………………………… 3

B6-9. 您能自己做家务吗？

不需要别人帮助 ……………………………………………… 1→**跳问 B8**
需要一些帮助（自己能完成较轻的劳动） ………………… 2
完全做不了 ……………………………………………………… 3

B7. 您是从什么时候开始需要别人帮助您做家务（如打扫卫生、洗衣服、洗碗）的？

（记录公历时间）

[___|___|___|___] 年 [___|___] 月（月份高位补零）

B7－1. 过去12个月，有没有人帮您做家务？

有 ………………………………………………………… 1

没有 ………………………………………………………… 2→跳问B8

B7－2. 过去12个月，主要是谁在帮您做家务？（按照主次列出前三位）

01. 配偶 02. 儿子 03. 儿媳 04. 女儿 05. 女婿 06. （外）孙子女或其配偶 07. 其他亲属 08. 朋友、邻里 09. 保姆、小时工 10. 志愿者或非营利机构人员 11. 居委会/街道工作人员 12. 其他人（请注明：________）

人选	A. 与您的关系	B. 多久提供一次帮助？ 1. 几乎天天 2. 每周至少一次 3. 每月至少一次 4. 一年几次 5. 几乎没有	C. 您对帮助满意吗？（不可代答） 1. 很不满意 2. 比较不满意 3. 一般 4. 比较满意 5. 很满意 9. 无法回答
1. 第一位	[___|___]	[___]	[___]
2. 第二位	[___|___]	[___]	[___]
3. 第三位	[___|___]	[___]	[___]

B8. 上个月，您是否感觉过身体疼痛？（不可代答）

是 ………………………………………………………… 1

否 ………………………………………………………… 2

无法回答 ………………………………………………… 9

B9. 您患有哪些慢性疾病？

慢性疾病种类	有无此疾病： 1. 有 2. 无→跳问下一项	是否经过医生确诊： 1. 是 2. 否
1. 高血压	[___]	[___]
2. 心脏病（如冠心病/充血性心力衰竭等）	[___]	[___]

续前表

慢性疾病种类	有无此疾病： 1. 有 2. 无→跳问下一项	是否经过医生确诊： 1. 是 2. 否
3. 糖尿病或血糖升高（包括糖耐量异常和空腹血糖升高）	[____]	[____]
4. 脑血管病（含中风）	[____]	[____]
5. 肾脏疾病（不包括肿瘤或癌）	[____]	[____]
6. 肝脏疾病（不包括脂肪肝、肿瘤或癌）	[____]	[____]
7. 结核病	[____]	[____]
8. 颈/腰椎病	[____]	[____]
9. 关节炎（包括类风湿）或风湿病	[____]	[____]
10. 乳腺疾病	[____]	[____]
11. 生殖系统疾病	[____]	[____]
12. 前列腺疾病	[____]	[____]
13. 泌尿系统疾病	[____]	[____]
14. 青光眼/白内障	[____]	[____]
15. 癌症/恶性肿瘤（不包括轻度皮肤癌）	[____]	[____]
16. 老年痴呆症	[____]	[____]
17. 骨质疏松	[____]	[____]
18. 慢性肺部疾病如慢性支气管炎/肺气肿、肺心病等其他呼吸道疾病（不包括肿瘤或癌）	[____]	[____]
19. 神经系统疾病	[____]	[____]
20. 胃肠炎或其他消化系统疾病	[____]	[____]
21. 帕金森氏症	[____]	[____]
22. 耳聋	[____]	[____]
23. 其他慢性疾病	[____]	[____]

B10－1. 您是否吸过烟？（吸烟指的是一生吸烟 100 支以上，包括香烟、旱烟、用烟管吸烟或咀嚼烟草）

是 ………………………………………………………… 1

否 ………………………………………………………… 2→**跳问 B11**

B10－2. 您是____岁开始经常吸烟的。

B10－3. 您现在戒烟了吗？

仍然吸烟 ………………………………………………………… 1→**跳问 B10－5**

戒烟了 ……………………………………………………………… 2

B10－4. 您这次成功戒烟是在____岁。

B10－5. 您现在吸烟或是戒烟前，平均一天吸________支香烟。

B11. 您生小病一般如何处理？

去专科/综合医院就诊 ……………………………… 1 } **跳问 B12－1**

去村卫生室/社区医院就诊 ………………………… 2 } **跳问 B12－1**

药店买药……………………………………………… 3 } **跳问 B12－1**

使用自己常备药品治疗……………………………… 4

未就诊，等病慢慢好………………………………… 5

B11－1. 您未就诊的主要原因是？

病症不严重 ………………………………………………… 1

有治疗经验 ………………………………………………… 2

身体好，能自愈 …………………………………………… 3

缺钱 ………………………………………………………… 4

嫌麻烦 ……………………………………………………… 5

报销程序烦琐 ……………………………………………… 6

其他（请注明：________） ……………………………… 7

B12－1. 您最近两年内住院多少次？

[____|____] 次（**未住过院填"0"，不超过 10 次请高位补零**）

B12－2. 您最近一次住院住了多长时间？

[____|____|____] 天（**换算成天，高位补零**）

996. 住院天数超过百位数

B13. 下面询问您有关使用社区医疗机构（卫生服务中心、卫生室等）服务的情况。

服务	A. 您是否需要社区医疗机构提供此类服务？ 1. 是　2. 否 3. 不知道	B. 过去 12 个月，您是否使用过这些服务？ 1. 是 2. 否→跳问下一项	C. 您是否满意？（不可代答） 1. 满意　2. 一般 3. 不满意　9. 无法回答
1. 上门护理	[____]	[____]	[____]
2. 上门看病	[____]	[____]	[____]
3. 康复训练	[____]	[____]	[____]
4. 康复辅具租用	[____]	[____]	[____]
5. 免费体检	[____]	[____]	[____]
6. 建立健康档案	[____]	[____]	[____]
7. 健康讲座	[____]	[____]	[____]

B14. 当您还是一个孩子时，是否经常饿着肚子睡觉？

是 ………………………………………………………… 1

否 ………………………………………………………… 2

B15. 您在童年时期生病时是否能够获得充足的医疗服务？

是 ………………………………………………………… 1

否 ………………………………………………………… 2

B16. 您十岁的时候父母是否都健在？

父母亲都健在 ……………………………………… 1

父亲健在，母亲不在了 ……………………………… 2

母亲健在，父亲不在了 ……………………………… 3

父母亲都不在了 ……………………………………… 4

B17. 总的来说，您对您目前的生活感到满意吗？（不可代答）

很满意 ……………………………………………… 1

比较满意 …………………………………………… 2

一般 ………………………………………………… 3

比较不满意 ………………………………………… 4

很不满意 …………………………………………………… 5
无法回答 …………………………………………………… 9

B18. 在您目前的生活中，最让您感到不满意的方面是什么？（不可代答）（访问员只念问题不念选项，根据被访者的回答圈选）

没有不满意 ………………………………………………… 01
子女不孝顺 ………………………………………………… 02
子女离得太远 ……………………………………………… 03
与配偶关系不好 …………………………………………… 04
与邻里/朋友有纠纷 ………………………………………… 05
钱不够用 …………………………………………………… 06
身体健康状况不好 ………………………………………… 07
住房条件太差 ……………………………………………… 08
生活起居无人照料 ………………………………………… 09
生活太寂寞 ………………………………………………… 10
照料他人负担过重 ………………………………………… 11
其他（请注明：________） ………………………………… 12
无法回答 …………………………………………………… 99

B19. <u>过去 12 个月</u>，您是否遇到过下列事件？（多选）（不可代答）

子女/孙子女结婚 …………………………………………… 01
子女/孙子女生育 …………………………………………… 02
退休/停止工作 ……………………………………………… 03
本人重病 …………………………………………………… 04
自然灾害 …………………………………………………… 05
配偶去世 …………………………………………………… 06
子女去世 …………………………………………………… 07
其他亲友去世 ……………………………………………… 08
财物损失 …………………………………………………… 09
家人重病 …………………………………………………… 10
与亲友起冲突 ……………………………………………… 11
搬家 ………………………………………………………… 12

意外事故 …………………………………………………… 13
其他您认为重要的事件（请注明：________） ………… 14
以上都没有 …………………………………………………… 15
无法回答 …………………………………………………… 99

B20. 您现在居住的房屋属于哪种类型？

楼房 …………………………………………………… 1
平房 …………………………………………………… 2→**跳问 B21－1**
其他（请注明：________） …………………………… 3→**跳问 B21－1**

B20－1. 您目前住在［___|___］层楼？（高位补零）

B20－2. 您住的楼房是否有电梯？

是 …………………………………………………… 1
否 …………………………………………………… 2

B20－3. 您住的楼道门口是否有供轮椅进出的斜坡？

是 …………………………………………………… 1
否 …………………………………………………… 2

B21－1. 您现在居住的房屋内是否有浴室？

是 …………………………………………………… 1
否 …………………………………………………… 2

B21－2. 您现在居住的房屋是否有室内厕所？

是 …………………………………………………… 1
否 …………………………………………………… 2

B21－3. 您现在常用的厕所是否有坐便式马桶？

是 …………………………………………………… 1
否 …………………………………………………… 2

B21-4. 您现在居住的房屋是否有紧急呼叫设备?

是 ………………………………………………………………… 1

否 ………………………………………………………………… 2

B21-5. 您现在居住的房屋内是否有自来水?

是 ………………………………………………………………… 1

否 ………………………………………………………………… 2

B21-6. 您现在居住的房屋内是否有煤气/天然气/沼气?

是 ………………………………………………………………… 1

否 ………………………………………………………………… 2

B22-1. 您现在居住的房屋是否存在光线昏暗的问题?

是 ………………………………………………………………… 1

否 ………………………………………………………………… 2

B22-2. 您现在居住的房屋是否存在门槛绊脚或地面高低不平的问题?

是 ………………………………………………………………… 1

否 ………………………………………………………………… 2

B22-3. 您现在居住的房屋内（如厕所、浴室或家里的走道）是否安装了扶手?

是 ………………………………………………………………… 1

否 ………………………………………………………………… 2

B23. 如果可能，您最希望跟谁住在一起?（可多选，不可代答）

自己一个人住 ………………………………………………… 1

配偶 ……………………………………………………………… 2

儿子/儿媳妇 …………………………………………………… 3

女儿/女婿 ……………………………………………………… 4

（外）孙子女 …………………………………………………… 5

无所谓 …………………………………………………………… 6

其他（请注明：________） ………………………………… 7

无法回答 …………………………………………… 9

B24. 您对本社区（村居）内的下列情况的满意程度是？

	非常满意	比较满意	一般	比较不满意	非常不满意
道路情况					
健身/活动场所					
治安环境					
环境卫生					
尊老敬老氛围					
居委会（村委会）工作人员能力					
道路/街道照明					
无障碍设施					

C 部分：社会经济状况

C1. 目前您从事有收入的工作/活动的情况是（包含农业劳动，农业劳动获得的农产品也可以转化为收入）？

几乎每天 …………………………………………… 1 ┐
每周至少一次 …………………………………… 2 │
每月至少一次 …………………………………… 3 ├ **跳问 C3**
一年几次 …………………………………………… 4 ┘
没有参加 …………………………………………… 5

C2. 您在停止从事有收入的工作/活动之前是做什么的？（此题回答完后跳至 C6 继续作答）

国家、企事业单位领导人员 ………………………… 1
专业技术人员 ……………………………………… 2
办公室一般工作人员 ……………………………… 3
商业/服务业/制造业一般职工 …………………… 4
个体户、自由职业者、私营企业主 ……………… 5
农、林、牧、渔民 ………………………………… 6
其他（请注明：________）……………………… 7

C3. 目前您主要从事什么工作？

国家、企事业单位领导人员 …………………………… 1
专业技术人员 ……………………………………………… 2
办公室一般工作人员 ……………………………………… 3
商业/服务业/制造业一般职工 …………………………… 4
个体户、自由职业者、私营企业主 ……………………… 5
农、林、牧、渔民 ………………………………………… 6
其他（请注明：________） ……………………………… 7

C4. 目前您所在单位的类型是：

政府部门/党政机关/人民团体 …………………………… 1
事业单位 …………………………………………………… 2
国有及国有控股企业 ……………………………………… 3
集体企业 …………………………………………………… 4
私企/外企 …………………………………………………… 5
自办/与他人合办私营企业 ………………………………… 6
个体工商户（含个体经营、自雇）、私营企业主 ……… 7
社会团体/民办组织（民办非企业组织/协会/行会/基金会/村居委会） …………………………………………… 8
军队 ………………………………………………………… 9
无单位 ……………………………………………………… 10→**跳问 C6**
其他（请注明：________） ……………………………… 11

C5. 目前您在单位中所处的位置是：

负责人/高层管理人员 ……………………………………… 1
中层管理人员 ……………………………………………… 2
基层管理人员 ……………………………………………… 3
普通职工/职员 ……………………………………………… 4
其他（请注明：________） ……………………………… 5

C6. 您是否办理了退休？

是 …………………………………………………………… 1

否 ………………………………………………………… 2→**跳问 C11**

C6－1. 您是哪一年退休的？________年

C7. 您退休前所在单位的类型是：

政府部门/党政机关/人民团体 ………………………… 1
事业单位 ………………………………………… 2
国有及国有控股企业 ……………………………… 3
集体企业 ………………………………………… 4
私企/外企 ………………………………………… 5
自办/与他人合办私营企业 ………………………… 6
个体工商户（含个体经营、自雇）、私营企业主 …… 7
社会团体/民办组织（民办非企业组织/协会/行会/基金会/村居委会） ………………………………… 8
军队 ……………………………………………… 9
无单位 …………………………………………… 10→**跳问 C9**
其他（请注明：________） ………………………… 11

C8. 您退休前在单位中所处的位置是：

负责人/高层管理人员 ……………………………… 1
中层管理人员 …………………………………… 2
基层管理人员 …………………………………… 3
普通职工/职员 …………………………………… 4
其他（请注明：________） ………………………… 5

C9. ***(注：仅询问 2018 年新增样本和 2016 年以后退休的老年人)***
对于退休这一事件，您在退休前主要做了哪些准备？(按照主次列出前三位)

1. 没有准备　　2. 储备资金（如存款或投资）
3. 调整心态　　4. 改变生活方式
5. 寻找继续工作的机会　　6. 筹划休闲娱乐活动
7. 购买长期照护保险　　8. 不适用（比如从事的是农业活动，没有退休）
9. 其他（请注明：________）

A. 第一位［____］ B. 第二位［____］ C. 第三位［____］

C10. ***(注：仅询问2018年新增样本和2016年以后退休的老年人)(用C6，C6－1联合起来做限定跳答，如果是2018年新增样本则都询问，如果是追踪样本则询问2017—2018年才办理退休的人)***

下面询问与退休前相比，您退休后的生活变化情况。(不可代答)

	A. 变化程度 1. 基本没变化→ **跳问下一项** 2. 变化很小 3. 变化较大 4. 变化很大 9. 无法回答→ **跳问下一项**	**B. 对变化的适应程度** 1. 很适应 2. 比较适应 3. 比较不适应 4. 很不适应 9. 无法回答
1. 经济收入	［____］	［____］
2. 时间安排	［____］	［____］
3. 精神状态	［____］	［____］
4. 身体状态	［____］	［____］
5. 与家人的关系	［____］	［____］
6. 与同事的关系	［____］	［____］
7. 与朋友、邻居的关系	［____］	［____］

C11. 您最主要的两项生活来源是：(按重要程度排序)

1. 自己的离/退休金、养老金
2. 自己劳动或工作所得
3. 配偶的收入
4. 子女的资助
5. 其他亲属的资助
6. 政府/社团的补贴/资助
7. 以前的积蓄
8. 房屋、土地等租赁收入
9. 其他（请注明：________）

第一位［____］ 第二位［____］

C12－1. 过去12个月，您个人的总收入是多少？(记录具体数字，并高位补零)

百万位	十万位	万位	千位	百位	十位	个位	
____	____	____	____	____	____	____	元

9999996. 总收入超过百万位数

9999998. 不知道　　9999999. 拒绝回答

C12－2. 过去12个月，您家（在一起吃住的家人）平均每月总收入是多少？（记录具体数字，并高位补零）

十万位	万位	千位	百位	十位	个位	
___	___	___	___	___	___	元

999996. 每月总收入超过十万位数

999998. 不知道　　999999. 拒绝回答

C13－1. 过去12个月，您家（在一起吃住的家人）平均每月总支出是多少？（记录具体数字，并高位补零）

十万位	万位	千位	百位	十位	个位	
___	___	___	___	___	___	元

999996. 每月总支出超过十万位数

999998. 不知道　　999999. 拒绝回答

C13－2. 过去12个月，您家在以下各项中平均每月支出分别是多少？（记录具体数字，并高位补零）

1. 日常饮食消费	[___|___|___|___|___|___] 元
2. 医疗费用	[___|___|___|___|___|___] 元
3. 水电气、物业、交通、通信费用	[___|___|___|___|___|___] 元
4. 家务料理、康复护理服务的开支	[___|___|___|___|___|___] 元
5. 文化娱乐消费（旅游、学习、培训等）	[___|___|___|___|___|___] 元
6. 其他大项（请注明：________）	[___|___|___|___|___|___] 元

999996. 平均每月支出超过十万位数

999998. 不知道　　999999. 拒绝回答

C14. 您的户口所在地在哪里?

本村/居委会 …………………………………… 1
本乡镇/街道其他村/居委会 ………………… 2
本区县其他乡镇/街道 ……………………… 3
本市其他区县 ……………………………… 4
本省其他市 ………………………………… 5
外省 ………………………………………… 6
　　________省(请注明具体省份名称)
其他(请注明:________)………………… 7

4～7 → 跳问 C16

C15. 您是多大年龄拿到本区县户口的?

[___|___] 岁 (记录具体数字,并高位补零)

00. 一出生就获得本地户口

C16. 您在本区县住了多长时间?

[___|___] 年 [___|___] 月 (记录具体数字,并高位补零)

D 部分:养老规划与社会支持

D1. 您是否为以后的养老做过以下规划和安排?(多选)

购买房产 …………………………………… 1
出售房产 …………………………………… 2
现金储蓄 …………………………………… 3
购买商业保险 ……………………………… 4
购买土地使用权 …………………………… 5
转让土地使用权 …………………………… 6
投资理财 …………………………………… 7
购买长期照护保险 ………………………… 8
其他(请注明:________) ……………… 9
以上都没有 ………………………………… 10

D2. 下面询问您享受以下社会保障待遇的情况。(记录具体数字，并高位补零)

	A. 是否享受? 1. 是 2. 否→跳问下一项	B. 每月拿到多少钱? (单位：元)
1. 企业职工基本养老保险金（城镇职工基本养老金）	[___]	[___|___|___|___]
2. 机关事业单位养老保险金（机关事业单位离退休金）	[___]	[___|___|___|___]
3. 城乡居民基本养老保险金（城镇居民社会养老保险金和新型农村社会养老保险金）	[___]	[___|___|___|___]
4. 最低生活保障金或贫困救助金	[___]	[___|___|___|___]
5. 高龄津贴	[___]	[___|___|___|___]
6. 居家养老服务补贴（服务券）	[___]	[___|___|___|___]
7. 农村计划生育家庭奖励扶助金	[___]	[___|___|___|___]
8. 政府其他救助	[___]	[___|___|___|___]

9996. 社会保障待遇金额超过千位数　　9998. 不知道　　9999. 拒绝回答

D3－1. 您知道本地有老年人优待（例如免费乘坐公交车、游览公园等）吗?

有 ………………………………………………………… 1

没有 ……………………………………………………… 2→**跳问 D4**

D3－2. 您在本地是否享受过老年人优待（例如免费乘坐公交车、游览公园等）?

是 ………………………………………………………… 1

否 ………………………………………………………… 2

D4. 您和老伴一共有几套房子? [___|___] 套 **(记录具体数字，并高位补零)**

D4－1. (除房子外) 您和老伴还有以下资产吗? (多选)

现金储蓄 ………………………………………………… 1

黄金等贵金属 …………………………………………… 2

古董 ……………………………………………………… 3

股票、基金、外汇、债券等理财产品 ………………… 4

土地 ……………………………………………………… 5

其他（请注明：________） …………………………… 6
以上都没有 …………………………………………………… 7

D5. 您认为老年人的照料应该<u>主要</u>由谁承担？（不可代答）

政府 ……………………………………………………… 1
社会 ……………………………………………………… 2
子女 ……………………………………………………… 3
老年人自己或配偶 ……………………………………… 4
政府、子女、老年人共同承担 ………………………… 5
无法回答 ………………………………………………… 9

D6. 今后您打算主要在哪里养老？（不可代答）

自己家 …………………………………………………… 1
子女家 …………………………………………………… 2
社区的日托站或托老所 ………………………………… 3
养老院 …………………………………………………… 4
还没想好 ………………………………………………… 5
其他（请注明：________） …………………………… 6
无法回答 ………………………………………………… 9

D7. 您了解养老院吗？

了解 ……………………………………………………… 1
有些了解 ………………………………………………… 2
不了解 …………………………………………………… 3

D8. 您对养老院的总体印象如何？（不可代答）

较差 ……………………………………………………… 1
一般 ……………………………………………………… 2
较好 ……………………………………………………… 3
无法回答 ………………………………………………… 9

D9. 您在什么情况下会去养老院？（不可代答）

身体不好，需要有人照料 …………………………………… 1
孤独寂寞，需要有人陪伴 …………………………………… 2
出现家庭矛盾 ………………………………………………… 3
为了换个居住环境 …………………………………………… 4
无论如何都不会去 …………………………………………… 5→**跳问 D11**
其他（请注明：________） ……………………………… 6
无法回答 ……………………………………………………… 9

D10. 如果需要住养老院，您/您家一个月最多能承担多少钱？（记录具体数字，并高位补零）

万位	千位	百位	十位	个位	
____	____	____	____	____	元

99996. 能承担费用超过万位数　　99998. 不知道　　99999. 拒绝回答

D10－1. 您最喜欢以下哪种养老院？（不可代答）

地理位置离家近 ……………………………………………… 1
地理位置离医院近 …………………………………………… 2
收费低 ………………………………………………………… 3
入住的门槛费用低 …………………………………………… 4
服务质量好 …………………………………………………… 5
居住环境好 …………………………………………………… 6
其他（请注明：________） ……………………………… 7

D11. 您的家人愿意您去住养老院吗？

愿意 …………………………………………………………… 1
不愿意 ………………………………………………………… 2
意见不统一 …………………………………………………… 3
不知道 ………………………………………………………… 8

D12. 下面询问您一些社区为老年人提供相关服务的问题。

服务类型	A. 您所在的社区是否提供以下服务? 1. 是 2. 否 3. 不知道	B. 您是否使用过? 1. 是 2. 否	C. 您是否会花钱购买该服务? 1. 是 2. 否
1. 上门探访	[____]	[____]	[____]
2. 老年人服务热线	[____]	[____]	[____]
3. 陪同看病	[____]	[____]	[____]
4. 帮助日常购物	[____]	[____]	[____]
5. 法律援助	[____]	[____]	[____]
6. 上门做家务	[____]	[____]	[____]
7. 老年饭桌或送饭	[____]	[____]	[____]
8. 日托站或托老所	[____]	[____]	[____]
9. 心理咨询	[____]	[____]	[____]

D13. 上述服务中，您目前最希望得到的服务或帮助是什么?(不可代答)

[____] **(记录 D12 题中选项的具体序号)**

0. 都不需要

D14. 您所在的社区是否有以下活动场所或者设施?(多选)

老年活动室 …………………………………… 1
健身场所/设施 …………………………………… 2
棋牌（麻将）室 …………………………………… 3
图书室 …………………………………… 4
室外活动场地 …………………………………… 5
其他（请注明：________） …………………………………… 6
以上都没有 …………………………………… 7

D15. 社会支持和社会网络

	没有	1个	2个	3～4个	5～8个	9个及以上
1. 您一个月至少能与几个家人/亲戚见面或联系?	0	1	2	3	4	5
2. 您能和几个家人/亲戚放心地谈您的私事?**(不可代答)**	0	1	2	3	4	5
3. 当您有需要时，有几个家人/亲戚可以给您提供帮助?	0	1	2	3	4	5

续前表

	没有	1个	2个	3~4个	5~8个	9个及以上
4. 您一个月至少能与几个朋友见面或联系?	0	1	2	3	4	5
5. 您能和几个朋友放心地谈您的私事?**(不可代答)**	0	1	2	3	4	5
6. 当您有需要时,有几个朋友可以给您提供帮助?	0	1	2	3	4	5

D16. 近三年您是否参加过本地居民委员会/村民委员会的投票选举?

是 …………………………………………………… 1
没参加,但是知道有选举活动 …………………………… 2
没参加,不知道是否有选举活动 ………………………… 3

D17. 假如您外出参加社区或者其他机构组织的活动,您认为下列哪些因素最重要?(多选)

能够自己选择参加什么样的活动 ……………………… 1
能够自己选择参加的时间 ……………………………… 2
与居住地离得近 ………………………………………… 3
我能得到社区(或者主办机构)的认可 ……………… 4
有一些物质奖励 ………………………………………… 5
有车接送 ………………………………………………… 6
提供医疗救护措施 ……………………………………… 7
其他(请注明:________) …………………………… 8

D18. 请问过去一年中,您参加以下活动的频率是?

	几乎每天(跳问 D18-2)	每周至少一次(跳问 D18-2)	每月至少一次(跳问 D18-2)	一年几次(跳问 D18-2)	没有参加
1. 社区治安巡逻	4	3	2	1	0
2. 照料其他老人/小孩(如帮助购物、起居照料等)	4	3	2	1	0
3. 环境卫生保护	4	3	2	1	0
4. 调解邻里纠纷	4	3	2	1	0
5. 陪同聊天	4	3	2	1	0

续前表

	几乎每天（跳问 D18－2）	每周至少一次（跳问 D18－2）	每月至少一次（跳问 D18－2）	一年几次（跳问 D18－2）	没有参加
6. 需要专业技术的志愿服务（如义诊、文化科技推广等）	4	3	2	1	0
7. 关心教育下一代（不包括自己的孙子女）	4	3	2	1	0
8. 其他（请注明：________）	4	3	2	1	0

D18－1. 您为什么不参加上述活动呢？（多选）

健康条件不允许 ………………………………………… 01
要工作 ………………………………………… 02
要照料他人 ………………………………………… 03
要参加其他休闲娱乐活动 ………………………………………… 04
距离太远 ………………………………………… 05
觉得自己没有一技之长 ………………………………………… 06
子女不赞成 ………………………………………… 07
不想担责任 ………………………………………… 08
不知道怎么参加 ………………………………………… 09
得不到认可 ………………………………………… 10
对上述活动不感兴趣 ………………………………………… 11
经济条件不允许 ………………………………………… 12
要做家务 ………………………………………… 13
没人组织 ………………………………………… 14
不知道有这些活动 ………………………………………… 15
其他（请注明：________） ………………………………………… 16

D18－2. 过去一年中，您参加以下活动的情况是（不含通过网络参加的）？

	几乎每天	每周至少一次	每月至少一次	一年几次	没有参加
1. 宗教活动	4	3	2	1	0
2. 上老年大学或者参加培训课程	4	3	2	1	0

续前表

	几乎 每天	每周至少 一次	每月至少 一次	一年 几次	没有 参加
3. 看电视/听广播/读书/看报/听戏	4	3	2	1	0
4. 唱歌/弹奏乐器	4	3	2	1	0
5. 打麻将/下棋/打牌等	4	3	2	1	0
6. 跳广场舞	4	3	2	1	0

D19. 您现在是否使用智能手机？

是 ………………………………………………………… 1

否 ………………………………………………………… 2

D20. 您现在居住的房屋是否有网络信号（有线或者无线）？

是 ………………………………………………………… 1

否 ………………………………………………………… 2

D21. 您上网吗（包括用手机等各种电子设备上网）？

每天都上 …………………………………………………… 1

每星期至少上一次 ………………………………………… 2

每月至少上一次 …………………………………………… 3

每年上几次 ………………………………………………… 4

从不上网 …………………………………………………… 5→**跳问 D22**

D21－1. 您主要使用什么设备上网？（可多选）

手机 ………………………………………………………… 1

电脑 ………………………………………………………… 2

iPad 等平板电脑 …………………………………………… 3

其他可上网的电子设备（请注明：________） ………… 4

D21－2. 您对这些设备使用的熟练程度是？

	非常不熟练	比较不熟练	一般	比较熟练	非常熟练
a. 手机	1	2	3	4	5

续前表

	非常不熟练	比较不熟练	一般	比较熟练	非常熟练
b. 电脑	1	2	3	4	5
c. iPad 等平板电脑	1	2	3	4	5
d. 其他可上网的电子设备	1	2	3	4	5

D21－3. 您主要是通过什么途径学会上网的？

自己摸索 …………………………………………………… 1
从子女等家人处学习 ………………………………………… 2
从朋友、邻里处学习 ………………………………………… 3
通过社区组织的相关活动（比如组织讲座、集体学习培训、志愿者服务等）学习 ………………………………………… 4
参加社区外其他组织的培训活动 …………………………… 5
其他（请注明：________） ……………………………… 6

D21－4. 您上网一般做什么？（可多选）

语音、视频聊天 …………………………………………… 01
文字聊天 …………………………………………………… 02
购物 ………………………………………………………… 03
看新闻 ……………………………………………………… 04
浏览除新闻外的各类文章/信息 …………………………… 05
听音乐/广播，看视频 ……………………………………… 06
玩游戏 ……………………………………………………… 07
交通出行 …………………………………………………… 08
管理健康 …………………………………………………… 09
投资理财（如炒股、买基金等） …………………………… 10
学习培训 …………………………………………………… 11
其他（请注明：________） ……………………………… 12

D22. 过去三个月，您使用以下媒体的情况是：

媒体类型	从不	很少	有时	经常	总是
1. 报纸	1	2	3	4	5
2. 杂志	1	2	3	4	5
3. 广播	1	2	3	4	5
4. 电视	1	2	3	4	5
5. 互联网（包括手机上网）	1	2	3	4	5
6. 手机定制消息	1	2	3	4	5

D22－1. 在以上媒体中，哪个是您最主要的信息来源？

（请将具体数字编号填写在横线上）［____］

D22－2. 您是否有以下智能设备：

	有	无
1. 智能轮椅	1	2
2. 电子血压计	1	2
3. 血脂检测仪	1	2
4. 智能手环	1	2
5. 红外线摄像头	1	2
6. 智能一体机	1	2
7. 智能睡眠监测器	1	2
8. 有声读物	1	2

E 部分：心理感受（该部分均不可代答）

E1. 下面我将问您几个小问题，请您尽量回答。

问题	对	错	无法回答
1. 今天是几月几日？（阴历阳历均可）	1	2	9
2. 这个小区/村子的名字叫什么？（*居委会或小区/村名*）	1	2	9
3. 国庆节是哪天？（*十月一日*）	1	2	9

续前表

问题	对	错	无法回答
4. 现任国家主席是谁？*（习近平）*	1	2	9
5. 今年农历是什么年？*（狗年）*【或者：今年的属相是什么？】	1	2	9
6. 现在我说三个词，您仔细听一下：苹果/桌子/硬币。请您复述出来。**（不管顺序，只要说对就算，填写重复正确词的个数）**	答对了［____］个		
7. 假如您有 100 块钱，花掉 7 块，还剩多少？*（93）*	［____|____］元		
7.1 再花掉 7 块剩多少？*（86）*	［____|____］元		
7.2 再花掉 7 块剩多少？*（79）* *（如果忘记上次答案，请提示答案，但即使这次答对也不算对，再后面答对了才算对，如果在上次错误答案的基础上本次答案对了就算本次正确。）*	［____|____］元		
7.3 再花掉 7 块剩多少？*（72）*	［____|____］元		
7.4 再花掉 7 块剩多少？*（65）*	［____|____］元		
8. 请把刚才我告诉您的三个词再说出来。**（不管顺序，只要说对就算，填写重复正确词的个数）**	答对了［____］个		

E2. 接下来我想了解一下过去一周您的心情。

	没有	有时	经常	无法回答
1. 过去一周您觉得自己心情很好吗？	1	2	3	9
2. 过去一周您觉得孤单吗？	1	2	3	9
3. 过去一周您觉得心里很难过吗？	1	2	3	9
4. 过去一周您觉得自己的日子过得很不错吗？	1	2	3	9
5. 过去一周您觉得不想吃东西吗？	1	2	3	9
6. 过去一周您睡眠不好吗？	1	2	3	9
7. 过去一周您觉得自己不中用了吗？	1	2	3	9
8. 过去一周您觉得自己没事可做吗？	1	2	3	9
9. 过去一周您觉得生活中有很多乐趣（有意思的事情）吗？	1	2	3	9
10. 过去一周您觉得自己没人陪伴吗？	1	2	3	9
11. 过去一周您觉得自己被别人忽略了吗？	1	2	3	9
12. 过去一周您觉得自己被别人孤立了吗？	1	2	3	9

E3－1. 您觉得自己多少岁算老？

［____|____|____］岁 **（记录具体数字，并高位补零）**

999. 无法回答

E3－2. 大多数时候，您觉得您的年龄是多少岁？

[____|____|____] 岁（记录具体数字，并高位补零）

999. 无法回答

E3－3. 大多数时候，您觉得您外表看起来，大概像是多少岁？

[____|____|____] 岁（记录具体数字，并高位补零）

999. 无法回答

E4. 您觉得人什么时候开始变老？(只念问题不念选项，根据被访者的回答圈选)

退休/不工作/不劳作 …… 1

行走不便 …… 2

生活不能自理 …… 3

老伴去世 …… 4

有了（外）孙子女 …… 5

脑子不好使了/记忆力下降 …… 6

其他（请说明：________） …… 7

无法回答 …… 9

E5. 最近一年来，您的家人对您有过下列行为吗？

	没有	有	*(不读)* 不适用	*(不读)* 不回答
1. 长期不来探望、问候/不和您说话	0	1	7	9
2. 不给您提供基本生活费/私自挪用您的钱款	0	1	7	9
3. 在您有需要时不照顾您	0	1	7	9
4. 侮辱/谩骂/恐吓/殴打您	0	1	7	9
5. 不给您提供固定的住所	0	1	7	9
6. 不给您吃饱/让您吃得很差	0	1	7	9
7. 不许您出家门	0	1	7	9

E5－1. 问上述任何一项回答"1"者 **您采取了什么措施来解决？(可多选)**

自己忍了 …… 1

找亲属/宗族调解 …… 2

找村/居委会、单位调解 ………………………………… 3
打官司 ………………………………………………… 4
(不读) 不回答 ……………………………………… 5

E6. 下面我说一些对孝道及养老问题的看法，您对这些问题是怎么看的？

	非常同意	有些同意	不能确定	有些不同意	非常不同意	无法回答
1. 养儿（子）防老	1	2	3	4	5	9
2. 子女应该做些让父母有光彩的事情	1	2	3	4	5	9
3. 子女应该对父母的养育之恩心存感激	1	2	3	4	5	9
4. 子女应该有赡养父母的责任感	1	2	3	4	5	9
5. 在必要时，子女应该为父母做出牺牲	1	2	3	4	5	9
6. 无论如何，在家中父母的权威都应该受到子女尊重	1	2	3	4	5	9
7. 子女对父母孝敬最重要的是子女有出息，不让老人操心	1	2	3	4	5	9
8. 子女从情感上对父母的关心比经济上的支持更重要	1	2	3	4	5	9

E7. 您觉得以下描述是否符合您当前的实际情况？

	完全不符合	比较不符合	一般	比较符合	完全符合	无法回答
1. 如有机会，我乐意参加村/居委会的某些工作	1	2	3	4	5	9
2. 我常常想再为社会做点什么事	1	2	3	4	5	9
3. 我现在喜欢学习	1	2	3	4	5	9
4. 我觉得，我还是个对社会有用的人	1	2	3	4	5	9
5. 社会变化太快，我很难适应这种变化	1	2	3	4	5	9
6. 现在，越来越多的观点让我难以接受	1	2	3	4	5	9
7. 当今越来越多新的社会政策让我难以接受	1	2	3	4	5	9
8. 现在的社会变化越来越不利于老年人	1	2	3	4	5	9

F部分：家庭与子女

F1. 请问您自己（或者配偶）的父母还需要照料吗？

自己的父母需要照料 ………………………………… 1
配偶的父母需要照料 ………………………………… 2
自己和配偶的父母都需要照料 ……………………… 3
不需要 ………………………………………………… 4→**跳问F4**

F2. 过去1个月，您（和配偶）每周平均花费多长时间照料这些老人？

[____|____|____] 小时（**记录具体数字，并高位补零**）

F3. 您（和配偶）目前在照料老人方面最主要的困难是什么？

身体吃不消 …………………………………………… 1
时间不够 ……………………………………………… 2
开支太大 ……………………………………………… 3
自己不太会照料 ……………………………………… 4
距离太远 ……………………………………………… 5
没有困难 ……………………………………………… 6
其他（请注明：________） ………………………… 7

F4. 您有几个子女（包括亲生的、领养或抱养的、已经去世的）？（高位补零）

[____|____] 儿子 [____|____] 女儿

都为"00"→跳问G部分

F4-1. 现在健在的子女有几个？（高位补零）

[____|____] 儿子 [____|____] 女儿

都为"00"→跳问G部分

F5. 现在询问一些有关您健在子女的情况，请按照子女年龄从大到小依次回答。

（如果健在子女多于五个，请依照从大到小的顺序填写，与您同住的和最年幼的子女必须被包括在内。设定电子问卷时，表头始终需要存在，便于老年人知道自己回

答的是哪个子女的情况）

F5－1. 子女排行	[___]	[___]	[___]	[___]	[___]
F5－2. 这个子女的性别：1. 男　2. 女	[___]	[___]	[___]	[___]	[___]
F5－3. 这个子女的年龄（周岁）	[___|___]	[___|___]	[___|___]	[___|___]	[___|___]
F5－4. 这个子女的婚姻状况： 1. 已婚且和配偶同住 2. 离婚或因婚姻问题与配偶分居 3. 已婚，因其他原因（如工作）与配偶分居 4. 丧偶 5. 同居 6. 从未结婚	[___]	[___]	[___]	[___]	[___]
F5－5. 这个子女的文化程度（包括在读）： 1. 未上过学 2. 小学 3. 初中 4. 高中/中专或技校 5. 大专 6. 本科及以上	[___]	[___]	[___]	[___]	[___]
F5－6. 这个子女现在有没有工作？ 1. 有 2. 没有→**跳问 F5－8**	[___]	[___]	[___]	[___]	[___]
F5－7. 这个子女目前的主要职业： 01 国家机关、党群组织、企事业单位负责人 02 专业技术人员 31 公务员 32 企事业单位办事人员和有关人员 04 商业/服务业/制造业一般职工 05 农、林、牧、渔 06 制造业、运输、建筑及其他生产 07 无固定职业 08 无业 09 其他（请注明：________）	[___]	[___]	[___]	[___]	[___]
F5－8. 这个子女现在的住房属于： 1. 他/她自己或配偶所有 2. 父母所有 3. 配偶的父母所有 4. 与父母/配偶父母联合产权 5. 租/借房（不包括租住父母的房子） 6. 其他（请注明：________）	[___]	[___]	[___]	[___]	[___]

F5-9. 这个子女和哪些人住在一起?(多选) 1. 独自居住 2. 配偶 3. 他/她的子女 4. 父母 5. 配偶的父母 6. 其他亲属 7. 其他非亲属	1 2 3 4 5 6 7	1 2 3 4 5 6 7	1 2 3 4 5 6 7	1 2 3 4 5 6 7	1 2 3 4 5 6 7
F5-10. 这个子女现在常住地在哪里? 1. 本户 2. 本村/居委会 3. 本街道/乡(镇) 4. 本区/县 5. 本市其他区/县 6. 本省其他市 7. 外省 8. 境外	[___]	[___]	[___]	[___]	[___]
F5-11. 这个子女的户口现在在哪里? 1. 本街道/乡镇 2. 本区/县其他街道/乡镇 3. 外区/县	[___]	[___]	[___]	[___]	[___]
F5-12. 这个子女<u>最近一次</u>离开本区/县在外地常住是什么时候?(中途回家探视小于<u>6个月</u>不算)	[_|_] 年 [_|_] 月	[_|_] 年 [_|_] 月	[_|_] 年 [_|_] 月	[_|_] 年 [_|_] 月	[_|_] 年 [_|_] 月
F5-12-1. 这个子女外出的原因是什么? 1. 工作或打工 2. 上学 3. 婚嫁 4. 其他(请注明:________)	[___]	[___]	[___]	[___]	[___]
F5-13. <u>过去12个月</u>,这个子女有没有给过您(或与您同住的、仍健在的配偶)钱、食品或礼物,这些财物共值多少钱? 1. 没有给过 2. 1~199元 3. 200~499元 4. 500~999元 5. 100 0~1 999元 6. 200 0~3 999元 7. 400 0~6 999元 8. 700 0~11 999元 9. 120 00元及以上	[___]	[___]	[___]	[___]	[___]

F5-14. **<u>过去12个月</u>，您（或与您同住的、仍健在的配偶）有没有给过这个子女钱、食品或礼物，这些财物共值多少钱?** 1. 没有给过 2. 1～199元 3. 200～499元 4. 500～999元 5. 100 0～1 999元 6. 200 0～3 999元 7. 400 0～6 999元 8. 700 0～11 999元 9. 120 00元及以上	[___]	[___]	[___]	[___]	[___]
F5-15. **您认为这个子女的经济状况：** 1. 非常宽裕 2. 比较宽裕 3. 基本够用 4. 比较困难 5. 非常困难	[___]	[___]	[___]	[___]	[___]
F5-16. **<u>过去12个月</u>，这个子女多久帮您做一次家务?** 1. 几乎天天 2. 每周至少一次 3. 每月至少一次 4. 一年几次 5. 几乎没有	[___]	[___]	[___]	[___]	[___]
F5-17. **<u>过去12个月</u>，您多久帮这个子女做一次家务?** 1. 几乎天天 2. 每周至少一次 3. 每月至少一次 4. 一年几次 5. 几乎没有	[___]	[___]	[___]	[___]	[___]
F5-18. **<u>过去12个月</u>，您与这个子女多久见一次面?** 1. 几乎天天 2. 每周至少一次 3. 每月至少一次 4. 一年几次 5. 几乎没有	[___]	[___]	[___]	[___]	[___]

F5-19. 过去12个月，您与这个子女多久联系一次（包括使用电话、微信等各种通信手段）？ 1. 几乎天天 2. 每周至少一次 3. 每月至少一次 4. 一年几次 5. 几乎没有 9. 不需要通话	[___]	[___]	[___]	[___]	[___]
F5-20. 从各方面考虑，您觉得和这个子女感情上亲近吗？（不可代答） 1. 不亲近 2. 一般 3. 亲近 9. 无法回答	[___]	[___]	[___]	[___]	[___]
F5-21. 过去12个月，您有没有觉得这个子女向您要求了过多的帮助和支持［例如，要钱、帮忙干活、照看（外）孙子女或做家务］？（不可代答） 1. 从未 2. 偶尔 3. 有时候 4. 经常 9. 无法回答	[___]	[___]	[___]	[___]	[___]
F5-22. 您是否觉得这个子女对您不够关心？（不可代答） 1. 从未 2. 偶尔 3. 有时候 4. 经常 9. 无法回答	[___]	[___]	[___]	[___]	[___]
F5-23. 您是否与这个子女的孩子生活在一起？ 1. 是 2. 否	[___]	[___]	[___]	[___]	[___]
F5-24. 未来在经济上您是否指望这个子女养老？ 1. 完全指望 2. 部分指望 3. 完全不指望	[___]	[___]	[___]	[___]	[___]

F5-25. 未来在照料上您是否指望这个子女养老? 1. 完全指望 2. 部分指望 3. 完全不指望	[___]	[___]	[___]	[___]	[___]
F5-26. 未来您会在这个子女家养老吗? 1. 会 2. 不会 3. 没想好	[___]	[___]	[___]	[___]	[___]
F5-27. 您是否曾经帮这个子女照看过他/她的孩子? 1. 是 2. 否					
F5-28. 这个子女有没有<u>18 岁及以下</u>的孩子? 1. 有 1 个，______岁 2. 多于 1 个，老大______岁，最小的______岁 3. 没有→**跳问 F5-30**	[___] 老大[__]岁 老二[__]岁	[___] 老大[__]岁 老二[__]岁	[___] 老大[__]岁 老二[__]岁	[___] 老大[__]岁 老二[__]岁	[___] 老大[__]岁 老二[__]岁
F5-29. <u>过去 12 个月</u>，您照看这个子女的孩子所花的时间是: 1. 平均每天超过 8 小时 2. 平均每天 4～8 小时 3. 平均每天 2～4 小时 4. 平均每天 1～2 小时 5. 平均每天少于 1 小时 6. 完全没有	[___]	[___]	[___]	[___]	[___]
F5-30. <u>过去 12 个月</u>，您与这个子女的关系是否因为照看他/她的孩子而发生变化? 1. 关系变得更好了 2. 没什么变化 3. 关系变差了	[___]	[___]	[___]	[___]	[___]

G 部分：联系方式

谢谢您参与我们的调查。希望您能告诉我们您的联系方式，以便将来我们还能再联系到您。我们会严格遵守科学研究的伦理及中国有关法律的规定，为您提供的所有信息保密，除了用于本研究之外，不向任何单位和个人泄露，并愿意为此承担法律责任。谢谢您的理解和配合。

G1. 您的姓名：________

G2. 您的手机号码：[___|___|___|___|___|___|___|___|___|___|___]

G3. 您家固定电话：[___|___|___|___]＋[___|___|___|___|___|___|___|___]

G4. 您的邮寄地址：________省/自治区/直辖市________县级市/区/县________乡/镇/街道________居/村委会________门牌号/村组

邮政编码：[___|___|___|___|___|___]

G5. 请提供能联系上您的 3 个子女、亲戚或朋友的姓名及联系方式：

1. 姓名：________

他/她是您的：________

他/她的手机号码：[___|___|___|___|___|___|___|___|___|___|___]

他/她的固定电话：[___|___|___|___]＋[___|___|___|___|___|___|___|___]

他/她的邮寄地址：________省/自治区/直辖市________县级市/区/县________乡/镇/街道________居/村委会________门牌号/村组

他/她的邮政编码：[___|___|___|___|___|___]

2. 姓名：________

他/她是您的：________

他/她的手机号码：[___|___|___|___|___|___|___|___|___|___|___]

他/她的固定电话：[___|___|___|___]＋[___|___|___|___|___|___|___|___]

他/她的邮寄地址：________省/自治区/直辖市________县级市/区/县________乡/镇/街道________居/村委会________门牌号/村组

他/她的邮政编码：[___|___|___|___|___|___]

3. 姓名：________

他/她是您的：________

他/她的手机号码：[___|___|___|___|___|___|___|___|___|___|___]

他/她的固定电话：[___|___|___|___]＋[___|___|___|___|___|___|___|___]

他/她的邮寄地址：________省/自治区/直辖市________县级市/区/县________

乡/镇/街道________居/村委会________门牌号/村组

他/她的邮政编码：[___|___|___|___|___|___]

访问员记录：调查过程中被访者是否求助/有人协助回答：

从未 …………………………………………………… 1

偶尔几次 ……………………………………………… 2

大多数 ………………………………………………… 3

请记录当前时间：[___|___] 月 [___|___] 日 [___|___] 时 [___|___] 分

【访问员注意：读出下列句子："访问到此结束，感谢您对我们工作的支持。"】

附录：属相及出生年对照表

属相	对应年份及可能的年龄范围		
	83～94 岁	71～82 岁	59～70 岁
鼠	1924	1936	1948
牛	1925	1937	1949
虎	1926	1938	1950
兔	1927	1939	1951
龙	1928	1940	1952
蛇	1929	1941	1953
马	1930	1942	1954
羊	1931	1943	1955
猴	1932	1944	1956
鸡	1933	1945	1957
狗	1934	1946	1958
猪	1935	1947	1959

参考文献

[1] CRONBACH L J. Coefficient alpha and the internal structure of tests. Psychometrika，1951，16 (3)：297 - 334.

[2] WALKER D A. A comparison of the spearman-brown and flanagan-rulon formulas for split half reliability under various variance parameter conditions. Journal of modern applied statistical methods，2006，5 (2)：443 - 451.

[3] 巴比．社会研究方法：第 10 版．邱泽奇，译．北京：华夏出版社，2005.

[4] 边燕杰，李路路，蔡禾．社会调查方法与技术：中国实践．北京：社会科学文献出版社，2006.

[5] 戴晓阳．常用心理评估量表手册．北京：人民军医出版社，2010.

[6] 邓远平，黄仁辉，周海琳，陈莉，陈宛豫．农民工社会认同管理策略量表编制及信效度检验．中国临床心理学杂志，2018，26 (1)：30 - 34.

[7] 风笑天．社会研究方法．北京：高等教育出版社，2006.

[8] 风笑天．社会调查原理和方法．北京：首都经济贸易大学出版社，2008.

[9] 风笑天．社会调查中的问卷设计．天津：天津人民出版社，2002.

[10] 风笑天．社会学研究方法．2 版．北京：中国人民大学出版社，2005.

[11] 风笑天．透视社会的艺术：社会调查中的问卷设计．天津：天津人民出版社，1990.

[12] 福勒．调查问卷的设计与评估．蒋逸民，译．重庆：重庆大学出版社，2010.

[13] 郭强．调查实战指南·问卷设计手册．北京：中国时代经济出版社，2004.

[14] 郭星华，谭国清．问卷调查技术与实例．北京：中国人民大学出版社，1997.

[15] 胡亮，杨敏，温煦，朱乐乐．“宅一族”行为自评量表与心理特征量表的编

制与信效度检验．浙江大学学报（人文社会科学版），2015，45（3）：187－200.

［16］廖传景，胡瑜，张进辅．留守儿童安全感量表编制及常模建构．西南大学学报（社会科学版），2015，41（2）：80－88，190－191.

［17］纽曼．社会研究方法：定性和定量的取向．郝大海，译．北京：中国人民大学出版社，2007.

［18］布雷．市场调查宝典：问卷设计．胡零，刘智勇，译．上海：上海交通大学出版社，2005.

后　记

由于社会科学研究的对象具有持续性、复杂性和不可复制性的特点，社会科学很少能像自然科学那样，通过各种各样的实验进行研究。因此，社会调查就成为进行社会科学研究最重要的方法和工具，“没有调查就没有发言权”。而在社会调查中，问卷调查又是最常用、最有效的方法之一。调查问卷的高质量（科学、有效、可信、可操作）是一项调查能够成功的前提和关键。从表面上看，问卷设计与编制似乎是人人都能做的简单事情，但实际上它是一项极需方法、技术、技巧、策略和经验的专业性工作。但在目前关于社会调查方法的教科书中，有关问卷设计与编制的篇章比较少，内容也比较单薄，很难满足全面培养学生的社会调查能力的需求。

中国人民大学人口与发展研究中心（教育部人文社科百所重点研究基地）曾主持、组织和参与过上百次全国和地方不同层级、不同主题的社会调查问卷的设计与编制，具有较丰富的实践经验，研究中心的教师也长期开设有关社会调查问卷设计与应用的本科生和研究生课程，具有较深厚的教学积累。有鉴于此，研究中心组织教师编写了这样一本以社会调查问卷设计与应用为主题、以案例分析贯穿全书的教材，希望能填补社会调查教材体系的空缺，满足广大教师和学生学习社会调查类课程的需求。本书是集体分工合作的成果：第一章，杨凡、刘士杰；第二章，靳永爱；第三章，杨凡；第四章，盛亦男；第五章，张现苓；第六、七章，杨江澜；第八章，赵梦晗、翟振武；附录，翟振武；全书由翟振武统稿。

本书的写作受到国家自然科学基金重大项目“特征、规律与前景——老龄社会的人口学基础研究”（项目号：71490731）及中国人民大学“十三五”规划教材基金支持。在本书初稿的教学试用过程中，很多教师和学生提出了非常重要的修改意见，中国人民大学出版社的潘宇和盛杰编辑在本书的成书全过程提出了大量宝贵的建议，并为本书的出版面世付出了巨大的努力和辛勤的劳作，在此一并致以深深的谢意。

翟振武
于中国人民大学崇德西楼

关联课程教材推荐

书号	书名	作者	定价
978-7-300-26658-9	人口统计学	宋健	48.00 元
978-7-300-20067-5	老年学概论（第 3 版）	邬沧萍　姜向群	32.00 元
978-7-300-25621-4	社会研究方法（第五版）	风笑天	65.00 元
978-7-300-26861-3	社会调查研究方法（第四版）	郝大海	48.00 元

配套教学资源支持

尊敬的老师：

衷心感谢您选择使用人大版教材！

相关的配套教学资源，请到中国人民大学出版社网站（www.crup.com.cn）下载，或是直接与我们联系，我们将向您免费提供。

欢迎您随时反馈教材使用过程中的疑问、修订建议以及提供您个人制作的课件。您的课件一经采用，我们将署名并付费使用。

联系人信息：

地址：北京海淀区中关村大街 31 号　龚洪训　　邮编：100080

电子邮件：gonghx@crup.com.cn　电话：010-62515637　QQ：6130616

如有相关教材的选题计划，也欢迎您与我们联系，我们将竭诚为您服务！

选题联系人：	电子邮件：	电话：
潘　宇	pany@crup.com.cn	010-62515634
盛　杰	shengj@crup.com.cn	010-62513897

俯仰天地　心系人文

中国人民大学出版社网站　www.crup.com.cn

专业教师 QQ 群：

195761402（全国社会学教师 QQ 群）

欢迎您登录浏览人大社网站，了解图书信息，共享教学资源

期待您加入专业教师 QQ 群，开展学术讨论，交流教学心得